Michael Cöllen

Lieben & Verzeihen

Wie sich Paare wiederfinden

HERDER

FREIBURG · BASEL · WIEN

HERDER spektrum Band 6892

MIX
Papier aus verantwortungsvollen Quellen
FSC® C083411
www.fsc.org

ISBN 978-3-7831-3150-5

www.herder.de

Umschlaggestaltung: agentur IDee
Umschlagmotiv: © Oksvik - fotosearch

Satz: de·te·pe, Aalen
Herstellung: CPI books GmbH, Leck

Printed in Germany

ISBN 987-3-451-06892-8

Michael Cöllen

Lieben & Verzeihen

Das Buch

Um Verzeihung zu bitten oder aus tiefstem Herzen zu vergeben sind entscheidende Fähigkeiten, wenn die Liebe dauern soll. Der bekannte Paartherapeut zeigt anhand von Fallgeschichten und Übungen für Paare, wie Versöhnung gelingen kann. In fünf Stufen beschreibt er den Weg des Verzeihens und wie wir das Tor für die Rückkehr der Liebe und für neue Nähe öffnen können.

»Und schließlich sind Verzeihen, Versöhnen und Wiedergutmachen auch eine fantastische Möglichkeit, das Leben leichter, lustvoller und kreativer zu gestalten. Enge seelische Grenzen werden gesprengt zu Gunsten eines weiteren Horizonts voll vielfältiger Neugestaltung der Liebe zwischen den Partnern. Dadurch erwächst den Liebenden eine Leichtigkeit, die das Leben wieder sinnvoll werden lässt.« (Michael Cöllen)

Der Autor

Michael Cöllen ist Diplom-Psychologe und Psychotherapeut, insbesondere für Gestalt- und Paartherapie. Er hat bereits zahlreiche Bücher veröffentlicht.

Inhalt

Vorwort

Verzeihen, Versöhnen und Wiedergutmachen gehören zu den besonderen menschlichen Fähigkeiten. Sie entscheiden mit über die gesamte Liebeskultur und Lebensqualität der Partner und ihrer Kinder und auch noch ihrer Kindeskinder. Oft begleitet von heftigen Gefühlsstürmen, ringen sich viele von uns nur schwer dazu durch, nach einer schmerzlichen Kränkung oder Verletzung wieder liebevoll zu vergeben oder um Vergebung zu bitten. Erlittene Demütigungen, Kränkungen und vermeintliches Unrecht setzen sich oft irrational tief in unserer Seele fest. Der Weg zum Verzeihen geht dann über viele Stationen, die oft vermieden werden. Das wissen und spüren alle Betroffenen sehr genau. Wir kämpfen oft lange mit uns selbst, um die für die Rettung der verletzten Liebe notwendige Großherzigkeit aufzubringen. Viele Schritte innerer Reifung sind zu gehen bis zur wirklichen Versöhnung. Versöhnung aber tut not, um glücklich miteinander leben und lieben zu können. Mehr noch: Verzeihen öffnet den Weg für eine Wiedergutmachung, die überleitet in eine kreative Neugestaltung der Liebesbeziehung.

Verzeihen ist zumeist Schwerstarbeit für die Seele. Statt zu verzeihen, trennen sich viele Gekränkte. Statt Versöhnen wählen sie Zerstören, statt Dialog führen sie Krieg – zerstrittene Paare genauso wie zerstrittene Politiker. Das ist keine sinnvolle Strategie: Tiefe seelische, oft auch materielle Schäden und Wunden bleiben zurück. Bis in die Generation der Kinder und selbst noch in die Generation der Enkel und Urenkel wirken diese Verletzungen hinein. Scheidungsfolgen und Kriegsfolgen haben eins gemeinsam: Sie sind grausam und hinterlassen Kummer.

Das Paradoxe daran: Auch der Gewinner solch unversöhnlicher Auseinandersetzungen wird auf Dauer nicht glücklich. Verfeindete Beziehungen bilden eine neurotisierende Hinterlassenschaft, die auch der neuen Beziehung schadet. Die Seelen der Nichtverzeihenden bleiben in ständiger Alarmbereitschaft gefangen. Wichtige seelische Energie wird dadurch abgezogen. Diese Verfangenheit kränkt und macht krank.

Dass hingegen Verzeihen heilsam ist, bestätigen viele Autoren. Bis in die körperliche Heilung hinein wirkt das Verzeihen, sogar bis zur Heilung von Krebs (Simonton 2001). »Vergebenkönnen entfaltet eine dynamische innere Heilkraft, um physisch und psychisch wieder ganz zu werden«, schreibt Christa Schneider 1996. Die Schweizer Psychotherapeutin Verena Kast (2005) betont: »Versöhntsein – mit anderen, mit sich selbst und dem Schicksal – gibt ein Mehr an Lebensqualität.« Und der Psychiater Binswanger führt an, dass Schuld und Grenzverletzung keineswegs die *Wirheit* der Liebenden zerstören müssen, sondern dass sie erst frei machen für den »Reichtum des Verzeihens und die Kraft der Demut, die eigentlichen Zeichen der Liebesfülle« (zit. nach Hubbertz 1992).

Doch gerade für die streitenden und an der Liebe leidenden Paare, die Verzeihen und Versöhnen in besonderer Weise brauchen, fehlen eigene paarspezifische und wirksame Therapieansätze. Das Thema Verzeihen, so wichtig es gerade auch in unserer modernen Gesellschaft mit ihren vielen menschlichen und politischen Risiken sein mag, ist weniger denn je gesellschaftsfähig. Es liegt nicht im Trend. Manche fühlen sich allein von den Worten schon peinlich berührt. Sätze wie: »Ich bitte dich um Verzeihung« – »Ich will dir vergeben« – »Ich möchte mich mit dir versöhnen«, kommen vielen kaum über die Lippen. Die hohen Trennungs- und Scheidungszahlen belegen dies auf tragische Weise, gerade auch für die modernen Liebesbeziehungen. Dieses Buch will dazu beitragen, auf den Grundlagen der Paarsynthese, einer eigens für Paare entwickelten Arbeitsweise, die Psychologie und Psychotherapie des Verzeihens zu fördern. Im ersten Teil zeige ich das seelische Verstehen vom Verzeihen, im zweiten Teil die praxisnahe Arbeit auf dem Weg zum Verzeihen auf. Erkenntnisse, Erfahrung und Arbeitsweise der Paartherapie werden hier den nach Versöhnung suchenden Paaren zur Selbsthilfe angeboten. Die Paarsynthese sieht es als besondere Aufgabe, die Kluft zwischen Theorie und Praxis der Liebe und insbesondere des Verzeihens zu schließen. Das praktische Verzeihen ist der Prüfstein: Die Fähigkeit zum Verzeihen wird sozusagen zum Führerschein für die Liebe.

Verzeihen, Versöhnen und Wiedergutmachen basieren auf Teamwork, in dem beide Seiten um die Wahrheit und die Stimmigkeit der Gefühle ringen. Das geeignete Handwerkszeug zum Verzeihen wird hier vorgestellt. Ratsuchende Paare und Kolleginnen haben mit ihren Briefen, Texten und Übungen zu diesem Buch beigetragen.

Verzeihen, Versöhnen und Wiedergutmachen sind die *via regia*, der königliche Weg in der Liebe. Wenn wir in einer menschlichen Welt leben wollen, tragen wir dazu bei, wenn wir zusammen mit unserem Partner Versöhnung feiern. Aber es ist kein leichter Weg: Statt sich an kurzfristiger Genugtuung zu orientieren, konzentrieren wir uns hier auf menschliche Werte, die auf Langfristigkeit angelegt sind. *Gewinnoptimierung* und *Gewinnermittlung* – beides bewusst Begriffe aus der Männerwelt – richten sich dann auf die Rückkehr der Liebe, auf innere seelische Ausgeglichenheit, lustvollen Frieden und neue Nähe im Miteinander der Liebenden.

Verzeihen, Versöhnen und Wiedergutmachen waren und sind immer wieder von großer psychologischer, politischer und auch religiöser Bedeutung. Jedes Paar braucht diesen Weg, soll seine Liebe überlebensfähig sein. Ebenso brauchen wir als soziale Gruppen, als öffentliche Gesellschaft, im Umgang der religiösen Gemeinschaften miteinander und im politischen Zusammenleben der Völker überlebensnotwendig diese Kraft des Verzeihens, des Versöhnens und des Wiedergutmachens. Verzeihen schafft Frieden als Voraussetzung für Liebe.

Und schließlich sind Verzeihen, Versöhnen und Wiedergutmachen nicht nur und ausschließlich ein schwerer Weg oder moralisches Gebot und menschliche Pflicht, sondern auch eine fantastische Möglichkeit, das Leben leichter, lustvoller und kreativer zu gestalten. Enge seelische Grenzen werden gesprengt zu Gunsten eines weiteren Horizonts voll vielfältiger Neugestaltung der Liebe zwischen den Partnern. Dadurch erwächst den Liebenden eine Leichtigkeit, die das Leben wieder sinnvoll werden lässt. Wenn die verletzte Liebe trotz Kränkung und Krise überleben und zukunftsfähig bleiben soll, gilt es, Selbstüberwindung zu entfalten, um verzeihen zu können. Die Liebe und der Partner – beide brauchen diese Chance.

Zwischen Verzeihen und Selbstachtung – im Strudel seelischer Grenzen

Verzeihen – was macht es so schwer?

Frauen und Männer, die sich in ihrer Liebe tief gekränkt, gar verwundet oder verraten glauben, reagieren häufig unterschiedlich, erleiden aber beide hohen seelischen Stress. Oft verfallen sie dann in Aggression oder Depression, geraten in Alarmstimmung oder fühlen sich von Panik ergriffen. Wie in einem Strudel fühlen sie sich im Auf und Ab der Gefühlsstürme hin- und hergerissen. Manche sind dann gar nicht mehr Herr ihrer selbst, ausgeliefert dem mächtigen Sog, den Anderen für sein Tun zur Rede stellen, ihn verurteilen und sich an ihm abreagieren zu sollen. In der Zerreißprobe zwischen Selbstbehauptung und Versöhnlichkeit stoßen viele an ihre seelischen Grenzen. Aufgrund der Verletzung wird nach der Schuld des Anderen gesucht und das eigene Leiden daran als übermächtig empfunden. Die *Opfer-Täter-Spirale* beginnt sich zu drehen, eine Falle, aus der es nur schwer ein Entrinnen gibt. Die typischen *Paar-Konfliktmechanismen* zwischen den streitenden Partnern setzen reflexartig ein: Abwehr von eigenem seelischen Schaden und Widerstand gegen den vermeintlichen *Übeltäter* geraten zu einem unentwirrbaren Knäuel. Aus dem Labyrinth gegenseitiger Anklagen gibt es dann nur einen wirklichen und wirksamen Ausweg, nämlich, *um Verzeihung zu bitten und Verzeihung zu gewähren.*

Umso erstaunlicher: Die *Psychologie der Liebe*, sowohl an den Universitäten als auch in der therapeutischen Praxis, hat sich mit ihren Analysen und Untersuchungen dem Thema Verzeihen, Versöhnen und Wiedergutmachen nur sehr begrenzt und sehr spät zugewandt. Nach Kämmerer & Kapp (2002) zählt das Thema Vergebung zu den »emotionalen Stiefkindern therapeutischen Handelns«. Erst etwa seit 20 Jahren werden Forschungen im englischen Sprachraum (Enright 2006) intensiviert, im deutschen dagegen gibt es noch relativ wenig – bis auf die Arbeiten von Schweizer Kollegen wie Allemand (2002) und Teschner (2004), die eine *vergebungsorientierte Psychotherapie* zu entwickeln im Begriff sind. In den therapeutischen Schulen und Verfahren wie der Gestalttherapie (Wheeler & Backmann 1999) oder der Verhaltenstherapie wird das besondere Arbeiten mit diesem Brennpunkt jeder Krisendynamik zwischen Liebenden und Streitenden erst etwa seit zehn Jahren angegangen. Für das Überleben jeder Liebesbeziehung und für ihre Zukunftsfähigkeit sind jedoch gerade das Sich-Entschuldigen, Bedauern, Verzeihen und Um-Verzeihung-Bitten, Vergeben, Versöhnen, Abbitteleisten und Wiedergutmachen meist schmerzliche, aber unerlässliche Voraussetzung. Die Liebenden und ihre Therapeuten brauchen daher das Wissen über die Dynamik der Aussöhnung und über hilfreiche Methoden und Techniken.

Auf die Frage, was ihr denn das Verzeihen gegenüber Paul so schwermache, der seit einem Jahr ihr Freund gewesen war und der sie so schlecht behandelt und schließlich verlassen habe, überlegte Mia lange. Dann antwortete sie zögernd und mit Tränen in den Augen, dass Verzeihen nur möglich sei, wenn die Vergangenheit abgeschüttelt und diese gerecht ausgeglichen werde. Und Versöhnen gelinge nur bei eigener erworbener Unabhängigkeit und Sicherheit. Das alles habe sie nicht, sie fühle sich nur schwach und verzweifelt und könne deshalb nicht verzeihen. Und die 50-jährige Doris, die ihren Mann mehrfach betrogen hatte und schwankte, ob sie ihn verlassen solle, antwortet auf die Frage, was es so schwermache, um Verzeihung zu bitten: »Sich so auseinandersetzen zu müssen und um Verzeihung zu bitten, das ist doch wie sich nackt ausziehen vor dem Partner.«

Sofort wird deutlich, wie tiefgreifend und intim *Opfer* und *Täter* diesen Prozess um das Verzeihen erleben. Und immer geht es dabei um starke Gefühle wie Scham, Gerechtigkeit, Bloßstellung und Sicherheit. Die oft zweifelnden und verzweifelten Partner stellen meist gleich zu Anfang einer Paartherapie drängende Fragen:

Ich will ja verzeihen, aber wie? Ich habe ja verziehen, aber kein Vertrauen mehr – und nun? Wovon hängt es denn wirklich ab, ob wir dem Geliebten oder ehemals Geliebten verzeihen, uns wieder versöhnen und sogar Wiedergutmachung leisten können? Kann ich Bedingungen dafür stellen? Welchen Sinn macht es überhaupt, zu verzeihen? Und wie können wir diese seelische Herkulesarbeit des Verzeihens wirklich lernen? Fällt es dem einen möglicherweise leichter als dem anderen, Verzeihung zu erbitten oder Verzeihung zu gewähren?

Und es stellen sich dann noch weitere Fragen, anhand derer sich jeder selbst prüfen kann: Sind Sie ein Verzeihender?« »Üben Sie sich selbst im Verzeihen?« – »Ihre Frau gibt Ihnen nicht so häufig sexuelle Befriedigung, wie Sie dachten? Können Sie, wollen Sie das verzeihen?« – »Ihr Partner ist so unzuverlässig. Versuchen Sie das zu verzeihen?« – Mehr Fragen als Antworten tun sich auf: Wie kann ich verzeihen? Will ich verzeihen lernen? Warum will ich dir verzeihen? Verzeihen andere eher als ich?

Wer kann nicht verzeihen? – Vier Typen im Umgang mit Kränkungen

Viele Menschen, besonders aber solche mit seelischen Verwundungen, tun sich schwer zu verzeihen. Und Liebende, die tief in ihrem Innersten vom Geliebten verwundet wurden, quälen sich selbst oft am meisten mit der Frage, ob sie dem Anderen verzeihen wollen oder überhaupt verzeihen können. Hin- und hergerissen zwischen dem Bedürfnis nach ausgleichender Gerechtigkeit, angemessener Strafe und liebevoller Versöhnung beginnt ein für beide Seiten zermürbendes Auf und Ab der Gefühle.

Die Fragen häufen sich im Laufe einer Beziehung: Warum fällt es so schwer zu verzeihen? Wie oft verzeihen? Wann ist es falsch zu verzeihen? Gibt es Unverzeihliches? Kann überhaupt neues Vertrauen entstehen? Was muss dazu geschehen? Verdient der verletzende Partner überhaupt diese Chance, dass ihm verziehen wird? Oder würde das Verzeihen nur erneute Rückfälligkeit, erneutes Ausbeuten der eigenen Gutmütigkeit zur Folge haben? Muss ich verzeihen, damit mir verziehen wird? Ist Verzeihen möglich, ohne um Verzeihung gebeten zu werden?

Und der Partner, der die Verletzung begangen hat, fragt sich ebenso zwiespältig: Wie tief muss der Kniefall sein, um Verzeihung zu erlangen? Bedeutet das zu viel an Demütigung und Bloßstellung? Ist die Schuld tatsächlich immer nur auf der einen Seite – und was ist mit der Schuld des Anderen? Bedeutet, die eigene Schuld anzuerkennen, nicht gleichzeitig den Untergang des eigenen Egos? Ist es nicht besser, sich in Groll zurückzuziehen oder einen Gegenangriff zu starten?

Es geht nicht nur um das große Verzeihen schwerer Kränkungen. Unauffälliger, weil sehr viel subtiler, sind die alltäglichen und kleinen Verletzungen, die in der Summe fortgesetzte Kränkung bedeuten. Sie zu verzeihen, statt innerlich aufzulisten und verbittert zu werden, erfordert wache Aufmerksamkeit im Umgang miteinander und ein inneres Ringen, um aus dem missgünstigen und strafenden Denken herauszufinden. Wer anfängt aufzurechnen, statt zu verzeihen, hat die Rechnung schon verloren.

Ilse war zusammen mit ihrem Mann Jan in die Paartherapie gekommen, weil er sie nach 20 Jahren Ehe mit einer Kollegin betrogen hatte. Sie hatte ihm gegenüber völlig »zugemacht« und wollte sich von ihm trennen. In ihrer kühlen und reservierten Art hatte sie sich schon viele Jahre lang von Jan, der eher weich und emotional, dann aber auch wieder aggressiv und fast jähzornig war, sexuell und innerlich zurückgezogen. Sie schien ihm geistig überlegen und behandelte ihn auch dementsprechend. Dadurch wirkte sie arrogant und abweisend, wobei sich hinter dieser Maske in Wirklichkeit große Selbstunsicherheit und Selbstzweifel verbargen. Jan aber war viel zu ungeduldig, um einfühlsam hinter diese Maske zu schauen. Sie aber konnte sich ihm nicht mitteilen, weil sie fürchtete, mit ihren ängstlichen Gefühlen von ihm bloßgestellt und abgewiesen zu werden. In ihrer Kindheit hatte sie dasselbe durch ihren Vater erlitten. Immer noch gekränkt und verletzt durch diese jahrelange Zurückweisung seitens des Vaters, arbeitete sie jetzt an Jan diese seelische Altlast ab, indem sie ihn ständig kritisierte und an ihm herumnörgelte. Im Verlauf der Therapie begriff sie sehr bald mit ihrem wachen Verstand, dass sie, statt mit ihrem Vater die alten Verletzungen auszutragen, sich stattdessen an Jan rächte und ihn geradezu in die Flucht geschlagen hatte.

Im Verlauf der Therapie begriff sie immer mehr diese Zusammenhänge und ihren eigenen Anteil an seinem Fremdgehen. Dafür wollte sie ihn nun um Verzeihung bitten.

Ilse schreibt dazu: »Ich wünsche mir eine vertrauensvolle Beziehung zu Dir. Ich nehme an, dazu ist es nötig, dass ich Dir wirklich verziehen habe.

Ich wünsche es mir auch, weil ich mich so hässlich und unvollkommen fühle, wenn ich es nicht kann. Das ist so, als ob es mir eine Dimension des Menschseins nähme, eine grundlegende Fähigkeit, mitzufühlen und andere in ihrem Sosein zu achten. Ich habe so lange darum gerungen, das Kleingeistige meines Elternhauses, in dem die anderen immerzu be- und verurteilt werden, abzulegen. Mit meiner Unfähigkeit zu verzeihen holt es mich wieder ein.

Ich möchte es aber können, weil es sonst in mir ein dauerndes Gefühl des Verlustes wachhält, wenn ich es nicht getan habe. Ich fühle mich sehr unfähig. Ich merke, wie müde es mich macht, immer irgendwie wachsam zu sein. Ich will nicht mehr wachsam sein müssen.«

Am Beispiel dieser Frau wird deutlich, dass Nichtverzeihen statt Verzeihen kein Zufallsergebnis, sondern die Folge einer inneren Seelenlogik ist. Ob große oder kleine Kränkungen verziehen werden, hängt nur teilweise von unserem freien Willen und unserer bewussten Entscheidung ab. Daneben werden wir unbewusst von Motiven gesteuert, die teils aus unserem Kindheitserleben herrühren, aber auch aus

Erfahrungen mit Mitschülern, Lehrern, Ausbildern, Chefs und anderen wichtigen Bezugspersonen. Die Einstellung unserer Umwelt zu solchen seelischen Themen beeinflusst jeden von uns intensiv. Ob uns eine Kultur des Friedens umgibt oder eher eine Mentalität egoistischer Durchsetzung, des sozialen Ausgleichs oder der reinen Gewinnorientierung, all das entscheidet mit über unsere Fähigkeit und Bereitschaft, zu verzeihen. So haben finanzielle und existenzielle Armut manchmal auch emotionale Armut und rigide Strenge zur Folge. Wer mit dem Rücken zur Wand steht, wie beispielsweise eine alleinerziehende Mutter mit ihren zwei Kindern ohne Job und Geld, hat es schwer, großherzig und großzügig zu verzeihen. Andererseits gibt es auch viele mächtige, reiche und einflussreiche Menschen, wie zum Beispiel mächtige Politiker, die selbst kleinste Kränkungen weder ertragen noch verzeihen.

Wer verzeihen kann und wer nicht und wer dazu bereit ist, das hängt von vielen Faktoren ab. Viele Autoren sind der Ansicht, dass das Verzeihen letztendlich Ergebnis eines bewussten Entschlusses, ein Akt des freien Willens sei und auf der Grundlage einer bewussten Willensentscheidung aufbaue (Jellouschek 2005, Fliegel 2007, Weingardt 2007). Die Paarsynthese sieht diese Willensentscheidung nur als Abschluss eines langen Reifungsprozesses. Nicht jeder, der will, kann auch verzeihen. Die Kraft des Willens zur Selbstüberwindung, die von diesen Autoren angeführt wird, ist doch gerade durch eine fortgesetzte, mitunter gravierende oder gar traumatisierende Verletzung durch den Partner blockiert.

Ich habe Katja, eine eben betrogene Ehefrau und junge Mutter von zwei Kindern, erlebt, die sich zusammenkrümmte vor Schmerz und dieses verdammte Verzeihen nicht über sich brachte. Verzweifelt schrie und weinte sie um Hilfe, sie wolle doch, dass alles wieder gut werde, dass sie seinen Seitensprung mit einer Kollegin verzeihen könne, aber sie schaffe es einfach nicht. Sie streckte dabei wie eine Ertrinkende ihre Hände nach ihrem Mann und auch nach mir aus. Der Mann zeigte mehr als Reue, tat Abbitte, kniete vor ihr nieder und bat immer wieder, selbst in Tränen, um Verzeihung. Er schrieb ihr Briefe, ertrug über ein Jahr die von ihr gewünschte vorläufige Trennung, wollte alles wiedergutmachen. Sie war sehr klug und von eher sanfter Wesensart. Sie hatte im Lauf der Sitzungen an ihren Gefühlen und Wertvorstellungen gearbeitet, Wut, Schmerz und Ohnmacht herausgelassen, ihr verletztes inneres Kind nachgenährt, sich besonnen auf ihre eigenen Stärken besonnen, die Position der erwachsenen und reifen Frau eingenommen, alle therapeutisch wichtigen Stationen durchschritten. Und doch war ihr das Verzeihen nicht möglich: Die junge Familie zerbrach.

Die Tragik stand fühlbar im Raum: *Täter* und *Opfer* waren beide untröstlich und unglücklich. Beide fühlten sich unendlich schuldig. So ist das Nichtverzeihen keineswegs immer Ausdruck von bösem Willen, aggressiver Durchsetzung oder egoistischer Selbstbehauptung, sondern überwiegend Ergebnis innerer Enge und seelischer Not.

Nichtverzeihende sind häufig Menschen, die sich im Innersten hilflos fühlen. Das aber können oder wollen sie nicht eingestehen, weder vor anderen noch vor sich selbst. Sie wissen einfach nicht, wie sie es schaffen sollen, sich innerlich zu überwinden und zu verzeihen. Andere natürlich wollen bewusst nicht verzeihen, teilweise sind sie sogar stolz darauf. Hauptmotiv ihres Handelns sind Angst und Sorge, das Verzeihen könnte ihnen als Schwäche ausgelegt werden. Sie befürchten, durch das Verzeihen etwas an Stärke zu verlieren, etwas an Macht und Einfluss über den Anderen abzugeben. Wenn dieser nämlich um Verzeihung bittet, zwingt der Nichtverzeihende ihm die Schuld erneut auf und kann ihn damit kleinhalten. Dadurch aber schädigt er sich unbewusst selbst: Er bleibt der Tat des Anderen verhaftet und behält diese negative Energie in sich, findet so keinen inneren Frieden. Wer aber keine Fehler verzeiht, keine Schuld vergibt, keine Entschuldigung zulässt, wird selbst unmenschlich, weil er die eigene Fehlerhaftigkeit verdrängt. Solche Gnadenlosigkeit und Unentrinnbarkeit wird zum seelischen Gefängnis. Deshalb muss andauernde Unversöhnlichkeit als seelische Krankheit gelten, die ihrerseits zu einer Art *seelischer Umweltverschmutzung* (Begriff von Ulla Holm) führt.

Fragen des Verzeihens oder Nichtverzeihens begleiten jeden von uns, von der Kindheit bis zum Tod. Manche Menschen können nicht einmal auf dem Sterbebett verzeihen. In unseren Liebesbeziehungen haben wir gerade mit diesem Spannungsverhältnis zwischen Verzeihen und Nichtverzeihen besonders häufig und mit existenzieller Tragweite zu tun. Jeder von uns hat seine sehr typische Art und Weise, mit Versöhnung oder Nichtversöhnung umzugehen und dem Partner damit gegenüberzutreten. Oft hängt das Überleben der Beziehung davon ab. Jeder von uns sollte sich deshalb selbst und mit Hilfe des Partners und von Freunden genau prüfen, ob er ein Verzeihender ist oder was ihn zum Nichtverzeihenden macht.

Nichtverzeihende in Paarbeziehungen unterscheiden sich in ihrem Auftreten deutlich in vier Tendenzen, je nach ihrem vorherrschenden Partnerstil von *Anpassung, Durchsetzung, Planung* oder *Intuition* (Cöllen 1984, 1997). In der Regel mischen sich diese Stile in uns mehr oder weniger. In Streit und Krisen besinnen wir uns allerdings überwiegend auf einen dominanten Stil, den wir schon als Kind bei unseren Eltern erlebt und dann schließlich selbst übernommen haben. Jeder dieser vier Partnerstile hat seine durchaus guten und wichtigen, aber auch seine negativen Seiten. Je mehr wir alle Stile voll einsetzen können, also einen reichbestückten *Werkzeugkasten für partnerschaftliche Verständigungstechnik unser eigen nennen,* desto sicherer fühlen wir uns und desto leichter können wir durch Verzeihen Frieden stiften.

Haben wir alle Stile zu voller Reife entfaltet, kann der *Sich-Anpassende* durch sein Nachgeben Frieden stiften, für Ausgleich sorgen und Streithähne miteinander versöhnen. Der *starke Durchsetzer* wird überzeugt seinen Standpunk vertreten, für Klarheit sorgen und zu eigenen Fehlern stehen. Der *selbstbeherrschte Planende* sorgt für Ordnung und

Die vier Partnerstile
Intuition, Anpassung, Durchsetzung, Planung, Integration

Psychologie des Paares – Paarsynthese

Partnerstile

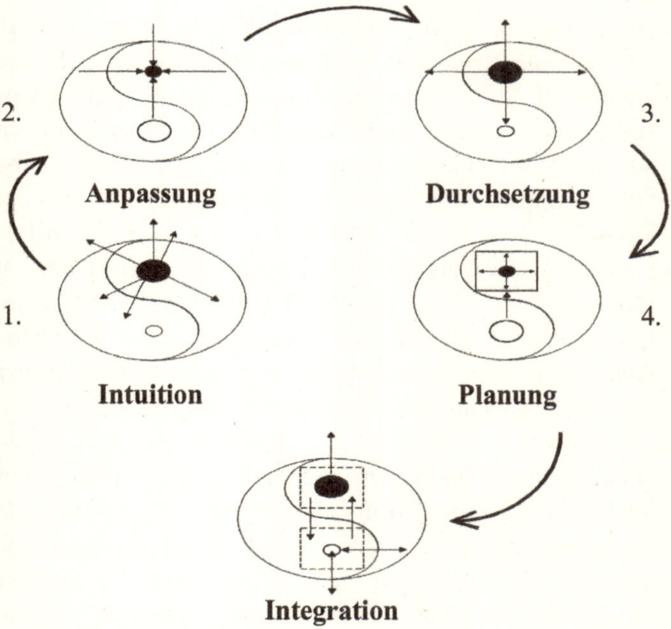

Im lebenslangen Lernprozess, besonders in der Kindheit, erwirbt jeder typische Verhaltensmuster, um seine Beziehungen und seine Welt zu gestalten: die Partnerstile. Sie dienen als besondere Ich-Funktionen und werden zum Ausdruck unserer unverwechselbaren Identität. Aufgrund der Lerngeschichte tritt meist eines der fünf Grundmuster stärker hervor, die anderen sind mehr oder weniger mitbeteiligt. Die Art der Mischung ist unsere persönliche Visitenkarte. In einer Krise benutzen wir bevorzugt den Hauptstil. Ziel ist es, zu lernen, alle Stile gleichermaßen zur Verfügung zu haben, um sie je nach Situation und Partner adäquat einsetzen zu können. Verzeihen braucht Anpassen und Durchsetzen, Planung und Spontanität – das Vereinen der Gegenpole.

Zuverlässigkeit und sucht nach Gerechtigkeit für alle. Der *einfühlsame Intuitive* schließlich sorgt für Herzenswärme, gegenseitiges Wertschätzen und liebevolles Ausgestalten der Beziehung.

Auf der anderen Seite ist eines allen, die nicht verzeihen können oder es nicht wollen, gemeinsam: Nichtverzeihende sind gesteuert von Angst oder sogar von einem Übermaß an Angst. Das ist auf den ersten Blick oft kaum zu glauben, weil die vier Partnerstile sehr unterschiedlich und geradezu konträr mit ihrer Angst umgehen. Sie haben verschiedene Angstbewältigungstechniken ausgebildet, treten daher nach außen sehr verschieden auf, und trotzdem bestimmt dieselbe Grundangst ihr manchmal kindliches Handeln. Vereinfacht ausgedrückt, verwandelt sich Angst beim Anpasser in Depression, beim Durchsetzer in Aggression, beim Planer in Erstarrung und beim Intuitiven in oberflächliches Agieren. Der Anpasser zieht sich im Kern zusammen und wird ganz klein, der Durchsetzer macht sich breit und groß, der Planer verschließt sich und der Intuitive verzettelt sich.

Bei den Nichtverzeihenden zeigen sich diese Partnerstile noch in ihrem kindlichen oder pubertären Ausdruck, der noch nicht zur reifen Form gefunden hat. Nichtverzeihende sind nämlich eher zu begreifen als Menschen, denen eine gesunde reife Entfaltung nicht möglich war. Sie sind auf einer nicht altersgemäßen Entwicklungsstufe stehen geblieben oder durch eine frühere Verletzung blockiert, die notwendigen Schritte der Selbstüberwindung zu gehen.

Der um Verzeihung Bittende und der Verzeihung Gewährende sind auf besondere Weise miteinander verstrickt. Beide ringen sie mit sich selbst. Beide müssen sich selbst überwinden, über ihren Schatten springen, ihre Angst um das eigene Ego hinter sich lassen. Dieses Wissen um die Angst dahinter erleichtert möglicherweise das Verzeihen: Das *Opfer* ahnt die Angst des *Täters*, seine Schuld einzugestehen, und kann möglicherweise deshalb großzügig entgegenkommen. Der *Täter* kann mit dem Wissen, dass hinter jedem Nichtverzeihen Angst steht, eher Verständnis und Geduld aufbringen, auf das Verzeihen seitens des Gekränkten zu warten. Er kann dann leichter darum bitten, ohne gleich wieder erneut gekränkt zu sein, wenn die Geste des Verzeihens vom Partner nicht sofort kommt.

Der sich anpassende und nachgebende Partner

Aus Angst vor Streit und mit übertriebenem Harmoniestreben geben die eher ängstlichen und unsicheren Partner schnell nach und fügen sich. Vordergründig lenken sie ein und scheinen meist zur Versöhnung bereit. Sie verweigern in Wirklichkeit aber das echte Verzeihen sehr subtil. Sie leiden im Stillen weiter. Sie fühlen sich im ganzen Leben mehr oder weniger ängstlich, sind vorsichtig, behutsam, auf Harmonie fixiert und meist sehr abhängig vom Partner. Ihre Selbstwahrnehmung funktioniert so: Da sie sich als den Schwächeren erleben, fühlen sie sich leicht bedroht, wähnen sich in der Rolle des *Opfers*, des Unterlegenen und Hilflosen. Sie geben sich daher leise, mit unterdrücktem Weinen, doch oft mit Tränen in den Augen. Auf Dritte wirken sie deshalb herzergreifend, bemitleidenswert und schutzbedürftig. Ihre Stimmen sind voll leiser und vorsichtiger Anklage, denn sie wollen niemanden verletzen. Dies gilt ganz besonders für ihren eigenen Partner, weil der im Gegensatz dazu oft bei der kleinsten Kritik explodiert. Partnerwahlen verlaufen häufig nach diesem Muster, dass nämlich ein sich ängstlich Anpassender und ein sich aggressiv Durchsetzender zusammenfinden.

Sich Anpassende sind in der Beziehung die *Defensiven*. Sie implodieren, statt zu explodieren. Sie drohen unter der Wucht des offensiven und aggressiven Partners ins tiefe Leid zu stürzen. Den ihnen zugefügten Schmerz wollen sie durchaus vergeben und tun es auch nach außen hin, aber sie können es nicht wirklich. Alle Wunden, jeder Schmerz, jede Kränkung bleibt in ihrem Gedächtnis haften. Der Kummer spricht aus den Augen, aus den Linien ihres Gesichtes, aus der gebeugten Haltung, aus den überängstlichen Gesten. Sie ringen ehrlich mit sich selbst, durchweinen ganze Nächte, zermartern ihr Herz – und doch können sie einfach nicht verzeihen. Zu groß die Angst, erneut *Opfer* zu werden, wieder gedemütigt, gar verspottet zu werden für diese tiefe Geste des Herzens, großmütig dem Anderen zu verzeihen. Tatsächlich gehört zum vorbehaltlosen wirklichen Verzeihen sehr viel Mut, den der ängstlich an sich selbst Zweifelnde gar nicht zur Verfügung hat.

Noch ergreifender wird dieses Dilemma durch die zwar ausgesprochene, in der Seele aber nicht wirklich vollendete Verzeihung. Partner, die sich anpassen, sind im Grunde wider Willen nachtragend. Sie können nicht vergessen. Mag die Versöhnung auch im liebenden Beischlaf besiegelt werden, der Schmerz über erlittenes Unrecht brennt doch heimlich weiter und wird auf diese Weise für den Partner zur *Schuldfalle*. Ohne dass darüber noch gesprochen wird, bleibt oft jahrelang der stumme Blick, der den Partner daran erinnert, dass er ein schlechtes Gewissen haben muss. Ohne dass beide es artikulieren können, lastet das Unverzeihliche auf der Seele. Durch ihre ängstliche und zurückhaltende Bescheidenheit wirken Anpasser ungefährlich, fast harmlos, und doch setzen sie sich auf stille Art durch. Sie manipulieren, statt zu konfrontieren. Die Angst und das Misstrauen, der Andere könnte etwa erneut untreu werden, lauert dann jahrelang. Und es ist wahrscheinlich, dass es dadurch zu einer Art *sich selbst erfüllender Prophezeiung* (Schnepper 2004) kommt: Irgendwann passiert es tatsächlich, dass der *Täter* erneut schuldig wird.

Der sich durchsetzende und selbstbehauptende Partner

Aus Angst vor Fremdbestimmung und unter dem Zwang zur Selbstbehauptung verweigern die zur Durchsetzung Neigenden das Verzeihen, indem sie vielfach heftig und laut werden. Sie neigen dazu, den Partner häufig zu kritisieren, Vorwürfe zu machen, gar zu demütigen und ihn zu beschämen. Um sich selbst zu schützen, klagen sie an. Ihre schnelle, ständige und überschießende *Kränkungsbereitschaft* macht sie immer wieder zu einem Pulverfass, das unerwartet und jederzeit explodieren kann. Sie sehen das zwar manchmal ein – und werden doch rückfällig. Sie tun sich sehr schwer, um Verzeihung zu bitten oder auch nur den ersten Schritt in Richtung Versöhnung anzubieten. Sie empfinden eine solche Geste als Selbsterniedrigung, wie einen Kniefall vor dem Gegner. Sie fühlen dabei Ehrverlust und verletzten Stolz. Dieser Stil der Durchsetzung ist besonders unter Männern verbreitet. Um Verzeihung bitten wirkt unmännlich, weil dabei eine Abhängigkeit entsteht, die alte kindliche Ohnmachtsgefühle aktiviert. Sich der Gnade des anderen auszuliefern und der Gefahr der Zurückweisung ausgesetzt zu werden ertragen sie nicht. Selbstbehauptung geht vor Selbstüberwindung.

Sie sind in der Beziehung die Offensiven. Selbst das Gewähren von Verzeihung bedeutet für sie Schwäche, Gesichtsverlust und eigene Beschämung. Sie agieren daher mehr oder weniger mit aggressiven Impulsen, denn sie fühlen sich durch das Ansinnen zu verzeihen in ihrer Selbstbestimmung bedroht. Verzeihung erbitten und gewähren gibt dem Anderen eine Macht, die zur Fremdbestimmung führen könnte. Dieser Bedrohung, sei sie auch noch so klein, begegnen sie, um dem Anderen nicht Recht geben zu müssen, oft mit unangemessener Aggression. Daher wirken sie, durch den ihnen eigenen Unterton, auch ohne Gewaltanwendung oft drohend und häufig angreifend. Sie drohen lieber mit Trennung, als »klein beizugeben«. Und selbst wenn sie als Schuldige entlarvt sind, kontern sie sofort mit Gegenangriff und eigenen Schuldvorwürfen. Sie greifen an, um sich zu verteidigen. Sie lösen dadurch häufig Angst beim Gegenüber aus. Sie setzen sich durch und werden dabei ungerecht.

Nur wenn sie sich ganz sicher und überlegen fühlen, können sie, wenn der Hauptgefühlssturm vorbei ist, überraschend einlenken, wieder versöhnlich werden und alles vergessen. So aufbrausend sie auch sind und so sehr sie um sich schlagen, so gutmütig können sie danach wieder freundliche Seiten aufscheinen lassen. Sie sind nicht nachtragend. Manchmal ärgern sie sich selbst, dass sie den Streitanlass vergessen haben. Sie können sich die Kränkungen durch den Partner gar nicht merken. Sie nehmen sich dann vor, alles einmal aufzuschreiben und Buch zu führen, tun es aber nie.

Der planende und kontrollierende Partner

Aus Angst vor zu starken Gefühlen und Kontrollverlust bei sich selbst oder dem Partner verweigern diese sonst so korrekten Menschen das Verzeihen, indem sie sich in Schweigen hüllen. Bei Kritik unterbrechen sie sofort jeden Dialog und fallen in Erstarrung. Sie können schweigen, tagelang, manche sogar wochenlang, manchmal gnadenlos. Sie sind oft beleidigt, leicht kränkbar, empfindlich wie ein rohes Ei. Sie werden aber nicht laut, sondern treten den Rückzug an. Sie lassen den Partner schmoren. Sie vergessen keine Kränkung, addieren eher die eine zur anderen. Dort, in ihrer Nische des Gekränktseins, können sie sich erstaunlich selbstgenügsam einrichten, fühlen sich sogar noch wohl dabei und sind überzeugt, damit im Recht zu sein. Insgeheim hoffen sie allerdings, ohne sich das einzugestehen, der Andere möge wieder den ersten Schritt tun, weil der so sehr leidet, dass er nachgibt und von sich aus um Verzeihung bittet.

Gefühlsausbrüche gibt es nur selten, denn sie haben sich allzu sehr unter Kontrolle. Sie leiden zwar selbst unter dieser Starrheit, manchmal auch Sturheit, aber sie erlauben sich und dem Partner keinerlei heftigen Gefühle. Sie reagieren und wirken dadurch nach außen eher distanziert, oft gefühllos, manchmal unerreichbar, oft hart mit sich selbst, aber auch mit dem Partner, während sie innerlich voll drängender Emotionen sind. Wie ein beleidigtes Kind wollen sie aus der Schmollecke herausgebeten werden.

Ihre Selbstwahrnehmung lässt oft keine Kritik zu. Ihr Hauptdilemma: Sie können das Problem bei sich selbst gar nicht erkennen. Stattdessen verfügen sie manchmal über eine brillante intellektuelle Rechtfertigung. Der Druck, Recht haben zu müssen oder sich zu rechtfertigen, wird geradezu zum Zwang. Um Verzeihung zu bitten oder als Erster den Schritt zur Versöhnung zu tun ist für sie noch schwerer, als Verzeihung zu gewähren. Dem Anderen zu vergeben fällt genauso schwer wie eigene Fehler zuzugeben. Sie können es nicht ertragen, ins Unrecht zu geraten, schuldig zu sein. Sie haben Angst, ihr Gesicht zu verlieren, ihren Ruf und ihr Ansehen. Sie sind in erster Linie um sich selbst besorgt, nicht weil sie egoistisch sind, sondern weil sie übergroße Angst haben, dann als der *Schuldige* zu gelten.

In seltenen Momenten, vielleicht, wenn das Flehen des Anderen die starren Mauern aufweicht, können sie tatsächlich mitweinen, Verständnis zeigen, die Tür zu ihrem Herzen einen Spalt öffnen und weich werden. Diese Sternstunden sind kostbar, aber selten. In solchen Momenten ist die Versöhnung mit ihnen wunderbar, doch kurz danach schämen sie sich für diese »Schwäche« und erstarren von Neuem. Ihre Angst besteht tatsächlich darin, sich weich zu zeigen, weich zu werden, weil sie dann befürchten, der Andere könne sie in der Hand haben. Deshalb delegieren sie das Suchen nach Liebe und Verzeihen auch überwiegend an den Partner, wie Markus nach einem Seminar schrieb:

Agnes, ich habe bis vor einiger Zeit Dir die Arbeit, die Mühe, die Tränen dafür überlassen, mich von meiner Ahnenbotschaft zu erlösen (von den Altlasten der Herkunftsfamilie – der Autor). Ich habe mich von Deiner Liebe tragen lassen. Manchmal habe ich mich sogar davon abgeschaltet, diese Liebe zu spüren, nur um nicht in meiner Ruhe gestört zu werden. Ich merke, während ich dies schreibe, welche Brutalität in diesem Satz liegt. In wie vielen Konflikten konnte ich sicher sein, dass Du den Anfang der Wieder-Annäherung machst, und habe nur gewartet. Oft konnte ich Dein Bemühen um mich spüren und konnte auch meine Ängste vor Zärtlichkeit und meine Blockaden spüren, aber Dir habe ich es aufgeladen, sie zu besänftigen und zu durchbrechen. Ich glaube, manchmal habe ich schon gemerkt, worum es ging, und war einfach bequem.

Bitte verzeih mir, dass ich Dir so viel aufgeladen habe. Manchmal – glaube ich – habe ich mich herzlos gemacht, um Dir noch mehr aufladen zu können. Dafür bitte ich Dich um Verzeihung. Markus

Der intuitive und unverbindliche Partner

Intuitive Partner sind eher weich und können sich in ihrer Sensibilität schlecht selbst schützen. In ihrer Gefühlsüberschwänglichkeit öffnen sie alle Herzen, fühlen mit und fühlen sich ein, finden aber in sich selbst keine Mitte. Sie laufen Gefahr, sich in ihren Gefühlen selbst aufzulösen oder gar in den Gefühlen des Anderen sich zu verlieren. Sie haben zu wenig Selbstgefühl vor lauter Mitgefühl. Aus Angst, mit ihrer eigenen Gefühlshaftigkeit sich nicht abgrenzen oder die eigenen Grenzen nicht vertreten zu können, verweigern sie das Verzeihen, indem sie erst einmal so tun, als ob sie gar nichts bemerkt hätten, als ob es gar keine Kränkung gäbe. Sie reden darüber hinweg, verharmlosen den Vorfall oder lächeln, manchmal etwas unpassend und gequält. So herzzerreißend sie auch weinen mögen, können sie doch im nächsten Moment schon wieder Scherze machen. Der *Täter* wird sich dadurch seiner Tat kaum bewusst oder sieht sich nicht genötigt, sich damit auseinanderzusetzen. Alles wirkt eher leicht und unbeschwert. *Die unerträgliche Leichtigkeit des Seins* (Kundera 1984) steht im Vordergrund. Das ist zunächst ganz angenehm, besonders für den Verursacher. Auf Dauer aber wird deutlich, dass dadurch ein gewisser Tiefgang fehlt. Der Schmerz, den eine Kränkung mit sich bringen würde, wird schon gar nicht zugelassen, wird verdrängt und geleugnet. Die Angst vor Auseinandersetzung und Konflikten ist so groß, dass sie gar nicht wahrgenommen werden. Es gibt dann einfach nichts zu verzeihen.

Im Auf und Ab der Gefühle, gerade noch himmelhoch jauchzend und dann wieder zu Tode betrübt – in diesen Wechselbädern findet die Seele keinen Halt. Aber wo der wirkliche und durchtragende Tiefgang fehlt, da fehlen auch die Höhenflüge, die echtes Glück bescheren. Die Gefühle werden in der Tiefe nicht ausgelebt, gewinnen dadurch auch keine Beständigkeit. Innige Hingabe und schmerzliche Kränkung, sie verflachen und zerfließen beide gleichermaßen. Diese Strategie der Verdrängung erstreckt sich auf alle Gefühlsbereiche, das Leben und die Liebe spielen sich nur an der Oberfläche ab.

Wird die Kränkung aber so groß, dass sie gar nicht mehr weggewischt oder übergangen werden kann, dann sind eine Auseinandersetzung darüber und ein wirkliches Verzeihen gar nicht mehr möglich. Entweder werden die Intuitiven dann von ihren Gefühlen überschwemmt und stürzen ins Bodenlose oder sie trennen sich einfach, ohne Vorwarnung. So zog die Frau eines Klienten auf einer Party nachts um 2 Uhr ohne irgendeinen Kommentar mit einem anderen Mann davon. Sie kehrte nie mehr in das gemeinsame Haus zurück. Eine Auseinandersetzung, ein Gespräch oder eine Aussprache, kam nie mehr zustande.

Diese vier beschriebenen Partnerstile sind zwar wichtige Persönlichkeitsmerkmale, aber sie können sich natürlich im Lauf der persönlichen Entwicklung verändern. Diese Sichtweise der Paarsynthese, dass nämlich Fähigkeit und Vermögen zum Verzeihen, Versöhnen und Wiedergutmachen vom Entwicklungsstand der Persönlichkeit und ihrer jeweiligen Entfaltung der Partnerstile abhängen, verdeutlicht noch einmal, dass es hier nicht um eine rein willentliche Entscheidung geht. Es bedarf dazu einer gewissen Kompetenz der Persönlichkeit. Nicht jeder verfügt darüber und ist so weit gereift, dass er in innerer Freiheit wählen kann, ob er verzeiht oder nicht. Andererseits eröffnet sich ein hoffnungsvoller Horizont: Verzeihen wird möglich durch Nachreifen der Persönlichkeit mithilfe von seelischem Lernen. Dann kommen die positiven Seiten dieser Partnerstile mehr und mehr zum Tragen und ergänzen sich sinnvoll, um der jeweiligen Anforderung der Situation mit dem Partner gerecht zu werden. Aus der Anpassung erwächst dann Friedfertigkeit, aus der Durchsetzung erwächst sinnvolle Selbstbehauptung, aus der Planung wird zuverlässige Verantwortungsbereitschaft und aus der Intuition schließlich entfaltet sich einfühlsame Verständigung.

Wer kann verzeihen?

Diese Frage gibt erneut Anlass, uns selbst zu fragen, ob wir persönlich zu den Verzeihenden oder den Nichtverzeihenden gehören. Zudem regt die Frage an, darüber nachzudenken, welche Partnereigenschaften uns selbst kennzeichnen oder bei uns besonders ausgeprägt sind. »Was für ein Partner bin ich?«, wird für viele zur herausfordernden Frage. Leider aber beantworten sie viele nicht konsequent, denn es kostet Mühe, sich darauf einzulassen. Ein kurzer Partnerschaftstest (Cöllen 2003) kann die tiefere Auseinandersetzung damit erleichtern, besonders wenn die Partner diesen zunächst für sich selbst, dann aber auch gegenseitig ausfüllen und auswerten. Doch es gibt darüber hinaus noch einen sehr aussagefähigen intuitiven Schnelltest, der an einem einzigen Kriterium misst, welche Kompetenz als Partner wir mitbringen. Ob wir wirklich kompetente Partner sind, lässt sich nämlich am schnellsten und eindeutigsten daran messen, ob wir selbst auf gute Weise verzeihen und um Verzeihung bitten können.

Die Fähigkeit zum Verzeihen, sie ist das Reifezeugnis für die Liebe. Wer sie erworben hat, der besitzt die Lizenz zum Lieben. Sie gewährleistet die menschliche Kompetenz, die erforderlich ist, um die vielfältigen und notwendigen Auseinandersetzungen mit dem Partner richtig auszusteuern. Die Fähigkeit zum Verzeihen schließt gleich mehrere andere Fähigkeiten mit ein, die zusammen den liebevollen, konstruktiven seelischen Austausch mit dem Partner gewährleisten. Wer die unten angeführten Bereitschaften, vielleicht auch Fähigkeiten mitbringt, kann sicherlich verzeihen, wo es nötig und wichtig ist. Jeder möge sich selbst prüfen.

Der selbstkritische Partner

Selbstkritisches Verhalten bildet das Fundament der Fähigkeit zum Verzeihen. Die Fähigkeit zur Selbstkritik kennzeichnet den wirklich reifen Menschen und macht ihn zu einem wertvollen Mitglied jeder menschlichen Gemeinschaft. Umso bedauerlicher ist es, dass gerade in den Führungsetagen in Politik und Wirtschaft diese Fähigkeit relativ selten anzutreffen ist. Sie ermöglicht aber ein konstruktives Miteinander. Nicht nur den Anderen kritisch anzugehen, sondern sich selbst zu hinterfragen, sogar in Frage zu stellen erleichtert das Verzeihen sehr. Übertriebene Selbstbezogenheit lässt das bei vielen gar nicht zu. Gekränkte Eitelkeit versperrt die Sicht auf die eigenen Anteile im Streit mit dem Partner. Selbstkritik bedeutet aber, eigene Maßstäbe zumindest zu überprüfen und eigene Fehler einzugestehen. Dazu gehören wiederum Schuldeinsicht und Reue, und Reue bedeutet, aus der Schuldeinsicht heraus sein eigenes Verhalten auch ändern zu wollen. Wer in stimmiger Weise Selbstkritik übt, wird nur noch wenig Kritik von anderen zu hören bekommen. Er braucht nichts zu verbergen, er muss sich vor keiner Bloßstellung fürchten.

Übung ›Täter in der Beziehung – ich?‹

Diese Übung stellt den intensiven Versuch dar, kritische Selbstreflexion zu üben, statt dem Partner die Schuld in die Schuhe zu schieben. Die Einsicht, selbst durch eigene Taten die Beziehung oft schwer zu belasten und dem Partner Verletzungen und Kummer zuzufügen, ist immer bitter, selbst wenn es gar nicht absichtlich getan wird. Auch wenn es Ihnen schwerfällt, schreiben Sie nur das Folgende auf: *Wie bin ich Täter am Partner? Wie trage ich dazu bei, dass dieser leidet?*

Gerade und besonders dann, wenn jemand sich unschuldig fühlt im Konflikt mit dem Partner, muss er sich ehrlich fragen, wie sehr der Andere eben doch durch die eigene Anklage, Gewalt und Dominanz, aber genauso auch durch Rückzug, Verweigerung oder Depression von seiner Seite leidet. Nicht nur der ist *Täter*, der brutal in Wort und Tat den Partner misshandelt, nicht nur der ist untreu, der eine Außenbeziehung aufnimmt, sondern genauso der, der sich zurückzieht, sich verweigert, sich ausschweigt und in passiven Widerstand geht. Alle Aspekte, den Partner direkt oder indirekt zu belasten, an ihm herumzumäkeln, zu nörgeln, ihn schuldig zu erklären oder anzugreifen, sind hier selbstkritisch in den eigenen *Täterkatalog* aufzunehmen.

Um einen versöhnlichen Weg zu finden, kann man diese schmerzende Eigenanalyse auch schriftlich festhalten und sie dem Partner zum Geschenk machen: zum Geburtstag oder zu Weihnachten. So könnte ein Fest der Liebe im eigentlichen Sinn beginnen.

Der lernwillige Partner

Die Bereitschaft, eigene Fehler erst einmal zu erkennen, sie dann auch noch vor anderen und dem Partner zu bekennen, machen Verzeihen schließlich möglich. Dazu gehört auch, dem Partner zu helfen, den gleichen Schritt zu tun. Aber dieser kann seine Fehler nur bekennen, wenn er keine Angst vor Strafaktionen haben muss. Strafen verändern nur für kurze Zeit das unerwünschte Verhalten, und der Rückfall kommt schnell, weil die erwünschte Verhaltensänderung nur aus Furcht und nicht aus innerem Antrieb geschieht.

Allerdings: Fehler einzusehen und sogar auch noch einzugestehen heißt leider noch lange nicht, sich auch zu ändern. So sieht der Raucher wohl ein, dass Rauchen schädlich ist, kann aber sein Verhalten trotzdem nicht ändern. Dauernörgelnde Partner sind dafür anschauliche Beispiele: Schon ihre Mimik, ihre Kopfhaltung und die leise klagende Stimme, die heruntergezogenen Mundwinkel und die stets mitschwingende Kritik am Verhalten des Anderen bringen diesen in Rechtfertigungszwang oder reizen ihn zum Gegenangriff. Vom Therapeuten damit konfrontiert, geloben die Nörgler oft sofortige Besserung, um nur wenige Minuten später in derselben Pose fortzufahren. Die alten Bahnungen sitzen zu fest.

Aus den eigenen Fehlern zu lernen, wem von uns gelingt das wirklich? Dazu brauchen wir Hilfe – von allein klappt das selten. Der Partner kann mit seinen Rückmeldungen der beste Helfer sein, wenn er nicht stattdessen in Anklagen verfällt wie: »Das habe ich dir doch schon immer gesagt, dass …« Der Partner zeigt mir durch meine blinden Flecken hindurch meine eigenen Fehler auf, und ich zeige ihm die seinen auf. Therapeuten können aus der Distanz heraus oft besser helfen. Aber Hilfe ist nur möglich, wenn die eingefleischten Fehler – z.B. Nörgeln, Kritisieren, Lügen, Anklagen, Besserwissen und andere alte Gewohnheiten der Seele – aufgegeben werden. Heute sprechen wir in diesem Zusammenhang von *neuronalen Verschaltungen und Bahnungen* (Hüther 2007). Wie eine Art Autobahn wird automatisch die schnelle Straße benutzt, ohne über neue Wege überhaupt nachzudenken. Neues Verhalten ist aufzubauen. Das erfordert hohe Motivation und geduldiges Üben, weil schmerzliche Rückfälle in altes Streitgebaren vorprogrammiert sind. Geduld mit den eigenen Fehlern und denen des Partners ist gefragt. Auf diese Weise wird die Liebe zur »Erwachsenenbildung in ihrer Bestform«.

Der einsichtige Partner

Vielleicht noch wichtiger ist das Lernen aus den Fehlern des Partners, was aber vielen besonders schwerfällt. Wieso sollte man ausgerechnet aus dessen Fehlern lernen können und wollen, da sie doch Anlass für Kränkung und Streit geben? Das setzt ganz viel an Einsichtigkeit voraus. Es gibt dabei immer eine gegenseitige Wirksamkeit. Bei unserer Wahl des Partners suchen wir unbewusst nicht nur dessen attraktive Seiten aus, sondern gerade auch die Fehler des Anderen, weil wir auch von ihnen profitieren. Sie zwingen uns zur Auseinandersetzung mit uns selbst, wenn wir in dieser Beziehung weiterleben wollen. Der Partner liefert also sowohl mit seiner Kritik an mir als auch mit seinen eigenen Fehlern die nötige Anschubenergie zu seelischer Aufarbeitung und Reifung, die sonst gar nicht in Gang käme, der eigenen Trägheit wegen. Die Fehler des Anderen wirken im »Spiegeleffekt« auf die eigenen Fehler zurück. Die Fehler des Einen zwingen den Anderen, mit dessen Fehlern richtig umzugehen und die eigenen Fehler gleichzeitig selbstkritisch zu betrachten. So bilden die Fehler und Schwächen beider Partner ebenso ein gemeinsames Entwicklungspotenzial wie die Stärken und Attraktionen eines jeden. »Gegensätze ziehen sich an« und »Gleich und gleich gesellt sich gern« – beides gilt nicht nur für die hellen und attraktiven, sondern auch für die dunklen und schwierigen Seiten beider Partner. Diese *dynamische Fehlerspiegelung* ist nach der gegenseitigen Lust- und Bedürfnisbefriedigung die Feuerprobe für die Liebenden und bei Gelingen gleichzeitig eine Art Garantieschein für das gemeinsame Wachsen in dauerhafter Liebe. *Dynamische Fehlerspiegelung* ist die Kunst, *im Miteinander und im Wechselspiel der Beziehung* aus Fehlern stark zu werden: Deine Fehler und meine Fehler sind unsere Fehler.

Dieses Grundwissen, dass wir alle vom Partner etwas zu lernen haben, ebnet den Weg, seine Fehler anders zu sehen und anders zu verstehen. Zumindest in der Streitphase mit dem Anderen fällt es besonders schwer, ausgerechnet von diesem Gegenüber lernen zu sollen oder zu wollen. Die eigene gekränkte Eitelkeit, der eigene Narzissmus lässt *Lernen durch dich* oft kaum zu. Das würde bedeuten, dem Anderen Recht zu geben, selbst aber im Unrecht zu sein. Viele fürchten dann einen Gesichtsverlust. Alte Ängste werden reaktiviert: Als Kind mussten wir viel von den Eltern lernen, verbunden mit großer und manchmal demütigender Abhängigkeit. Das bewirkte damals Ohnmachtsgefühle, Gefühle von Unterlegenheit und Hilflosigkeit, von Unwissen. Aber die seelischen Gesetze der Partnerwahl bewirken, dass wir uns in der Regel einen Geliebten suchen, durch den wir, gerade aufgrund seiner Eigenart, etwas Wichtiges über uns selbst zu lernen haben. Der Sinn einer Beziehung geht weit über die Grundbedürfnisse von Triebbefriedigung, Kinderaufzucht und Existenzbewältigung hinaus. *Lernen durch dich* heißt dann, dass die Partnerschaft kein Zufallsprodukt ist, sondern einen tieferen Sinn erfüllt. Beide haben sich gefunden, um aneinander und miteinander, füreinander und durcheinander zu wachsen und zu reifen. Ob beide das auch wollen und tatsächlich umsetzen, bleibt hier offen. Jeder hat vom Anderen etwas Wichtiges zu lernen: der Wilde vom Vorsichtigen, der Planende vom Intuitiven, der Stille vom Lauten, der Sanfte vom Rauen, der Durchsetzer vom Anpasser, der Naive vom Intellektuellen, der Kopfmensch vom Gefühlsbetonten, der Träumer vom Realisten, der Trunkene vom Nüchternen, der Feine vom Groben, der Spirituelle vom Animalischen. Die Gegensätze, die beide Partner in die Beziehung mitbringen, sind zwar häufig Anlass für Krisen oder gar Trennungsgedanken, bescheren trotz allem aber auch einen Reichtum der vielfältigen Möglichkeiten, sich weiterzuentwickeln. *Die Liebe leben lernen* baut auf dem *Lernen durch dich* auf.

Der einfühlsame Partner

Einfühlung fördert das Verzeihen in besonderer Weise. Wer sich in die Person des Partners einfühlen kann, verhindert, dass er den Anderen und sein Verhalten im Streit automatisch negativ interpretiert. Oft erlebe ich in der Therapie, dass ein bestimmter Blick, eine Geste, eine Körperhaltung oder irgendein Wort fast reflexhaft als kritisch, bedrohlich oder verächtlich empfunden wird. Fragen wir dann den Partner, wie er es tatsächlich gemeint hat, beteuert er oft genug, dass er es auf keinen Fall negativ gemeint habe. Statt wirklicher Einfühlung wird in Wahrheit die eigene negative Stimmung auf den Partner projiziert. Das aber ist keine Einfühlung.

So selbstverständlich das klingen mag, erstaunlich viele Menschen haben gar nicht die Bereitschaft zur Einfühlung. Zerstrittene lehnen es häufig ab, sich in den Partner hineinzuversetzen. Wenn wir in der Paartherapie als wichtige Übung vorschlagen, sich in die Denkweise, in die Sprache, in das Fühlen und in die Haut des Anderen im *Rollentausch* hineinzuversetzen, geraten viele ins Stocken. Viele weigern sich sogar, dies zu tun. Sie wehren sich dagegen, weil es bedeuten würde, sich wirklich Mühe zu geben, auch die Sichtweise des Anderen zu verstehen und vielleicht sogar zu akzeptieren. Den besten Effekt hat diese Übung des Rollentauschs, wenn sie im Beisein der Kinder stattfindet. Mit den Augen des Partners zu sehen, mit seinen Ohren zu hören, mit seiner Zunge zu sprechen, mit seinem Herzen zu begreifen, nur eine halbe Stunde lang, ermöglicht, viel an Krisenpotenzial zu relativieren, in der Liebe wie in der Politik. Wenn man einen Perspektivenwechsel wagt (Jellouschek 2005, Tausch 1993) und den Standpunkt des Anderen einnimmt, wird es manchmal Überraschungen geben. Viele

Kränkungen relativieren sich, ein Verzeihen ist oft nicht mehr erforderlich. Schmerzende Verletzungen können jetzt leichter verziehen werden, weil Einfühlung in die Sichtweise des Verursachers möglich ist.

Da Einfühlung wirklich geübt werden muss, weil sie nicht angeboren ist, im Folgenden eine wirksame Übung dazu:

Übung ›Rollentausch‹

Wenn diese Übung gelingt, entsteht eine Identifikation mit dem Partner, die tieferes Verständnis für ihn ermöglicht und viele Fehler verzeihen lässt. Gleichzeitig befähigt die Übung beide Partner, sich jeweils in den Anderen hineinzuversetzen. Dies ist für ein intensives intimes Zusammenleben absolut erforderlich. Wird dieser Rollentausch nur mit Widerstand eingegangen, ist das immer auch ein Zeichen für eine Blockierung gegenüber dem Anderen.

> Die Partner vereinbaren z.B. nach dem Abendessen, die Plätze zu tauschen und mit dem Tausch der Plätze auch die eigene Identität mit der des Partners zu tauschen. Sie führen ab jetzt ein Gespräch, mindestens eine halbe Stunde lang, über ihre Beziehung oder zentrale Beziehungskonflikte, die gerade akut sind, so, als verträten sie jeweils die Seite des Anderen. Wie fühlt es sich an, in der Haut des Partners zu stecken, seine Worte zu finden, seine Argumente wiederzugeben, seine Haltung, seine Gestik, seine Mimik anzunehmen und sich ganz in sein Innerstes hineinzuversetzen?
>
> Je besser es gelingt, nicht nur die Standardsätze des Partners wiederzugeben, sondern möglichst seine innere Haltung, seine Motive und Stimmungen, seine Denkweise und sein sinngemäßes Auftreten, desto tiefer werden sich später Frau und Mann verständigen können. Diese Übung vor den Kindern durchzuführen ist sehr

unterhaltsam und witzig, vor allem aber auch doppelt wirksam, weil sie sehr genaue Schiedsrichter sind.

Diese Übung sollte unbedingt regelmäßig angewandt werden, denn sie wirkt wie ein Medikament. Einmal im Monat durchgeführt, festigt sie sehr die gegenseitige Einfühlung, Offenheit und Versöhnlichkeit. Außerdem beugt sie auf diese Weise weiteren Streitigkeiten vor.

Verzeihen – was erleichtert es?

Über die genannten vier wichtigen Partner-Kompetenzen hinaus – Selbstkritik, Lernen durch Fehler, Lernen durch den Partner und Einfühlung in den Partner –, die das Verzeihen erleichtern, gibt es noch weitere Grundlagen, die hilfreich sind. Einer der Väter der Humanistischen Psychotherapie in Deutschland, Reinhard Tausch (1993), hat am Institut für Psychologie der Universität Hamburg eine allgemeine Untersuchung zur Frage: »Was erleichtert das Vergeben?«, begleitet. Die Ergebnisse dieser Studie übertragen wir auf das Paar:

Zeitlicher und räumlicher Abstand zum verletzenden Partner trägt dazu bei, aus der Distanz versöhnlicher zu reagieren. Die Betroffenen können aus einer anderen Perspektive auf die Ereignisse blicken. Die verletzten Gefühle verebben, die Bereitschaft zur Versöhnung wächst. Beide reagieren weniger nachtragend.

Religiöse und ethische Einstellungen tragen viel zu einer versöhnlichen Haltung bei. Der Gekränkte setzt sich nicht moralisch über den Anderen, will diesen nicht richten. Er sieht im Vergeben eine sittliche Aufgabe, die menschliches Miteinander fördert.

Der Wunsch nach Harmonie ist bei bestimmten Menschen so stark ausgeprägt, dass sie bewusst auf weiteres Gekränktsein verzichten. Sie suchen von sich aus Frieden und sind dafür bereit, die eigene Kränkung zurückzustellen. Sie bestehen nicht darauf, dass der Partner sich zuerst entschuldigt.

Das Lebensgrundgefühl, das die Partner jeweils mitbringen, entscheidet letztlich mit über Verzeihung oder Bestrafung: Menschen mit genügend Selbstvertrauen und innerer Gelassenheit gleichen eher aus, wollen ihre kostbare Liebes- und Lebenszeit nicht vergeuden, sind voll Optimismus und üben sich in positivem Denken. Sie verzeihen großmütig.

Kenntnisse und Wissen über die Beweggründe für das Handeln des Anderen helfen, sich besser einfühlen zu können oder wenigstens sein Handeln zu begreifen. Die Einsicht, was den Partner bewogen oder gar angetrieben und zu dieser Verletzung geführt hat, erleichtert Einfühlung und Verzeihen. Das setzt aber voraus, dass eine Aussprache mit dem Verursacher stattfindet, also ein Austauschen über Motive und Gründe überhaupt möglich wird.

Kenntnisse und Wissen über die persönliche Geschichte des Partners: Im Gegensatz zu Tausch hält die Paarsynthese gerade die tiefenpsychologischen Einflüsse aus Kindheit und Jugend für entscheidend. Sie erklären oft sehr eindrucksvoll, warum der Kränkende so handeln musste, vielleicht gar nicht anders konnte. Dessen Geschichte der *Partnerwerdung* gibt meist Auskunft über die seelischen Kränkungen, die ihm in der Vergangenheit durch wichtige Bezugspersonen zugefügt wurden. Diese werden jetzt dem Partner zugefügt, im vergeblichen Bemühen, die eigenen Verletzungen dadurch loszuwerden. Wenn andererseits beide Partner um ihre Verletzungen aus der Kindheit und die damit verbundenen *Altlasten* wissen, können sie diese eher entschuldigen oder vorsichtiger damit umgehen.

Gibt es Unverzeihliches? Grenzen des Verzeihens

Macht denn Verzeihen immer Sinn? Wo sind die Grenzen des Verzeihens? Gibt es Kriterien für Grenzen? Kann es eigentlich ein Zuviel an Verzeihen geben? Kann ein Übermaß an Verzeihen schädliche Wirkungen haben? Oder ist Verzeihen immer heilsam? Verzeihen – für Kränkungen, die bewusst geschehen, vielleicht sogar provokativ? Absichtsvoll? Und Verzeihen auch für unbewusst ablaufende Kränkungen? Und auch für solche, für die der Andere gar nicht die Schuld zu tragen hat?

In der Praxis der Paartherapie erleben wir oft, dass ein Paar sich trotz aller Rettungsversuche voll Zorn und Bitterkeit trennt – um nach Monaten oder Jahren sich doch wieder auszusöhnen. Viele pflegen mit dem Ex-Partner eine versöhnliche Freundschaft. Und es gibt einige Paare, die sich trotz Trennung nach Jahren wieder zusammentun, sogar ein zweites Mal heiraten. Ein Paar hatte sich sogar dreimal getrennt und ist jetzt wieder vereint. Eine Frau, schon über 20 Jahre geschieden, kam mit ihrem Ex-Ehemann in Therapie, damit beide wieder zueinanderfinden konnten, und es gelang tatsächlich.

Eine schwierige, eine bewegende Schicksalsfrage stellt sich damit: Wenn nach Jahren der Trennung allmählich Freundschaft mit gegenseitiger Wertschätzung und Zuneigung wieder möglich wird, wäre dann die Trennung vielleicht gar nicht nötig gewesen? Hätten Verzeihen und Einlenken die Beziehung damals retten können, wenn beide Partner nur ein wenig mehr Toleranz und Gelassenheit aufgebracht hätten? Beweist der heutige Friedensschluss zwischen einstmals zerstrittenen Partnern nicht geradezu, dass auch damals schon Frieden möglich gewesen wäre durch rechtzeitiges Verzeihen und Vergeben? Wie viel Leid und Kummer wären den Partnern erspart geblieben – und nicht zuletzt den Kindern?

Diese Fragen stellen sich relativ vielen getrennt lebenden Paaren. Sie begleiten die Partner durch das ganze Leben, manche bis zum Tod, und sie bleiben auch durch dieses ganze Buch präsent, bis in die praktische Umsetzung von Verzeihen hinein. Niemand kann sie wirklich beantworten, und dennoch stellen sie sich immer wieder. Und sie werden auch häufig an die Therapeuten gerichtet, die, wenn sie ehrlich sind, diese auch nicht mit Sicherheit beantworten können. Vielleicht wäre ein Philosoph oder ein Geistlicher zu befragen, denn beide sind weniger als Therapeuten in den seelischen Zwiespältigkeiten verfangen, sondern beziehen ihre Entscheidungsfindung aus anderen Quellen.

Zu den ältesten bekannten Therapeuten gehörte sicherlich Jesus, der auf die Frage seines Jüngers Petrus, wie oft denn verziehen werden müsse, mit einem Zahlenspiel antwortet: »Ich sage dir: nicht siebenmal, sondern siebzigmal siebenmal« (Matthäus 18,22). Damit wollte er wohl zum Ausdruck bringen, dass Verzeihen nicht begrenzt werden dürfe – aber ist das nicht übermenschlich?

Auf diese große Frage nach den Grenzen des Verzeihens gibt es sicher keine zwingende und allein richtige Antwort. Die seelische Substanz als Voraussetzung für das Verzeihen ist natürlich bei jedem Menschen wieder anders. Entscheidend ist auch, ob jemand verzeihen kann oder will oder ob er vielleicht gar nicht verzeihen darf, um sich nicht selbst zu schaden.

Diese schier unlösbaren Fragen wenigstens annähernd zu beantworten, dies müssen alle am Prozess Beteiligten gleichwohl versuchen. In diesem Buch nicht Stellung zu beziehen, das wäre Augenwischerei. Dasselbe gilt auch in der Paartherapie: Sie kann sich gegenüber den leidvoll Ratsuchenden nicht einfach auf therapeutische Enthaltsamkeit berufen.

Sicherlich gibt es kein allgemeingültiges Maß, wo die Grenze vom Nutzen zum Schaden des Verzeihens überschritten wird. Dies gilt umso mehr, als die einzelnen Frauen und

Männer auf ein und dieselbe Verletzung oder Kränkung sehr unterschiedlich reagieren und genauso unterschiedlich zur Verzeihung bereit sind. Gibt es, wenn überhaupt, ein Zuviel an Verzeihen? In der Logik der Seele liegt es, in der Regel der umgekehrten U-Funktion zu folgen. Jedes Zuviel und jedes Zuwenig ist schädlich, gesund ist die breite Mitte. Alles und jedes ständig und immer zu verzeihen ist sicher genauso schädlich wie nie und unter keinen Umständen zu verzeihen. Doch dieser Gemeinplatz hilft nicht weiter.

Deshalb beschreibe ich in der Folge besondere Krisen- und Grenzbereiche des Verzeihens, die immer wieder zu einer dramatischen Entscheidung herausfordern. Trotz aller möglichen Vorerfahrungen stehen die Partner sich dabei in einer existenziellen Not gegenüber, bei der es letztlich nur begrenzte Entscheidungshilfen in der Frage gibt, ob ein Verzeihen noch sinnvoll, noch tragbar ist oder schon an Selbstzerstörung grenzt.

Untreue

Das Problem der Untreue zwischen Liebenden ist so alt wie die Menschheit und löst doch immer neue heillose Verzweiflung aus, wenn auch unter ganz verschiedenen Vorzeichen und gesellschaftlichen Bedingungen. Insbesondere das Verzeihen sexueller, aber auch emotionaler Untreue ist nicht nur eine Frage persönlicher Betroffenheit, sondern in hohem Maß abhängig von der Gesellschaft, in der wir leben, und von ihrem Wertewandel.

Wie in vielen seelischen Prozessen, die scheinbar unserem ureigensten Willen entspringen, entscheiden auch hier unbewusste Faktoren regelmäßig mit. Kulturen und Völker haben sehr unterschiedliche Gesetze, Einstellungen und Regeln, gerade auch in Bezug auf das Umgehen mit persönlichen und intimen Kränkungen. Das Verzeihen von Untreue unterliegt also einem kulturellen Wandel und dieser scheint

Hand in Hand zu gehen mit dem Wandel in der Einstellung zur Sexualität, insbesondere zur Treue. Statistisch nähern sich die Frauen unseres westlichen Kulturkreises in ihrem Verhalten aktuell dem sexuellen Verhalten der Männer an. 30- bis 40-jährige Frauen gehen sogar öfter fremd als Männer (Schnabl 1973).

Auf der einen Seite folgen infolge sexueller und emotionaler Untreue nicht mehr der sofortige Abbruch der Beziehung und eine Scheidung, sondern überwiegend herrscht die Suche nach Verstehen und Begreifen vor. Das Forschen nach den Ursachen, sogar das Annehmen eigener Schuldanteile und ein versöhnlicher Neuanfang sind heute vielen Frauen und Männern wichtiger als moralische Verurteilung. Auch ein nüchterner und sachlicher Umgang mit solchen Fehlern, seelische Größe und geduldiges Suchen nach Lösungen sind Kennzeichen für ein liberales Verhalten und stehen im Zusammenhang mit einem verständigen Verzeihen. Auf der anderen Seite, vor allem in konservativeren Gesellschaften und Kulturen dieser Welt, stehen Rache, Bestrafung, Hass und Wut im Vordergrund; es wird Gewalt angewandt, was bis zum Mord oder Selbstmord führt. Strafen sind Steinigung, Prügelstrafe, Gefängnishaft oder Verstoßen aus der Gemeinschaft. Letzteres trifft besonders auf religiös-fundamentalistische Kulturen zu. Eine Besonderheit dabei ist, dass in der Regel Frauen härter bestraft werden als Männer.

Unter dem Blickwinkel der Globalisierung ist zu erkennen, dass mit fortschreitender politischer und religiöser Liberalisierung das Verzeihen von Untreue üblich wird. Die Fortschritte bei der Gleichberechtigung und der Emanzipation der Frauen tragen das ihre dazu bei. Sie bewirken, dass Untreue nicht nur Frauen und Männern gleichermaßen angekreidet wird, sondern auch das Verzeihen leichter wird.

Aber ist es so einfach zu sehen? Ist daher die moderne Welt humaner, moralischer, weil Frauen und Männer einander Untreue eher verzeihen? Zwar stimmt es, dass fortschrittliche und wohlhabende Völker weniger grausam die *Verbrechen der Liebe* bestrafen, aber leben dort deshalb auch bessere Menschen?

Ein kritischer Blick zeigt aber auch, dass die Liberalisierung der Beziehungsgestaltung von einer zunehmenden Unwilligkeit und Unfähigkeit zu verantwortlicher Paarbeziehung begleitet wird. Zeichen dafür sind die stetige Zunahme sexueller Untreue und schnelle Trennungs- und Scheidungsbereitschaft. Immer mehr Menschen leben als Singles und immer weniger Paare wollen Kinder aufziehen. Beziehungen bleiben oft unverbindlich, ohne menschliche Tiefe. Auch die Verantwortlichkeit nach Trennung und Scheidung füreinander nimmt ab. So geht man etwa im schwedischen Scheidungsrecht davon aus, dass jeder selbst für seinen Unterhalt sorgt, weil auch jeder erwerbstätig ist.

Zumindest in unserer westlich geprägten Wertewelt siedeln wir Frauen und Männer uns irgendwo zwischen Bestrafen und Versöhnen im Umgang mit Treuebruch an. Wir haben gelernt, extreme Reaktionen zu meiden, mehr oder weniger. Der Verhaltenskodex heute geht überwiegend dahin, den Partner durch Konfrontation mit seinem unwürdigen Verhalten zu veranlassen, dieses zu ändern. Emotionale Aussprachen und klärende Streitgespräche sind die Mittel; Paartherapie und Eheberatung werden dabei häufig in Anspruch genommen.

Nachdenkenswert und gleichzeitig spannend ist die immer wieder durch Untersuchungen bestätigte Tatsache, dass Frauen und Männer sich in ihren Reaktionen auf Untreue deutlich unterscheiden: So lassen Männer sich aufgrund sexueller Untreue häufiger als Frauen scheiden, und sie neigen außerdem eher als Frauen dazu, Gewalt anzuwenden (Lautenschläger 2005). Weitere Untersuchungen bestätigen darüber hinaus, dass diese Unterschiede bei den Geschlechtern sogar *universell* gelten, also in vielen Kulturen dieser Erde.

Dazu wurden parallele Befragungen in Deutschland, den Niederlanden und in den USA durchgeführt (Harris 2004). Es folgten Untersuchungen in Japan, Korea und Schweden. In den USA waren die Unterschiede am stärksten. Deutliche Unterschiede zwischen den Geschlechtern gibt es auch im unterschiedlichen Reagieren auf sexuelle und auf emotionale Untreue: Männer stufen sexuelle Untreue als schlimmer ein und trennen sich deshalb eher als Frauen, die wiederum emotionale Untreue weniger verzeihen können und sich deshalb öfter als Männer trennen.

Hier, im Zusammenhang mit der Verzeihensfrage, geht es aber um die innerseelische Katastrophe, die Untreue bei vielen von uns auslöst. Bei aller Liberalität bedeutet Untreue für eine große Zahl von Frauen und Männern dennoch so etwas wie das Zusammenbrechen ihrer Welt. Zerstört wird die körperliche, seelische und geistige Öffnung für den Partner und das gegenseitige grenzenlose Durchfluten, die umfassende Intimität bedeuten und damit Heimat im Du. Solange diese drei Dimensionen der Beziehung mit dem Partner ausgetauscht werden, erleben die Liebenden tiefe Sinnerfüllung, die Lebensfreude schenkt und Reichtum des Lebens bedeutet. »Das Selbst des einen wird im Selbst des Anderen neu geboren und jenem zurückgeschenkt« (Ficino 1994). Untreue zerstört dann mehr als nur die gemeinsame Lebensform und den Ort der inneren Heimat. Sie zerstört auch den Teil des eigenen Selbst, der im Anderen wohnte. Damit geht Identität verloren.

Auch wenn heute Untreue weit verbreitet ist – etwa 50 Prozent aller Männer und Frauen gehen mindestens einmal fremd –, bildet sie doch häufig den Auslöser für existenzielle Partnerkrisen. Sie verursacht immer wieder immense Schocks bis hin zum seelischen Trauma. Viele Menschen erleiden dadurch einen schwerwiegenden Orientierungs- und Vertrauensverlust und stürzen in eine Sinnkrise. Sie fallen in einen Zustand von Erstarrung, spalten sich von der Wirklichkeit ab, erleiden schwerste Depressionen, werden aggressiv – Entwicklungen, die bis hin zu Mord und Selbstmord führen.

Auch als Therapeut ergreift mich dann die Verzweiflung dieser Menschen. Viele sind – wie nach einer Naturkatastrophe – völlig aus der Bahn geworfen. Sie können zumindest für eine Weile ihr Leben nicht mehr aussteuern. Ihre Ich-Funktionen stehen ihrem Selbst als Werkzeug zur Integration mit der Umwelt nicht mehr zur Verfügung. Die Frage nach dem Verzeihen bei Untreue stellt sich deshalb mit besonderem Nachdruck. Vergeben und Vergessen sind dann vielen einfach nicht möglich, nicht weil sie nicht wollen, sondern weil sie einfach nicht können oder nicht wissen, wie sie es bewerkstelligen sollen.

Sophia und Theo, schon über 30 Jahre verheiratet, erschienen zur Paartherapie. Der Anlass dafür lag weit zurück: Während der Studentenzeit, noch unverheiratet und erst am Beginn ihrer Beziehung, hatten sie beide nochmals mit den vorhergehenden Partnern geschlafen. Sie hatten das einander bis heute nicht verziehen, sich aber wohl ausgesöhnt. Dieser Unterschied ist bedeutsam: Sie haben sich ausgesöhnt, das bedeutet, sie haben miteinander in Frieden gelebt und zusammen ein ganzes Leben und eine große Familie aufgebaut. Dass sie sich aber in der Tiefe nicht wirklich verziehen hatten, zeigte sich darin, dass die Vorkommnisse von damals immer wieder zu heftigem Streit Anlass gaben. Eine plötzlich wiederaufgetauchte Jugendfreundin von ihm, eine vorher nicht abgesprochene Verabredung mit einem Arbeitskollegen von ihr führten unvermutet zu Eifersucht und Verlassensängsten. Schließlich steigerte sich das gegenseitige Misstrauen so sehr, dass sie sich trennen wollten. Es war ganz erstaunlich, in der Therapie mitzuerleben, wie viel an Kränkung von damals jetzt wieder heraufbeschworen und mit aktuellen Kränkungen noch »überladen« wurde. Plötzlich gab es kein Entrinnen mehr: Die gegenseitigen Anklagen steigerten sich immer mehr. Alte Wunden brachen wieder auf, der Eine war vom Anderen enttäuscht und voller Groll gegen ihn. Die Bilanz der 30 gemeinsamen Jahre schien nur noch negativ. Beide standen einander zusehends unversöhnlich gegenüber. Und es kostete noch sehr viele Tränen, bis sie einander schließlich, nach einer Therapie und fünf Jahre nach der Silberhochzeit, doch wirklich verzeihen konnten.

Noch vor 100 Jahren haben sich die Rivalen der Untreue wegen duelliert. Noch um 1960 war Ehebruch ein allgemein akzeptierter Scheidungsgrund. Heute wird er eher zum Anlass für eine Paartherapie. Es wird eine Art Kassensturz der Liebe durchgeführt und meist ein Neustart versucht. Verzeihen ist hier also sehr wohl möglich – und sinnvoll, sogar notwendig für die eigene weitere Entwicklung. Die Untreue zeigt nur die bisher unterschwellig vorhandene Krise auf. Aber das ganze Elend und die quälenden Auseinandersetzungen darum machen nur Sinn, wenn die dahinter verborgenen Motive aufgearbeitet und neue Wege erkennbar werden. Um Verzeihung zu bitten und Verzeihen zu gewähren heißt dann auch, etwas Verlorenes wiederzugewinnen und bisher ungenutzte Potenziale zu entfalten. Beide Partner sind an der Untreue beteiligt gewesen, mag die ganze Schuld auch noch so eindeutig beim *Täter* liegen. Der Energiefluss zwischen beiden Partnern, der schon vor der Untreue zugestaut war und sich erst in der Untreue ein anderes Flussbett gesucht hat, kehrt jetzt zurück und strömt mächtiger als zuvor, wenn die blockierenden Hindernisse zur Seite geräumt werden. *Opfer* und *Täter* müssen hier gemeinsam aufräumen. Alte unbefriedigte Sehnsüchte aus der Kindheit und solche aus der aktuellen Beziehung haben sich zu einem Hindernis aufgetürmt, das jetzt beide abtragen müssen. Ganz neue Tiefen des Gefühlserlebens können nun erreicht werden. In der gemeinsamen Überwindung der Untreue durch Verzeihung-Erbitten und verstehendes Verzeihen liegt ein Zugewinn besonderer Art: Beide haben eine Prüfung durchgemacht und bestanden, was sie zu reifen Persönlichkeiten macht. Wie eine überstandene Kinderkrankheit stärkt dieses Verzeihen die seelischen Kräfte der Partner.

Dazu schreibt ein Paar, das sich in der Therapie wieder gefunden hat:

Lieber ...

Ich habe Dir verziehen, weil ich erst seit kurzem fähig bin, auch mir zu verzeihen. Bitte entschuldige mir meine Unzulänglichkeit, meine große Dominanz Dir gegenüber (hinter der meine überaus große eigene Angst steht, von Dir nicht gesehen zu werden). Erst durch Dein Fremdgehen kam ich wirklich mit mir und meinen Gefühlen in Kontakt. Ich bin dadurch, dass Du mir deine Scham gezeigt hast, erst mit meiner eigenen Scham in Kontakt gekommen. Bitte verzeih mir, dass ich Dir so lange vorgeworfen habe, dass Du nicht wirklich eine Tiefe hast. Es schmerzt mich und ich möchte mich bei Dir entschuldigen dafür, dass ich Dich so lange nicht an meiner eigenen Tiefe habe teilnehmen lassen. Dies war so, weil ich erst durch diesen langen, sehr schmerzhaften Prozess mit meiner Seele in Kontakt gekommen bin. Ich verzeihe Dir, weil ich erst jetzt tief in mir Glück empfinden kann und deshalb nicht immer nur auf Dich schaue, Dich kritisiere, Dir Vorwürfe mache. Du hast mir dazu verholfen, dass ich mit meinen tiefsten Löchern in Kontakt gekommen bin. Ich danke Dir, dass Du mir standgehalten hast. Du hast intensiv an Dir gearbeitet, bist nicht mehr weggelaufen, sondern hast Dich mir gegenübergestellt. Dadurch hast Du dazu beigetragen, dass ich mich mit mir konfrontieren musste. Ich danke Dir dafür und bitte Dich um Verzeihung, dass es so lange schwer zwischen uns war.

Und er antwortet:

Liebe ...

Ich bitte Dich um Verzeihung und will nicht mehr fliehen, will nicht mehr schweigen. Ich sauge Dich nicht mehr aus, will selber gut für mich schauen. Ich will Dir geben und nicht nur immer von Dir nehmen. Ich bitte Dich aus tiefstem Herzen um Verzeihung, dass ich so viel von Dir genommen habe, ohne Dir etwas zu geben.

Dieses Paar hat sich mithilfe der Therapie wieder ausgesöhnt. Die Partner sollten auf Anweisung des Therapeuten jeweils aufschreiben, was sie aus dieser Krise gelernt haben. Und es wird deutlich, sie gehen beide gestärkt daraus hervor. Die Beziehung hat letzten Endes eine Tiefe und gegenseitige Öffnung gewonnen, die die Partner bis dahin gar nicht kannten. Noch nie zuvor hatte das Paar sich derart intensiv miteinander ausgesprochen und ausgetauscht. Auch die Sexualität des Paares erwachte wieder neu.

Aber kann das gut gehen – Untreue als therapeutisches Mittel?

Ganz sicher gibt es auch hier Grenzen, wenngleich es keine allgemeingültige Diagnose dafür gibt:

Wiederholte Untreue mag ein ausreichender Grund für ein Nichtverzeihen sein. Dient nämlich die Untreue zur immer neuen und doch stets vergeblichen Sättigung eines unersättlichen Egos, beutet der Eine den Anderen aus im Vertrauen auf dessen Gutmütigkeit. Daraus ist keine gemeinsame Weiterentwicklung abzuleiten. Es ist anzunehmen, dass der ständig untreue Partner auch gar keinen Anlass sieht, von dieser ständigen Suche nach Selbstbestätigung loszukommen. Dann wird das Fremdgehen nämlich zur Sucht. Meist muss dann die Dosis des Suchtmittels erhöht werden, damit der Pegel der Selbstbestätigung immer gleich hoch bleibt.

Es geht hier nicht um eine moralische oder religiöse Bewertung dieses Verhaltens, sondern um eine psychologische und therapeutische Einschätzung der verbleibenden Chancen zur seelischen Weiterentwicklung. Chronisches und fortgesetztes Fremdgehen ist als tiefe seelische Störung zu verstehen, deren Ursache in einer frühen kindlichen Beziehungsstörung zur Mutter, wohl auch zum Vater, zu suchen ist (Naouri 2007). Es geht dann nicht mehr um ein Kavaliersdelikt oder typisches männliches Verhalten, sondern um eine tiefgreifende Beeinträchtigung der kindlichen Bindungsfähigkeit, die in jeder neuen Liebesbeziehung immer wieder zur Zerstörung der gemeinsamen Intimität führen wird.

So erschien *Karl* in der Paartherapie mit seiner vierten Frau, die er gerade wieder mit einer jüngeren Angestellten betrogen hatte. Auch die Frauen zuvor waren allesamt seine angestellten und jeweils jüngeren Helferinnen. Wie bei jeder anderen Sucht macht Verzeihen hier nur dann Sinn, wenn der Süchtige selbst sich dazu bekennt und sich einer Therapie unterzieht. Sein seelisches Dilemma ist so groß, dass in der Folge mildes, nachgiebiges oder ängstliches Verzeihen ihn geradezu erneut untreu werden lässt. »Warum wir betrügen, was wir lieben«, und »von der schwierigen Kunst, treu zu sein« (Chu 2008) zu sprechen, dies wird nur verständlich, wenn wir die Lebensgeschichte und die kindlichen Konfliktmuster erkennen und verändern – jetzt tatsächlich mit Hilfe einer Psychotherapie.

Doch sollte auch eindeutig festgestellt werden, dass Untreue und Fremdgehen eines Partners in der Regel nicht rechtfertigen, diesen zum alleinigen Sündenbock abzustempeln. Denn meist trägt auch der Betrogene auf irgendeine Weise zur Untreue bei. Ein reines Schwarz-Weiß-Denken würde nur die vielfältigen Verstrickungen zwischen Frau und Mann unerlaubt simplifizieren und durch einseitige Schuldzuweisung sinnvolles Verzeihen unmöglich machen. Kommt es tatsächlich zu wiederholten Seitensprüngen oder zu einer länger dauernden Außenbeziehung, sollten sinnvollerweise die Partner miteinander eine Paartherapie anfangen. Dann ist die Wahrscheinlichkeit größer, dass mit den wahren Motiven hinter dem Fremdgehen gearbeitet werden kann. Dann kann erst aufgedeckt werden, was die weitere Entwicklung des Paares bisher so blockiert hatte, dass es schon aus der inneren Logik heraus zu dieser Krise kommen musste. Dann erst macht es Sinn, darüber zu entscheiden, ob Verzeihung und Neuanfang tatsächlich sinnvoll sein können. Aber es kann in der Therapie auch deutlich werden, dass ein

Verzeihen keinen Sinn mehr machen würde, weil eine tiefgreifende Neugestaltung der Beziehung infolge der seelischen Differenzen und Defizite gar nicht zu leisten ist.

Gewalt

Gewalt zerstört auf ähnliche Weise wie Untreue die dem Paar eigene Intimität. Aber es herrschen ganz andere Voraussetzungen. Gewaltanwendung des Einen gegenüber dem Anderen trifft diesen als Wehrlosen, weil dieser die Grenzen zum eigenen Selbst für den Anderen in der liebenden Hingabe weit geöffnet hatte. Es macht nachdenklich, dass viele *Opfer* trotz ihrer Verzweiflung und maßlosen Enttäuschung über die verletzte Liebe immer aufs neue hoffen, der gewalttätige Partner werde endlich Einsicht und Reue zeigen. Immer wieder neu verzeihen sie, vertuschen und verheimlichen sogar vor Freunden die erlittenen Grausamkeiten. Immer noch finden sie vor sich selbst irgendeine Entschuldigung für die Untaten des Anderen.

Erstaunlich ist, dass beim Thema *Gewalt in der Beziehung* überwiegend körperliche, nicht aber seelische oder verbale Gewalt angeführt wird. Tatsächlich werden letztere Formen der Gewalt auch juristisch nicht mehr unter Strafe gestellt. Früher wurde noch eine Scheidung »wegen seelischer Grausamkeit« ausgesprochen. Diese Gewalt ist oft noch wirksamer, weil subtiler und unauffälliger als die nackte, brutale Körpergewalt.

Bei Grausamkeit und Gewalt, Sadismus, Zynismus und Brutalität einmal zu verzeihen mag sinnvoll sein. Aber immer wieder zu verzeihen ist dann Ausdruck von Unterlegenheit und einer Opferhaltung, die den Anderen sogar anstachelt, weiter die Grenzen zu überschreiten. Die eigenen Ich-Funktionen sind zu schwach ausgeprägt. Selbstschutz gelingt nicht mehr. Abhängigkeit entsteht und immer mehr persönliche Substanz geht verloren.

Im Bereich der Gewalt sind *Opfer und Täter* noch unsichtbarer miteinander »verhakt« als bei Untreue. Beide empfinden tiefere Verzweiflung, als sie zeigen dürfen oder können. Sie leben mit der Gefahr. Auch die Kinder sind längst Opfer geworden. Besonders im Wiederholungsfall gibt es Anzeichen für seelische Störungen auf beiden Seiten. Keiner kann vom Anderen lassen und doch kämpfen beide miteinander bis zur Zerstörung. Eine Co-Abhängigkeit hat sich herangebildet, die oft grausam ist. Jetzt ist Verzeihen nur noch sinnvoll, wenn gleichzeitig eine therapeutische Aufarbeitung konsequent zu einer Besserung führt.

Gewalt ist kein Dialog. Gewalt ist Destruktion. Da werden Türen eingetreten, es wird geschlagen, bis der Andere einen Bluterguss oder eine Platzwunde hat, Geschirr wird zerbrochen, Gläser an die Wand geschleudert, manchmal noch vor den Augen der Kinder. Rudolf warf mit einer Hantel nach seiner Frau, Siegfried zertrümmerte mit einer Eisenstange die Gartenmöbel. Gleich einem Vulkan explodiert die Aggression, Jähzorn überflutet jede Kontrolle. Die wirklichen Ursachen für einen solchen Ausbruch sind dann nicht mehr in der Beziehung, sondern in der früheren Entwicklung aus Kindheit und Jugend zu suchen. Ein sinnvoller Austausch zwischen den Partnern ist dann nicht mehr möglich. Die Grenzen der persönlichen Würde und der Selbstbestimmung werden missachtet. Diese Wunden führen beim so Verletzten zum Ausbluten der seelischen Substanz und seiner seelischen Abwehrkraft.

Das Besondere an solchen Paarbeziehungen ist, dass das *Opfer* gar keine freie Wahl hat, ob es verzeihen will oder nicht. Wie unter Hypnose wird es immer wieder verzeihen. Eine Art Hörigkeit ist dabei mit im Spiel. Die Frage nach dem Verzeihen beantwortet sich jetzt genau gegenteilig: Der durch die Gewalt gedemütigte Partner braucht jetzt Hilfe, damit er gerade *nicht* verzeiht; sonst wäre das *Opfer* in seinem grenzenlosen Nachgeben und Verzeihen mit dem *Täter* in seinem grenzenlosen Übertreten menschlicher Schranken von der seelischen Dynamik her gleichzusetzen. Beide haben das gleiche Thema, sie gehen nur ganz konträr damit um. Zwei Seiten einer Medaille.

Abwesenheit des Vaters bei der Geburt

Alle Vorgänge und Erlebnisse in Zusammenhang mit Schwangerschaft und Geburt sind wohl mehr für die Frauen als für Männer von einprägsamer und tiefgreifender Bedeutung. Viele Frauen wünschen sich deshalb von ihrem Ehemann und künftigen Vater ihres Kindes, dass er ihr in dieser Zeit auch besonders eng verbunden bleibt, ganz nah das Wunder der Schöpfung miterlebt, das durch den Körper der Frau Wirklichkeit wird.

Merkwürdigerweise gehen gerade dabei viele Männer innerlich oder auch äußerlich auf Distanz. Einige mögen dann ihre Frauen nicht mehr anfassen oder streicheln, manche auch nicht mehr mit ihnen schlafen, obwohl diese sich das in dieser Zeit ganz besonders wünschen und das intime Zusammensein auch besonders brauchen. Im Extremfall gehen Männer dann fremd. Andere drücken sich davor, bei der Geburt dabei zu sein, und gehen stattdessen zur Arbeit, Einzelne sogar zum Trinkgelage mit Freunden. Was bis etwa 1970 durchaus als normal erschien, wirkt heute durch den kulturellen und den damit verbundenen emotionalen Wandel unsere Gesellschaft eher befremdlich, für viele werdende Mütter ist es vor allem unendlich verletzend.

Eine solche männliche Selbstentfremdung (Asper 1990), jahrhundertelang üblich, scheint heute kaum mehr verzeihlich. Die jungen Mütter geraten dadurch oft in tiefe Zerrissenheit: Einerseits sind sie in ihrer neuen Identität schwer gekränkt, andererseits wollen sie jetzt um keinen Preis die Liebesbeziehung zum Partner gefährden. Sie verzeihen deshalb vordergründig, tragen diese Kränkung aber oft viele Jahre mit sich herum.

Stella kam mit ihrem Ehemann *Rolf* in die Paartherapie, weil sie nach 17 Jahren – der Sohn war schon fast erwachsen – weniger denn je vergessen und verzeihen konnte, dass er sie während der Schwangerschaft weder angefasst noch mit ihr geschlafen hatte und dass er auch bei der Geburt nicht anwesend war. Sie kam in die Therapie, weil sie ihm verzeihen wollte, aber keinen Weg dafür fand. Stattdessen entwickelte sie allmählich tiefe Hassgefühle gegen ihn. Schließlich ging sie eine »Seitenbeziehung« ein, wohl eher, um ihren Mann zu bestrafen, und schließlich trennte sie sich doch ganz von ihm. Erst als in der Therapie deutlich wurde, dass ihr erneutes schreckliches Verlassenheitsgefühl seine Wurzel im Kindheitserleben mit dem stets untreuen Vater hatte, trat eine Wende ein. Sie erkannte als die eigentliche Quelle ihrer tiefsitzenden Wut das nächtelange ohnmächtige Warten gemeinsam mit ihrer Mutter, ob der Vater denn diesmal nach Hause käme. Aus lauter Angst, den Vater zu verlieren, verteidigte sie ihn immer noch vor der Mutter, entwickelte eine geradezu abgöttische Liebe zum Vater und unterdrückte jeden Groll, jede Wut, jedes Gefühl von Verletzung. In der Wiederholung ähnlicher Verlassenheitsgefühle durch ihren Mann reaktivierte sich die alte Traumatisierung in Form existenzieller Verzweiflung, in der sie zunächst nur noch um sich schlug. Erst als beiden diese Zusammenhänge wirklich bewusst wurden und die Wut sich gegen den eigentlichen Auslöser richten konnte, begann eine Heilung der Beziehung, in der sich das Unheil 17 Jahre aufgestaut hatte.

Auch für das Verhalten von *Rolf* fand sich nach längerem Therapieprozess eine wichtige Erklärung aus seiner Geschichte: Er musste seinerseits als Beschützer seiner Mutter fungieren, weil sein Vater Alkoholiker war und durch seine dann aggressiven Ausbrüche und Tobsuchtsanfälle die ganze Familie gefährdete. Er musste als kleiner Junge deshalb immer auf das Heil seiner Mutter achten, ihr beschützend zur Seite stehen und sie verteidigen. Den so gebahnten Beschützerinstinkt übertrug er in seiner übergroßen Liebe auf seine Frau und das werdende Kind. Um jeden Preis wollte er beide schützen, durfte auf keinen Fall in die schwangere Frau eindringen. Aus Angst aber, bei Berührung von seinem Begehren übermannt zu werden, vermied er auch jedes Anfassen und jeden körperlichen Kontakt. Und bei der Geburt brachte er es nicht über sich, dabei zu sein, weil er es nicht ertragen konnte, seine Frau blutend zu sehen, unter Schmerzen, in Gefahr, ohne helfen zu können.

Schon beim Lesen wird deutlich, dass die Frage des Verzeihens hier sehr vielschichtig und je nach Kenntnisstand der Betroffenen immer wieder anders zu beantworten ist. Anders als bei Untreue und Gewalt ist das Drama nicht so offensichtlich, und trotzdem bewirkt es eine Gefährdung des Paares über lange Zeit. Der Mann in obigem Fall handelt nicht böswillig. Er ist hilflos. Beide wissen keinen Ausweg. Verzeihen wäre selbstverständlich, weil kein böser Wille dabei war, im Gegenteil. Und doch fiel dieser Frau in dieser besonderen Situation das Verzeihen schwer, weil sie mit jeder Pore ihres Körpers seine aufmerksamen Hände schmerzlich vermisste. Hier aber macht Verzeihen Sinn, wenn beide Partner beginnen, ihre seelischen Wunden einander anzuvertrauen und gemeinsam zu bearbeiten. Dann wächst mit dem Kind auch eine neue und viel tiefere Berührung heran.

Abtreibung

Nicht bei jeder Abtreibung ist die Frage nach dem Verzeihen relevant. Aber immer wieder können Frauen ihrem Mann nicht verzeihen, dass er sie vor 20 oder 30 Jahren zur Abtreibung veranlasst hat. Sei es, weil er nicht eindeutig zu ihr und dem Kind stand, sei es, weil beide unsicher waren und er sich nicht als stark genug erwies, ihr Mut zu machen, das Kind auszutragen, … weil er die Karriere vorzog, … weil er sich manipuliert fühlte, … weil er überhaupt gegen Kinder war, … weil das Geld nicht reichte, … weil der Zeitpunkt nicht der richtige war. Es mag unendlich viele Gründe dafür geben, aber diese »Kopfargumente« können die tiefsitzende körperliche und seelische Kränkung betroffener Frauen nicht zum Schweigen bringen.

Selbst wenn die Frauen die Entscheidung, das Kind abzutreiben, mit ihren Männern zusammen getroffen haben, kann es nach Jahren doch dazu kommen, dass sich die Trauer um das nicht zur Welt gekommene Kind in Wut gegen den Mann und Enttäuschung verwandelt. Er hätte die damals Zögernde oder Schwankende positiv umstimmen sollen.

Was bedeutet hier Verzeihen, wenn es um Probleme von solch existenzieller Tragweite geht, die Leib und Seele umspannen und die ganze Lebensplanung kritisch beeinflussen? Manchmal stellt sich die Frage nach dem Verzeihen auch in doppelter Weise: Oft wird in der Paartherapie sehr schnell deutlich, dass eine solcherart betroffene Frau nicht nur ihrem Mann nicht verzeihen, sondern eben auch sich selbst nicht verzeihen kann, das Kind abgetrieben oder die Abtreibung sogar gegen den Willen des Partners durchgesetzt zu haben. Die so eng mit der körperlichen Identität und Bestimmung verbundenen Verletzungen wirken demnach über viele Jahre fort. Und sie wirken dann in Körper und Seele wie eine Wunde, wie ein Krebsgeschwür, und es gelingt einfach nicht, den Weg zum Verzeihen zu finden. Verzeihen ist demnach manchmal lebensnotwendig oder sogar lebensrettend.

Auch hier geht es um eine besondere Form der Verzeihung:

Hier haben beide, Frau und Mann, an einem entscheidenden Kreuzungspunkt ihres Lebens einen Weg eingeschlagen, der keine Umkehr zulässt. Sie müssen lernen, mit dieser Entscheidung zu leben und das hinterlassene Vakuum zu ertragen. Jeder der beiden muss nicht nur dem Anderen, sondern sich auch selbst verzeihen, und das ist oft noch schwerer. Hier und auch in der folgenden Problemstellung der *Kind-Verweigerung* scheint Verzeihen nur möglich, wenn die Energie und Kraft, die bisher in die Trauer um das Nichtgelebte floss, auf die Zukunft gerichtet und umgepolt wird in ein schöpferisches Projekt, das beiden als menschlich sinnvoll erscheint. Hier schon wird deutlich, dass Verzeihen immer einen Horizont, eine Zukunft braucht und ein Ziel, das Wiedergutmachung heißt.

Kind-Verweigerung

Hier geht es um ähnlich basale, Körper, Geist und Seele umfassende Existenzfragen wie beim Problem der Abtreibung, doch meist mit eindeutigerer Rollenverteilung. In der Regel sind es die Männer, die eher Nein zum Kinderwunsch ihrer Partnerin sagen. Und doch sind es auch die Frauen, die ihren Kinderwunsch nicht eindeutig durchsetzen, aus Angst, der Mann könnte sie dann verlassen. So wird der Wunsch nach einem Kind für viele Frauen tatsächlich zu einem unlösbaren Dilemma: Kind oder Mann?

Die Statistik zeigt, dass zumindest in unserer heutigen Gesellschaft die Frauen sich erst relativ spät zu ihrem Kinderwunsch durchringen, die Männer aber noch später, wenn überhaupt. Manche bevorzugen heute das freie und unabhängige Leben, ohne Zwang und Verantwortung und ohne finanzielle Probleme. Und wenn sie schon einem Kind zustimmen, dann eben nur einem. So setzt sich allmählich die Ein-Kind-Familie durch.

Auf ein Kind zu verzichten bedeutet für die Lebensplanung einer Frau etwas ganz anderes als für einen Mann. Immer wieder kommen Frauen mit ihren Partnern in Therapie, die vor 30 Jahren der Kinderlosigkeit zwar zustimmten, heute aber deshalb unglücklich sind, weil sie die Kinderlosigkeit jetzt wie ein Loch in ihrem Körper empfinden. Kinderlosigkeit bedeutet für eine Frau mehr Verzicht auf Selbstverwirklichung als für einen Mann. Kann sie ihm dann tatsächlich verzeihen, wenn er ihr diesen Teil ihrer Identität verweigert?

Natürlich gibt es inzwischen auch Männer, die sich Kinder wünschen, deren Frau aber ihrer beruflichen Selbstverwirklichung den Vorrang gibt und ihrerseits den Kinderwunsch des Mannes ablehnt. Und Männer und Frauen, die bereits zwei Kinder aus einer vorangegangenen Beziehung in die neue Beziehung mit einbringen, stehen dem Kinderwunsch des neuen, noch kinderlosen und jüngeren Partners oft reserviert gegenüber.

Hier stellt sich die Frage nach dem Verzeihen auf andere Art und Weise: Steht es nämlich überhaupt in unserer Macht, dem Geliebten zuliebe auf eine so grundsätzliche Erfüllung unseres Selbst zu verzichten und ihm seine Verweigerung wirklich zu verzeihen? Welche Instanz in uns entscheidet tatsächlich: der Kopf, das Herz oder der Bauch? Und wenn sich der Kopf gegen den Bauch entscheidet, erträgt unsere Seele dann diese Zerrissenheit oder geht der Konflikt im Inneren weiter? Und wird erst nach Jahren zur Krise? Handeln dann, um es psychologisch auszudrücken, die Ich-Funktionen gegen das eigene Selbst? Und können wir verzeihend darüber hinwegsehen?

Auch hier geht es wieder um existenzielle Lebensentscheidungen mit Langzeitwirkung. Zwar zeigt die Veränderung unserer Gesellschaft, dass die Kinderlosigkeit fast zum Normalzustand wird, so dass zunächst gar nicht bewusst wird, was an seelischem Defizit sich aufbaut, doch wird der Verlust insbesondere an weiblicher Erfüllung oft gerade 20 Jahre später als tiefe Trauer erlebt. Sich dieser Trauer gemeinsam mit dem Partner bewusst zu werden und sie umzuwandeln in kreative und sinnvolle Aufbauarbeit bedeutet eine Chance, sich selbst und dem Partner leichter verzeihen zu können.

Beischlaf-Verweigerung

Dieses Problem hat seit der realen Umsetzung der Gleichberechtigung ein anderes Gewicht und ein anderes Gesicht bekommen. Vorher galt die »Nichterfüllung der ehelichen Pflichten« noch als Scheidungsgrund. Heute dagegen ist Beischlaf nicht mehr einklagbar. Aber in vielen Beziehungen führt der Streit um die Beischlafhäufigkeit zu endlosen Klagen, Anklagen und Schuldzuweisungen. Früher waren es nur die Männer, heute sind es zu etwa einem Viertel auch die

Frauen, die mehr Sexualität von ihren Partnern einfordern. Die gegenseitige Erfüllung sexueller Lust gilt heute als wichtiges Kriterium einer erfüllten Partnerschaft. Wie in den vorangegangenen Bereichen gibt es auch hier keine eindeutige Antwort auf die Frage, wer bei sexuellem Rückzug eines der Partner die Schuld trägt und wem man verzeihen soll. Im Gegenteil, das Problem ist so eng mit beiden Partnern verbunden, dass sie Verursacher und Leidtragende in einem sind.

Lustbefriedigung, und gerade auch die sexuelle, gehört zu unserer menschlichen Identität als Frau und Mann. Wir können und sollten nicht einfach darauf verzichten. Und einen solchen Lustverlust zu verzeihen hieße, auf eine wichtige Stärkung des Selbstwerts und auf Selbstbefriedigung zu verzichten. Denn natürlich ist auch die Lusterfüllung mit einem Partner eine wichtige und sinnerfüllende *Selbstbefriedigung*. Die Befriedigung unserer Triebe bedeutet immer auch eine Stärkung des eigenen Selbst. Doch Selbstbefriedigung auf Kosten des Anderen zu betreiben, ohne gemeinsames Schwingen und tiefe Resonanz, zerstört auch immer dessen Lust. Deshalb wirkt eingeforderte Lust immer auch abtötend. Sich gegenseitig Lust zu verschaffen und gemeinsam den Gipfel zu erklimmen bedarf auf Dauer immer der Beteiligung von Körper, Geist und Seele gleichzeitig. Werden ein oder gar zwei dieser menschlichen Dimensionen vom Partner vernachlässigt und wird nur oder überwiegend Körperlichkeit eingefordert, müssen die anderen Bereiche verkümmern.

Beischlaf-Verweigerung ist daher immer ein Alarmzeichen, das nicht in erster Linie zu Verzeihung, sondern zu liebevoller Veränderung führen sollte. Verzeihen würde hier nur bedeuten, die Augen vor der Krise zu verschließen, statt die adäquate Auseinandersetzung zu suchen.

Der Beischlaf ist zu kostbar, als dass wir auf ihn verzichten sollten. Streit über diesen Aspekt ist der falscheste Weg, weil Lust nicht »herbeigestritten« und eingeklagt, der Orgasmus nicht herbeigeredet werden kann. Die Kränkungen in diesem Zusammenhang dürfen daher nicht zu Krieg, sondern sollen zu ernsthafter Suche nach den Ursachen für die Stauung des sexuellen Energiestromes führen.

Männer können oft nicht ganz begreifen, dass sie zusätzlich zur körperlichen Lust der Frau auch deren Lust an Geist und Seele zu befriedigen haben. Das ist manchen zu anstrengend. Deshalb befriedigen sich immer mehr Männer mit Internet-Sex, was bis zur Sucht führen kann. Die Folge ist, dass heute immer mehr Männer den Beischlaf verweigern. Virtuelles Fremdgehen im Internet – ist das zu verzeihen? Internet-Sex betrifft übrigens Männer quer durch alle Schichten. Ein Professor hat sich ein ganzes Kommunikationszentrum dafür eingerichtet, mit Computer, Leinwand und Porno-Videobibliothek. Zu seiner Rechtfertigung führte er an, der *Spiegel* berichte, dass jährlich etwa 17 Milliarden Euro in Deutschland im Pornogeschäft ausgegeben würden.

Wie ist das möglich? Weil so viele Frauen ihren Männern den Beischlaf verweigern? Oder weil so viele Männer es bequemer finden, sich solo mit modernster Pornofabrikation zu befriedigen, und deshalb ihren Frauen den Beischlaf verweigern?

Das *liebende Ineinander* im lusterfüllten Beischlaf bedeutet die intensivste Verdichtung menschlichen Dialogs, dessen Blockierung oder Vernachlässigung der gezielten Aufarbeitung bedarf. Hinter einer Beischlaf-Verweigerung steckt nur selten böser Wille oder kränkende Absicht, denn weder Frau noch Mann verzichten freiwillig und ohne Not auf diese Lust und diese Befriedigung des eigenen Selbst. Dahinter steht in der Regel eine seelische Verunsicherung, die das Strömen der Gefühle verhindert. Ein Streit darum würde das Ganze nur noch verschlimmern.

Der Irrweg zum Internet-Sex allerdings kann, darf und sollte umstritten und nicht verziehen werden. Er blockiert nicht nur den intimen Austausch mit dem Partner, sondern zerstört auch die menschliche Würde. Internet-Sex als Fast Food für sexuellen Hunger reduziert die lustvolle Triebausstattung der Menschen auf die digitale und elektronische Verarbeitung von Bedürfnissen. Der Aufwand, der mit Intimität und Dialog verbunden ist, wird durch technische Mittel ersetzt.

Arbeit statt Gefühl

Was *in der Sexualität* am meisten kränkt, nämlich das Abspalten und Überspringen der tiefschwingenden Gefühle in der Resonanz der Liebenden zugunsten von schneller Triebbefriedigung und isoliertem Lustgewinn, ohne Beteiligung der Seele, das kränkt auch *im übrigen Leben* und macht dort krank. Die Frauen spüren es eher, die Männer weniger. Krank werden sie trotzdem davon und reagieren mit hohem Blutdruck, mit Burn-out und Lustverlust. Das Abspalten der Gefühle ist überwiegend immer noch das Problem, das die Frauen am meisten an ihren Männern verletzt. Ob nun anerzogen oder nicht, durch Jahrhunderte in der vaterlosen Gesellschaft antrainiert (Matussek 1998), dadurch verursacht, dass Männer als Soldaten abgehärtet (Cöllen 2005) oder im beruflichen Überlebenskampf versklavt werden – der *Gefühlsverlust* zerstört nicht nur die sexuelle Lust, sondern viel mehr noch die seelische Geborgenheit ganzer Generationen von Familien.

Ersatzweise wird das Leben mit Arbeit, Terminen und Events angefüllt. Die kaputtgearbeiteten Männer sind nicht mehr fähig zur Liebe. Sie befriedigen sich durch virtuellen Sex und flüchten hinter den Computer, der ihnen keine Gefühle abverlangt. Und ihr Schuften, Schaffen, Arbeiten und Geldverdienen wird auf Dauer nicht als Verwirklichung von Liebe anerkannt. Der Aufschrei der Frauen gegen die Versklavung ihrer Männer richtet sich gegen diese selbst und nicht gegen die Sklavenhalter: gegen die Konzerne, Unternehmen, Institutionen und computergesteuerten Überwachungsanlagen an den Arbeitsplätzen. Das Geld, das solche Männer nach Hause bringen, wird dann oft gar nicht mehr als eine Form von Liebesbeweis empfunden.

So wird die Liebe und das Fühlen füreinander von außen her zerstört. Innigkeit, Intimität und eine auf Dauer befriedigende Sexualität gehen durch externen Stress verloren. Gefährlicher noch: Der Stress wird mit nach Hause genommen. Die Partnerin dient dann gleichsam als Überdruckventil: Die negativen Gefühle wie Ärger, Überfordertsein, Versagensangst, Gehetztsein und Konkurrenzdruck werden auf sie übertragen, so dass für die positiven Gefühle gar kein Raum mehr bleibt. Die Männer am Arbeitsplatz müssen möglichst schnell, effektiv und klaglos ihre Aufgaben erledigen – viele davon oft genug in unbezahlten Überstunden und mit möglichst niedrigen Löhnen. Wie sollen sie nach einem solchen Acht-, Zehn- oder Zwölfstundentag noch die innere Ruhe und Achtsamkeit für eine innige Gefühlsentfaltung aufbringen? Eigentlich sollen sie wie hochentwickelte Roboter arbeiten und nicht wie Menschen. Oder eben wie Sklaven. Da diese Männer aber Menschen sind, müssen sie irgendwo und irgendwie diese Form der seelischen Zerstörung loslassen und abreagieren. Das Schlimmste daran ist, dass die Frauen sich allmählich anpassen und selbst diese Jobs und damit die Gefühllosigkeit übernehmen.

Schlimm ist auch, dass inzwischen diese Frauen ebenso viel leisten wie ihre Männer und dafür vom Arbeitgeber noch mehr ausgebeutet werden, da sie nur zwei Drittel des üblichen Lohnes der Männer bekommen. Bei gleicher Arbeit und mit zwei Kindern zu Hause noch schlechter bezahlt zu werden, auch das bedeutet Stress, Ungerechtigkeit und Frust. Wie viel davon wird zu Hause abgeladen und vor allen Dingen auf den Partner übertragen? Die externen Stressfaktoren zerstören damit die familiäre Liebeskultur auf dem Weg über die Frauen genauso, wie es früher und heute noch auf dem Weg über die Männer geschehen ist und geschieht.

Wer ist also hier *Opfer* und wer *Täter*? Und wer verzeiht jetzt wem? Können und wollen wir auch einem solchen Arbeitgeber verzeihen?

Falsche Partnerwahl

Die Frage, ob jemand sich den falschen Partner gewählt hat, wird relativ oft, aber nicht offen gestellt – sie bleibt meist unausgesprochen und deshalb auch ohne Antwort. Wird diese Frage mit einem klaren Ja dem Partner gegenüber beantwortet, kränkt und erschreckt das nicht nur den Partner, sondern es stellt das eigentliche Fundament der Beziehung infrage. Unwiderrufliches scheint eingetreten: Einer von beiden erkennt, dass der Andere, den er einst als den »Idealpartner« gewählt hat, nun doch tief enttäuscht und kein zweites Mal gewählt würde. Kann verziehen werden, dass der Andere in Wirklichkeit ganz anders ist, als wir ihn uns vorgestellt haben? Dass er gar kein idealer Partner ist? Können wir uns eingestehen, dass wir einer Selbsttäuschung erlegen sind? Trifft den Anderen jetzt überhaupt eine Schuld? Hat er uns etwas vorgespielt? Haben wir uns selbst etwas vorgegaukelt?

So kommen wir zum Schluss dazu, uns selbst verzeihen zu müssen. Die Erkenntnis, eine falsche Partnerwahl getroffen zu haben, stellt sich meist nur zögernd ein. Ähnlich mag es denen ergehen, die sich zwar bewusst nur für die »zweite Wahl« entschieden haben, weil sie vielleicht befürchteten, nichts Besseres zu finden. Trotzdem sind sie darüber unglücklich. Aber wie geht das, sich selbst zu verzeihen? Ist das nicht noch schwieriger, als dem Partner zu verzeihen?

Sich selbst zu verzeihen meint hier zumindest, bewusst eine Realität anzuerkennen und inneren Frieden damit zu schließen. Es geht hier darum, Frieden zu schließen mit der eigenen damaligen inneren Unsicherheit, nicht den Mut gehabt zu haben, darauf zu warten und zu vertrauen, dass man einen besseren oder stärkeren Partner findet. Jetzt Frieden zu schließen, das bedeutet aber auch, und das ist das Schmerzliche, einen Verzicht zu leisten, nämlich auf irgendeinen Lebenstraum, den wir uns zuvor gar nicht wirklich eingestanden und als solchen erkannt haben.

Was heißt das, dem Anderen zu verzeihen, dass er nicht der Ideale ist, dass er Fehler hat, die mich enttäuschen, dass ich mich in ihm getäuscht habe? Oder genauer: nicht in ihm, sondern in mir hat die Täuschung stattgefunden. Es bedeutet, dass ich mein Bild von ihm verändern muss, ohne ihn dafür infrage zu stellen und ohne ihn dafür verantwortlich zu machen.

Verzeihen bedeutet hier, sich mit ihm und seiner Wirklichkeit auszusöhnen. Ich will ihn lieben, wie er wirklich ist, und nicht so, wie ich ihn haben will.

Sarah, jetzt 45, lebt seit neun Jahren verbittert mit ihrem Partner Hubert zusammen. Anfangs hatte sie die ganz üblichen Hoffnungen darauf, zusammenzuziehen, ein Kind zu bekommen, eine Wohnung einzurichten und gemeinsam ihrer Arbeit als Apotheker nachzugehen. Aber von Anfang an erfüllte er keinen ihrer Wünsche, weil er sich zu keiner endgültigen Entscheidung durchringen konnte. Zuerst ging er ins Ausland, ließ sie dann nachkommen, zog dann zwar mit ihr in eine gemeinsame Wohnung, aber er übernahm zusammen mit einer anderen Kollegin eine eigene Apotheke. Und ein Kind wollte er schließlich doch nicht. Heute leben sie in großer Enttäuschung nebeneinanderher.

Gefragt, ob sie ihm das alles verzeihen könne, weinte sie und meinte, dann müsste sie sich ja entschließen, auf die Erfüllung ihrer Wünsche zu verzichten. Dann zerfiele ja auch ihr ganzer Lebensplan und viel Zeit sei sinnlos vertan worden. Und jetzt noch einen neuen Partner zu suchen, dafür war es zu spät, zumindest war es zu spät, um noch ein Kind zu bekommen. Erst als auch er ihr ganzes Leid begriff und seinen Anteil daran erkannte, konnten sie von verlorenen Träumen Abschied nehmen. In einer Therapie arbeiteten sie daran, einander die gegenseitige Enttäuschung zu verzeihen, den alten Lebensplan aufzugeben und sich dafür neue und diesmal gemeinsam ausgehandelte Lebensziele zu geben.

Der Begriff *Idealpartner* führt leicht in die Irre. Es gibt ihn nicht, wenn damit Fehlerfreiheit gemeint sein sollte. Aber es gibt durchaus den *idealen* Partner, der gerade auch mit seinen Fehlern die seelische Aufarbeitung der eigenen Fehler herausfordert. Die Fehler des einen sind das Entwicklungspotenzial des anderen.

Was aber ist, wenn dieser Eine wirklich nicht zu diesem Anderen passt? Gibt es das überhaupt? Diese Frage wird sehr oft gestellt, vor allem natürlich in Krisenzeiten. Aber diese Frage so zu stellen ist gefährlich. Sie verführt dazu, alle Probleme auf den Partner zu projizieren und zu glauben, mit einem anderen Partner werde alles besser. So habe ich eine Frau erlebt, die sich zum vierten Mal einen Mann gewählt hat, der mit Vornamen Klaus hieß, wobei der vierte Klaus auch nicht der »Richtige« war.

Trotzdem gibt es, wie die Erfahrung der paartherapeutischen Praxis zeigt, tatsächlich den Fall, dass zwei Menschen nicht zueinander passen, wie immer diese Partnerwahl vonstatten gegangen ist. Dann ist es auch folgerichtig und ein Zeichen gegenseitiger Würdigung, einander diese fehlerhafte Partnerwahl zu verzeihen und sich in Respekt zu trennen.

Wenn Verzeihen zur Zerreißprobe wird

Die Zahl seelischer Störungen und Krankheiten nimmt offensichtlich immer mehr zu, wie es sich auch in der steigenden Nachfrage nach einer Psychotherapie niederschlägt. Was aber bedeutet das – nicht nur für die Betroffenen selbst, sondern gerade auch für deren Partner? Welche Bedeutung kommt dabei dem Verzeihen zu?

Aufgrund dieser zunehmenden seelischen Störungen arbeitet die Paartherapie heute mit stark steigender Tendenz im vorklinischen Bereich. Viele sonst unauffällige Menschen kommen nur auf diesem Weg in die Therapie, weil eine Einzeltherapie viel zu kränkend für ihr Ego wäre. Tatsächlich tauchen hier häufig Ratsuchende mit tiefgreifenden Störungen auf, die aber im übrigen Umfeld, im Freundeskreis, in der Nachbarschaft und im Beruf, nicht auffällig werden. Doch durch die intime Verdichtung und Anforderung im menschlichen Miteinander einer Paarbeziehung treten Schwächen, Fehler und Störungen viel krasser zutage oder sie werden besonders heraufbeschworen. So werden etwa frühe Traumatisierungen aus der Kindheit infolge sexuellen oder emotionalen Missbrauchs in besonderer Weise durch den Partner reaktiviert, die im rein beruflichen Umfeld nahezu unberührt bleiben.

Betroffene Paare und ihre immer mitbetroffenen Kinder haben sehr darunter zu leiden. Oft ahnen sie es, sind aber nicht informiert und wissen nichts Genaues über diese besondere Störung. Es kommt infolgedessen häufig zu gravierenden, zähen Streitigkeiten und einer unterschwelligen, diffusen und manchmal kaum greifbaren, manchmal sogar bedrohlichen Verstimmung in der häuslichen Atmosphäre. Der gesunde Partner erwartet vom Anderen wie selbstverständlich Resonanz, Austausch und Einfühlung, über die dieser aber infolge seiner seelischen Störung gar nicht verfügt. Er reagiert dann zusehends aggressiv auf die für ihn unerfüllbaren Anforderungen. Der Streit wird in der Folge immer heftiger und verschärft auf diese Weise die schon vorhandene seelische Störung.

Im Folgenden stelle ich drei der schwersten Störungsbilder vor, weil sie zu besonders gravierenden, vielleicht unverzeihlichen Verletzungen in der Paardynamik führen. Gleichzeitig wird hier das Problem einer klinischen Diagnosestellung besonders deutlich. Die Gefahr der Etikettierung bzw. Abstempelung ist groß. Es geht aber nicht allein darum, dass ein Partner den Anderen als krank darstellt, weil er nicht alle Wünsche, Bedürfnisse oder sonstigen Anforderungen erfüllt. Vielmehr krankt die Beziehung, weil die Krankheit weder dem Kranken selbst noch dem Partner bekannt noch in ihren Auswirkungen vertraut ist. Ohne aber diesen Hintergrund der seelischen Erkrankung zu kennen, steigern sich die beiden in einen fruchtlosen Streit hinein, ständig und immer wieder. Der gesunde Partner ahnt manchmal, dass der Andere unter einer Störung leiden könnte. Oft wollen beide es nicht wissen, sie leugnen und verdrängen. Die Tragik dabei ist, dass der gesunde Partner an den Anderen natürlich die Erwartungen und Anforderungen richtet, die er tatsächlich an einen anderen Gesunden stellen könnte, die der Kranke aber gar nicht erfüllen kann. Die Rede ist von narzisstisch Gestörten, von Borderline-Erkrankten und von Traumatisierten als Partner in einer Liebesbeziehung.

Gestörte Eigenliebe und das Ringen, Streiten und Kämpfen um Liebe

Eigenliebe und Partnerliebe stehen in einem sehr dynamischen und wunderbaren, doch oft auch kritischen Verhältnis zueinander. Sie können sich gegenseitig in beglückender Weise verstärken, aber sie können sich auch verhängnisvoll stören und zerstören.

Die gestörte Eigenliebe, ob zu stark oder zu schwach ausgeprägt, üblicherweise als Narzissmus bezeichnet, führt je nach Ausprägung zu einem Zuviel oder Zuwenig an Selbstgefühl und Selbstwertgefühl. In der Folge kommt es auch zu mangelndem Mitgefühl und geringer Einfühlung in den Partner. Viel Streit, Kampf und Verzweiflung bricht auf um das Gleichgewicht von Geben und Nehmen, um die richtige Art zu lieben, um das Ausmaß an sexueller Befriedigung – um fast alles.

Symptomatik: Den in der Eigenliebe Gekränkten ist gemeinsam, dass sie nicht ins Unrecht geraten dürfen, sich deshalb immer rechtfertigen und Recht behalten müssen. Ihr Zwang zur Rechtfertigung und zum Rechthaben lässt kaum Unbeschwertheit zu. Die Sehnsucht, geliebt zu werden, wandelt sich zur Sucht nach Anerkennung, der oder die

Beste sein zu müssen, etwas Besonderes zu sein. Narzissten brauchen fortwährend Selbstbestätigung und Stärkung ihres Selbstwerts durch Lob und Zuspruch.

Stimmungsschwankungen sind häufig und nicht vorhersehbar. Ohne bestimmten Anlass genügen Kleinigkeiten, um Unwillen, Beleidigtsein, trotziges Schweigen, Ärger, Aggression, in der gesteigerten Form auch Schreien und Toben hervorzurufen. In der Öffentlichkeit oder im beruflichen Umfeld dagegen sind die Betroffenen oft völlig kultiviert, zuvorkommend und einfühlsam. Sie wirken wie ausgewechselt: höflich, charmant, witzig und hilfsbereit draußen, drinnen dagegen mäkelnd, schlecht gelaunt, desinteressiert und ärgerlich. In therapeutischen Einzelsitzungen sind sie einsichtig, einfühlsam und durchaus zugänglich. Kaum gesellt sich die Partnerin dazu, tritt eine augenfällige Veränderung ein und es beginnt Zank.

Narzissten kommen innerlich selten zur Ruhe und wirken deshalb häufig rastlos, getrieben, angestrengt, ruhelos. Sie sind bemüht um Anerkennung und Zuwendung und brauchen viel Bestätigung. Manchmal führt der Hunger nach Anerkennung zu einer Art Sisyphus-Arbeit: Je mehr sie tun, um Anerkennung zu bekommen, desto schneller zerrinnt ihnen dies Gefühl zwischen den Fingern, denn sie suchen bereits wieder nach einer weiteren Bestätigung. Sie leisten viel und geben oft ihr Bestes, um diese Bestätigung zu erhalten, die sie dann auch verdient haben. Mischt sich aber unter die häufige Zustimmung nur ein bisschen Kritik, dann ist Ärger vorprogrammiert. Dabei können sie selbst kaum andere loben und sind eifersüchtig oder voll Konkurrenzneid, wenn diese mehr Anerkennung bekommen. Ein solcher Mann konnte zum Beispiel die Zuwendung, die dem Hund der Familie zukam, nicht ertragen, weil ihm dadurch Aufmerksamkeit verloren ging.

Aber auch die entgegengesetzten Reaktionen können als Ausdruck einer frühen narzisstischen Kränkung in den

Vordergrund treten: Depression, Verzweiflung, eine Flut von Tränen, Hoffnungslosigkeit, Angstattacken und starke körperliche Symptome werden durch Nichtigkeiten ausgelöst. Im Vergleich zu den offensiven Narzissten handelt es sich hier um die »defensiven Komplementärnarzissten«. Auch sie fühlen sich zu wenig gesehen, beachtet und wertgeschätzt, führen dies aber im Unterschied zu den Offensiven auf ihre eigene gefühlte Minderwertigkeit zurück. Sie glauben sich nicht verstanden, übersehen und halten sich für wenig begehrenswert. Sie haben Angst, ihre eigenen Wünsche zu vertreten, setzen sich aber umso engagierter für die Interessen und Belange anderer ein.

Frauen und Männer verhalten sich hier häufig unterschiedlich, denn die Ausdrucksformen narzisstischer Kränkungen unterscheiden sich in der Regel geschlechtstypisch: Betroffene Männer reagieren eher aggressiv und offensiv, Frauen eher regressiv und defensiv. Das verleitete auch mich als Therapeuten immer wieder dazu, zu glauben, dass Frauen eigentlich die besseren Partnerinnen seien. Sie scheinen infolge ihres nicht so aggressiven Auftretens beziehungsfähiger zu sein. Hier sollte man eher nachdenklich werden: Sind wir Männer tatsächlich die größeren Narzissten? Sind wir, vielleicht auch weil wir gröber und lauter reagieren, unversöhnlicher? Sind wir unnachgiebiger und weniger bereit zu verzeihen? Die Erfahrungen aus der Praxis der Paartherapie deuten darauf hin. In ihrem Buch: *Schuld sind immer die anderen!* (2006) versucht Astrid von Friesen allerdings sehr engagiert, die Klischees über »frustrierte Frauen und schweigende Männer« aufzubrechen. Sie sieht es als durchaus negative Folge der Emanzipation, dass Frauen »die Meinungs- und Gefühlshoheit im emotionalen Bereich« zu übernehmen scheinen. Stattdessen fordert sie eine neue Rollendiskussion, um zu einer »friedfertigen Geschlechterdemokratie« zu finden. Natürlich müssten die Männer viel an männlicher Gewalt, an Machtstreben und Zerstörungswut infrage stellen und auch verändern. Aber Astrid von Friesen sieht auch die Ohnmacht der Männer, gefangen und ausgeliefert in der Spirale der beruflichen Überforderung. Beide, Frauen und Männer, müssen lernen, sich in ihrer Ohnmacht einander anzuvertrauen und sich zu solidarisieren und nicht zu konkurrieren. Die folgende kurze Beschreibung des Verhaltens solcher Frauen und Männer soll daher nur helfen, die Unterschiede leichter zu erkennen und entsprechend mit diesen umzugehen, ohne daraus neue Fronten aufzubauen.

Frauen mit narzisstischen Kränkungen fühlen sich oft nicht oder nicht richtig geliebt, nicht richtig erkannt und befürchten, vom Partner übergangen zu werden. Sie fühlen sich zu schwach, ihre eigenen Belange und Bedürfnisse durchzusetzen oder offen dafür zu kämpfen. Meist spüren sie ihre Selbstzweifel ganz real, fühlen sich deshalb geschwächt und verletzlich. Im Grunde leiden sie an sich selbst.

Das gilt gerade auch für den *Körperdialog mit dem Partner*: Körperliche Missempfindungen und Kränkeln werden zur steten Plage. Das reicht vom Unwohlsein über Migräne bis hin zu leichten, mitunter auch schweren Essstörungen bis zu Magersucht, Fresssucht und Bulimie. Diese Symptome schränken bei ihnen die Lust am eigenen Körper ein. Sie fühlen sich in ihrer Haut nicht sicher und wohl und in ihrem Körper nicht zu Hause. Häufig schämen sie sich für ihren Körper. Schon eine winzige Region, die nicht ganz dem Ideal entspricht, blockiert die Lust am lustvollen Umgang mit dem Körper und dem Partner.

Besonders in der sexuellen Begegnung fühlen sie sich meist nicht gemeint, fühlen sich falsch angefasst, empfinden seelischen und körperlichen Druck und empfinden sich als vom Anderen für dessen Triebbedürfnisse missbraucht. Nacktes Zusammensein wird schon zur Bedrohung. Sinnliche Zärtlichkeiten vermeiden sie eher und die liebende Vereinigung im Geschlechtsverkehr bringen sie möglichst schnell hinter sich. Die bevorzugte Stellung beim Geschlechtsverkehr ist oben, um die Kontrolle zu behalten. Sie empfinden ihren Körper wie ein Revier, in das der Partner eindringen will. Für sie ist das eine zu erduldende Grenzverletzung, denn sie können oft nicht Nein sagen, aus Angst, den Anderen zu verletzen.

Männer tragen dagegen ihre narzisstischen Kränkungen zumeist nach außen. Sie leiden nicht an sich selbst, sondern bewirken Leiden bei anderen. Auch sie fühlen sich, gleich den betroffenen Frauen, ungerecht behandelt, führen aber einen ständigen Kampf gegen die vermeintliche Ungerechtigkeit, die ihnen angeblich angetan wird. Sie schreien nach Gerechtigkeit, fordern sie aber zuallererst für sich selbst ein. Sie reagieren sehr empfindlich, sind unglaublich schnell verletzt. Die allgegenwärtige Kränkbarkeit kennzeichnet am augenfälligsten ihre Störung. Der Umgang mit ihnen gleicht mitunter dem Gang durch ein Minenfeld. Immer besteht die Gefahr einer Explosion – von Wutausbrüchen und Anschuldigungen. Um sie nicht zu kränken, muss man sie jederzeit wie ein *rohes Ei* behandeln (vgl. Cöllen 2005). Das macht die Liebe zu ihnen sehr anstrengend.

Besonders zermürbend ist: So empfindlich sie auch auf Kränkungen ihrer selbst reagieren, so wenig können sie die Kränkungen und das Unrecht sehen, das sie ihrer Partnerin zufügen. Es wirkt manchmal so, als ob zwei völlig verschiedene Personen in ein und demselben Körper agierten: die eine ganz sensibel, voller Achtsamkeit und empfindsamer Besorgnis – vor allem in Bezug auf sich selbst, aber auch auf Freunde und Fremde –, die andere aber, gerade gegenüber der eigenen Partnerin, überkritisch, missgünstig bis ehrverletzend, oft mitleidlos und strafend.

Der *Körperdialog* wird für diese Männer zum Gradmesser der Liebe: Sexualität entscheidet über alles – was sie so aber abstreiten würden. Gefordert ist dabei nicht unbedingt nur die Häufigkeit von Geschlechtsverkehr. Diese Männer sind teilweise auch sehr zärtlich und sinnlich. Aber in der ständigen Forderung nach mehr sexueller Begegnung und Vereinigung liegt das Problem: Das immerwährende Verlangen nach körperlicher Zuwendung als Ausdruck und Beweis für Liebe behindert die Partnerin völlig am Aufkeimen ihrer eigenen Lust. In diesem meist typisch männlichen Verlangen nach sexuellen Zärtlichkeiten und in der damit verbundenen Unersättlichkeit haben solche Männer etwas von einem kleinen Jungen, der trotzig wird, wenn er sein Spielzeug nicht bekommt. In Wirklichkeit aber bedeutet Sexualität für diese Männer sehr viel mehr: Es ist wie ein Zurück in den Schoß der Mutter, zurück in die Geborgenheit der unverletzten kindlichen Liebe.

Sexualität wird dann als Ausgleich für alle Kränkungen, Ungerechtigkeiten und Überforderungen im Leben missbraucht. Diese Männer können kaum oder nur wenig über ihre innere Einsamkeit, Verlorenheit und Traurigkeit sprechen. Sie wehren das sogar mitunter entrüstet ab oder geben vor, gar nichts davon zu fühlen. Doch gerade da würden viele Frauen ihre Männer gerne »abholen«, weil sie instinktiv diesen verletzten Teil im Partner spüren. Manchmal weinen sie dann dessen ungenannte Tränen, manchmal tragen sie auch seine Ängste, die er weggewischt oder überspielt hat. Da diese inneren Verletzungen aber nicht besprochen werden können oder dürfen, die Seele also verschlossen bleibt, führt das dazu, dass viele Frauen sich auch körperlich nicht mehr für den Partner öffnen können – zumindest nicht auf Dauer.

Der Umgang mit Verzeihen wird von narzisstisch gekränkten Männern und Frauen oft sehr gegensätzlich gehandhabt. Die nachgiebige »Komplementärnarzisstin« verzeiht zu viel, sie verzeiht alles. Das heißt nicht, dass sie die Kränkungen vergäße. Sie speichert sie alle ab und leidet still in sich hinein. Mit immer neuem Verzeihen demütigt sie sich längst selbst, und trotzdem lenkt sie immer wieder ein. In Wirklichkeit kann sie ihr Revier, auch ihr seelisches, gar nicht beschützen. Für sie ist das Verzeihung-Gewähren in Wirklichkeit eher ein Nachgeben, und das Um-Verzeihung-Bitten mutet eher wie eine Geste der Unterwerfung an.

Der sich durchsetzende Narzisst dagegen speichert die Kränkungen systematisch ab; er verwendet jede einzelne Kränkung immer neu als Beweis für die Unzulänglichkeit des Anderen. Eine Bitte um Verzeihung aussprechen zu müssen wird für ihn zum Gang nach Canossa. Um den zu vermeiden, riskiert er lieber Streit. Nur schwer kann er sein Unrecht einsehen. Und selbst wenn er es einsähe, würde er das kaum offen eingestehen. Er schweigt sich dann lieber darüber aus, ist aber oft in anrührender Weise bemüht, mit Geschenken und Wohlverhalten Wiedergutmachung zu leisten.

Das Erleben der Narzissten ist also von seelischer Überempfindlichkeit gekennzeichnet, die schon aus Kindheitstagen herrührt. Unter dieser Überempfindlichkeit leiden sie selbst oder lassen andere leiden. Auch wenn sie ihrer Maßlosigkeit wegen manchmal als ungerecht, egoistisch und unsympathisch erscheinen, nützen ihnen Kritik, Zurechtweisung, Strenge und Strafen zur Verhaltenskorrektur wenig. Im Gegenteil, solche Maßnahmen provozieren und potenzieren das verletzte Selbstgefühl des narzisstisch Gekränkten. Notwendig ist dagegen großmütiges Verzeihen. Sie sind wie Behinderte, die an ihren Rollstuhl gefesselt sind. Sie dafür auch noch zu bestrafen verschlimmert nur noch das Leiden. Sie brauchen einfach bedingungslose Liebe, ohne Kritik und Widerspruch. Sie bekommen kaum genug davon. Frauen sagen dann manchmal, dass sie zu Hause statt einem Partner noch ein Kind zusätzlich zu betreuen hätten. Und selbst wenn sie willig und geduldig sind und dieses schier unersättliche Suchen nach Befriedigung seitens der Männer doch irgendwie stillen wollen, wird dadurch die weibliche Lust auf Sexualität fast reflexartig geblockt. Und wieder kommt der Teufelskreis in Gang.

Entscheidend für ein gemeinsames friedliches Auskommen ist, wie groß die Leidensfähigkeit und die *Verzeihensbereitschaft* der Partner ist. Oft stellt sich auch heraus, dass in Wirklichkeit beide überempfindlich sind, nur entgegengesetzt damit umgehen. Das Geheimnis ihrer Partnerwahl besteht dann darin, dass sie miteinander zu lernen haben, die verletzten Kinder in sich und ihre verzagten Seelen »nachzunähren«. Bei genügend Großmut, Geduld und nachgebender Liebe werden die narzisstischen Wunden irgendwann geheilt, denn die Betroffenen wollen selbst nichts anderes als lieben und geliebt zu werden.

Borderline-Erkrankung und die krisenreiche Liebe

Zunächst weisen Borderline-Erkrankte viele Symptome auf, die ich oben schon für die Gruppe der narzisstisch Gekränkten beschrieben habe. Allerdings treten diese Merkmale in weitaus stärkerer Form auf. Aus dem Umgang mit dem *rohen Ei* wird jetzt ein regelrechter *Eiertanz*, wie Mason & Kreger (2003) diese besonders tragische Beziehungsdynamik zutreffend betiteln. Dennoch gibt es auch hierbei unterschiedliche Ausprägungsgrade von *kaum merklich* bis *extrem auffällig*. Die Beziehungsgestaltung zum Partner wird bei der Borderline-Problematik besonders durch das extreme Auf und Ab der Gefühle und der Stimmungslagen, die diese seelische Störung kennzeichnen, in Mitleidenschaft gezogen.

Symptomatik: Die Hauptbelastung für die Beziehung liegt darin, dass die Betroffenen dazu neigen, Gut und Böse zu spalten und alles Böse auf den Partner zu projizieren, weil sie selbst auf keinen Fall böse sein dürfen. Die Autoren des Buchs *Schluss mit dem Eiertanz* beschreiben diese Dynamik mit dem einfachen Satz: »Es besteht ein Problem. Es ist nicht meine Schuld. Demnach muss es deine Schuld sein.«

Dieser Vorgang der Projektion ist einer der vielen seelischen Abwehrmechanismen, um sich vor kränkenden und unangenehmen Gefühlen zu schützen. Wir alle wenden sie mehr oder weniger an. Der Borderline-Betroffene macht nur extremen Gebrauch davon, ebenso wie von Spaltung und Verdrängung. Selbst nicht o. k. zu sein, also negative Gefühle, Eigenschaften und Verhaltensweisen zu haben, bedeutet für Borderline-Betroffene eine so unerträgliche Bedrohung, dass sie zur Abwehr den Anderen bedrohen. Und tatsächlich fühlen sich die dazugehörigen Partner häufig bedroht, sei es durch verbale Gewalt in Form von Beschimpfung, Erniedrigung, Demütigung, Entwertung, sei es durch Aggression in Form von Vorwürfen, Beschuldigungen und Anklagen, manchmal auch durch körperliche Gewalt.

Besonders schwierig für den Partner ist dabei, dass die Borderline-Betroffenen sich selbst als den idealen, erfolgreichen und guten Partner sehen. Sie befürchten aber im Innersten, doch nicht perfekt zu sein, empfinden deswegen übergroße Scham und leugnen in der Folge jeden Fehler, weil sie befürchten, dann wertlos zu sein oder verstoßen zu werden. Und immer wieder versuchen sie, ihr Dilemma der Stimmungsschwankungen dadurch zu lösen, dass sie den Partner zunächst als den besten, attraktivsten, kompetentesten Menschen idealisieren. Oft unerwartet und unberechenbar für den Partner kommt es dann zu einem Stimmungsumschwung: Aus der Idealisierung wird eine Demontage, wird überbordende Kritik. Der *Idealpartner* wird jetzt zum *Intimfeind*.

Dieser Spaltung liegt die Fixierung auf eine kindliche Entwicklungsstufe zugrunde, in der Mutter oder Vater entweder nur als gut oder nur als böse gesehen werden konnten. Dass die liebende und die strafende Mutter ein und dieselbe Person ist, kann das Kind noch nicht erkennen, nicht glauben und nicht fassen. Es gibt nur Schwarz oder Weiß. Das Kind hasst dann die Mutter, befindet sich aber gleichzeitig in dem existenziellen Dilemma, ohne die Mutter nicht überleben zu können. *Ich hasse dich, verlass mich nicht* ist deshalb auch der Titel eines Buches zur Borderline-Symptomatik (Kreismann & Strauss 1992). Damit wird eine weitere typische Borderline-Problematik beschrieben; von solchen Problematiken gibt es im Übrigen so viele, dass sie nur schwer zu einem einzigen Störungsbild zusammenzufassen sind: So sehr Borderline-Betroffene den Partner in den Momenten der Idealisierung in den Himmel heben können, so sehr können sie ihn in den Momenten der Kränkung in einen Abgrund der Verzweiflung stürzen. Der zwischen diesen Stimmungen hin- und hergerissene Partner weiß gar nicht mehr, was er nun glauben und worauf er sich noch verlassen kann. Einerseits gibt es Beschwörungen der tiefsten und ewigen Liebe, andererseits heftige und immer wiederkehrende Trennungsdrohungen. Das Dilemma: Wie einstmals als Kind von der Mutter kann sich auch jetzt der Erwachsene nicht vom Partner trennen. Trotz aller Äußerungen von Hass, trotz aller andauernden Kritik wird keine Ablösung von der Mutter, aber auch keine noch so ernsthaft angedrohte Trennung vom Partner vollzogen. Obwohl die Trennung vom Boderline-Patienten selbst geradezu provoziert wird, kommt es von seiner Seite zu heftigen Wiedergutmachungs- und Rettungsversuchen der Beziehung, falls der Partner sich tatsächlich resigniert zurückzieht und ernsthafte Trennungsschritte in die Wege leitet.

Es gibt Erkennungsmerkmale für eine solche Krankheit, die helfen, sich in die Welt der Betroffenen einzufühlen. Der Betroffene selbst neigt aber eher dazu – ähnlich wie alkoholkranke Menschen –, diese Symptome bei sich zu leugnen. Mindestens fünf von den folgenden neun aufgezählten Kriterien sollten zutreffen:

- irrationale Bemühungen, nicht verlassen zu werden;
- instabile Beziehungen im Wechsel von Idealisierung und Entwertung;
- instabile Selbstwahrnehmung;

- impulsives Handeln in Bezug auf Geld, Sex, Sucht, Autofahren, Essen;
- wiederholte Selbstverletzungen oder Suiziddrohungen;
- instabile Gefühlslagen: Mischung aus Angst, Depression, Aggression und Verzweiflung;
- anhaltendes Gefühl der Leere;
- unkontrollierbare, unangemessene und andauernde Wut;
- stressbedingte Verfolgungsvorstellungen oder Dissoziation (völliges Ausblenden oder Vergessen von Erinnerungen, Gefühlen, innerer Beteiligung usw.).

Diesen in vielen Veröffentlichungen genannten Kriterien für eine individuelle Borderline-Erkrankung (Röhr 1997, Kreismann & Strauss 1992, Mason & Kreger 2003) sind noch fünf paarspezifische Kriterien hinzuzufügen. Sie zu kennen hilft besonders den Erduldenden, sich leichter abzugrenzen und sich persönlich nicht allzu sehr getroffen zu fühlen:

- starke Tendenz zur Demütigung, Erniedrigung, Abwertung und Beschämung des Partners;
- starke Tendenz zur Abspaltung und Verdrängung eigener Schuld und Fehler, verbunden mit massiver Schuldzuweisung an den Partner;
- übergangsloser Wechsel von wilden Attacken zur Forderung nach Zärtlichkeit und sexueller Vereinigung;
- nachhaltiges Suggerieren von Unzulänglichkeit in Bezug auf den Partner;
- bewusstes Provozieren des Partners bis zu dessen hilfloser Gegenwehr, um ihn dann als Schuldigen zu überführen.

Die Frage des Verzeihens stellt sich hier in besonders schwieriger und verwirrender Weise. Verwirrend deshalb, weil Borderline-Betroffene eine erstaunliche Fähigkeit besitzen, die für den Partner auch eine überraschend gute Seite hat: Nach einem Streit, sei er auch noch so heftig gewesen, kann sich der Betroffene wie auf Kommando wieder versöhnen. Er speichert die Kränkung zwar ebenso wie die narzisstisch Gekränkten, ist aber – zumindest oberflächlich – überhaupt nicht nachtragend. Schon wenige Minuten nach der Eskalation ist er spontan versöhnungsbereit, geht unvermittelt zu intensiven Zärtlichkeiten über und gewährt großmütig Verzeihung, während der Partner noch um Fassung ringt oder mit den Tränen kämpft. So enden in einer jungen Beziehung zunächst viele kleine, größere oder extreme Zerwürfnisse im seligen Rausch wilder Vereinigung. Allerdings bildet diese körperliche Brücke zueinander keinen dauerhaften Weg miteinander. Ebenso schnell und immer schneller kann sie wieder zusammenbrechen. Der erduldende Teil hält diesen stürmischen Wechsel zwischen inniger Versöhnung und schwerer Aggression nicht lange aus. Wie oft also noch verzeihen?

Wie schon bei der narzisstischen Kränkung ist auch hier die Gefahr, dass die Schuldfrage, die ja der Verzeihung immer vorausgeht, einseitig zu Lasten des Borderline-Betroffenen beantwortet wird. Die Autoren Mason & Kreger (2003) raten den Partnern von Borderline-Betroffenen, sich höchstens als *Blitzableiter* für deren Stimmungsschwankungen und ihre seelischen Ein- oder Ausbrüche zu betrachten. Dennoch bleibt auch hier zu bedenken, dass – wie in jeder anderen Partnerschaft – auch hier der scheinbar *Unschuldige* zu den eskalierenden Konflikten mit beiträgt. Allein durch seine Versuche, sich zu rechtfertigen, sich zu behaupten oder gar das Fehlverhalten des Anderen zu kritisieren, trägt er dazu bei, den Borderline-Betroffenen seinerseits anzustacheln und dessen Rechtfertigungsdrang weiter zu schüren. Dieser gerät dadurch nur in noch größeren Stress, den er dann durch heftige Aggressionen abzubauen sucht. Die Partner eines Borderline-Betroffenen müssen sehr in sich ruhen und ausgeglichen sein, um sich nicht auf dessen Argumentationsketten einzulassen und nicht zu versuchen, die eigene »Unschuld« zu beweisen.

Wir versuchen deshalb in der Therapie, beiden Betroffenen die Bedeutung dieser seelischen Störung nahezubringen, ihnen zu helfen, dass sie als solche erkennen und annehmen und lernen, damit umzugehen. Dazu gehört, Stress von außen möglichst fernzuhalten, viel Schlaf zu bekommen, ruhige Aussprachen in ruhigen Zeiten zu führen. Darüber hinaus muss allerdings der erleidende Partner seine eigene Rolle in dieser Krisendynamik begreifen. Wichtig ist, dass er sich durch die häufigen Attacken, Zerstörungsversuche und bohrende Kritik nicht wirklich selbst infrage stellen darf; er muss standhaft und sich selbst treu bleiben. Und vor allem: Er darf sich auf keine aggressive Argumentation einlassen, niemals in den Disput gehen und er muss stattdessen den Mund halten. Und selbst dann noch bleibt ungewiss, ob dieses Stillhalten und Dauer-Verzeihen zu irgendeinem Erfolg führt. Er muss sich damit auseinandersetzen, dass er einen kranken Partner hat. Will er ihn deshalb verlassen oder bleiben? Ähnlich wie bei der Suchterkrankung oder auch bei sexuellen Perversionen geht es hier um eine grundlegende Entscheidung. Wir argumentieren in der Paartherapie gegenüber dem scheinbaren Opfer-Partner, dass er sich vorstellen möge, er habe einen durch Unfall querschnittsgelähmten Partner geheiratet, der nun im Rollstuhl leben muss. Er hat somit einen behinderten Partner. Er muss für sich klären, ob er diese Behinderung mittragen und sich damit aussöhnen und abfinden will.

Die Frage des Verzeihens stellt sich hier auf neue Weise. Es ist etwas zu verzeihen, wofür keinen die Schuld trifft. Der Partner ist wirklich unschuldig, weil er krank ist, aber er quält den erduldenden Gesunden in oft unerträglicher Heftigkeit. Bedeutet hier das Verzeihen gleichzeitig, sich selbst aufzugeben? Die Dynamik zwischen den Partnern ist im Grunde noch schwerer zu begreifen, als sie es bei einem an den Rollstuhl gefesselten Partner sein mag: Hier ist die Behinderung eindeutig sichtbar und die Rollenverteilung klar. Bei der Borderline-Dynamik wird der Erkrankte immer versuchen, den Gesunden für das ganze Elend, das gerade in der Beziehungsgestaltung seinen Niederschlag findet, verantwortlich zu machen. Und je mehr der so Beschuldigte nachgibt und vielleicht großmütig um Verzeihung bittet, desto heftiger wird der Borderline-Betroffene nachsetzen. Die scheinbare Schwäche des Anderen dient ihm dann als Beweis für sein eigenes Rechthaben.

Hier wird also Verzeihen unter Umständen zum gefährlichen Auslöser für neue Eskalation, wenngleich Abgrenzung und Widerstand gegen die Übergriffe des Borderline-Betroffenen genauso bedeuten, Öl ins Feuer zu gießen.

Um aus diesem Labyrinth verwirrender und zerstörender Krisendynamik herauszufinden, brauchen die Betroffenen Hilfe von außen durch eine Paartherapie. Auch diese gestaltet sich schwierig und der Erfolg ist ungewiss, aber durch die neutrale Position der Therapeuten ist die Störung leichter auszusteuern.

Liebe und Trauma – wenn die Beziehung zum Alptraum wird

Einen Zusammenhang zwischen Trauma, Paarbeziehung und Paartherapie und dem Thema Verzeihen herzustellen erscheint zunächst als weit hergeholt. In Wirklichkeit ist dieser Problembereich bisher sehr vernachlässigt worden, aber er muss in seiner Bedeutung endlich hervorgehoben werden und seinen Platz in der adäquaten Gestaltung der Paarbeziehung und der paartherapeutischen Theorie und Praxis finden. Grund für die bisherige Vernachlässigung mag sein, dass auch die moderne Traumatherapie vorzugsweise als Einzeltherapie konzipiert und durchgeführt wird (Reddemann 2001).

Unter *Trauma* ist die gewaltsame oder gegen den Willen des Opfers herbeigeführte oder dessen Schwäche ausnutzende schockartige Einwirkung zu verstehen, die die seelischen Verarbeitungsmöglichkeiten des Betroffenen übersteigt. In der Folge kommt es zur Blockierung oder Überregulierung der Ich-Funktionen. Die normale Aussteuerung der zwischenmenschlichen Beziehungen und oft auch des Alltags ist ganz oder zumindest teilweise gefährdet. Eine innere Desorientierung, eine Abspaltung von Gefühlen und Teilen der Realität sowie seelische Erstarrung sind Anzeichen für eine Traumatisierung.

Zwei Problembereiche beschäftigen uns im Zusammenhang mit Trauma und Paarbeziehung: die Traumatisierung in der Beziehung und die Traumatisierung, die schon vor der Beziehung stattfand. Wieder steht die wichtige Frage im Raum, ob und wie Verzeihen dazu beitragen kann, das Heilsame der Liebe zu erleben oder wiedererleben zu können.

Dass viele Beziehungen sich auf Dauer in einen Alptraum verwandeln, macht noch kein Trauma aus. Dennoch kommt es in vielen Beziehungen zu Traumatisierungen mit leichtem bis schwerem Ausprägungsgrad.

Symptomatik: Es muss nicht erst zu Mord oder Selbstmord kommen, um zu begreifen, dass die dunkle Seite der Liebe auch seelisch stabile Menschen in den Wahnsinn treiben kann. Die zerstörerische Kraft der Liebe ist uns durchaus bekannt, und viele werden zumindest etwas davon am eigenen Leib erfahren haben. Wie viel davon kann verziehen werden?

Im Verständnis der Paarsynthese muss es allerdings nicht erst zu den Extremen kommen, damit man von einem Trauma sprechen kann. Es genügt schon, dass Frauen oder Männer durch eskalierende Streitigkeiten, Psychoterror, Untreue, Trennung und Scheidung in eine tiefe Depression verfallen, was schließlich zur völligen Erstarrung führen kann. Der ganze Organismus wird erschüttert. Die persönliche Einheit aus Körper, Geist und Seele zerbricht. Manche verlieren jedes Gefühl für ihren Körper, andere fühlen sich innerlich ganz kalt, erstarren in innerer Leere, leben ohne jede Emotion. Wieder andere werden arbeitsunfähig, kündigen vielleicht selbst ihren Arbeitsplatz und finden sich auf der Straße wieder. Manche verlieren jedes Maß für Recht und Unrecht und führen jahrelang einen Vernichtungskrieg gegen den Partner, weil der sie böswillig verlassen habe. Wieder andere verlieren jede innere Orientierung, weil sie sich in einen anderen verliebt haben und nun zwischen zwei geliebten Menschen hin- und herirren, zerrissen an Leib und Seele. Als Paartherapeut fürchte ich diese Art der Partnerkrisen mit am meisten, weil sie sich manchmal über Jahre hinziehen können, für alle Betroffenen zu Dramen und Tragödien ohnegleichen werden.

So erging es Günther, einem 55-Jährigen, bis dahin stabil, erdverbunden, gutmütig, sehr strebsam und erfolgreich, konservativ im guten Sinn, aufrichtig, sozial engagiert. Die Liste mit seinen positiven Eigenschaften ließe sich noch fortsetzen. Er hat mit seiner 50-jährigen Frau drei erwachsene Kinder und ist stolzer Großvater von sechs Enkelkindern. Plötzlich verliebt er sich in eine jüngere Frau. Nach langen inneren Kämpfen zieht er von zu Hause aus, sogar mit Unterstützung seiner Frau, weil sie seine Zerrissenheit nicht mehr ertragen kann. Vier Monate später zieht er wieder bei ihr und seinen Kindern ein, aber nur, um schon drei Monate später wieder bei der Geliebten einzuziehen. Das ging noch drei Jahre so weiter. Er starb an Herversagen. Zurück blieben nicht nur zutiefst getroffene Kinder, sondern auch zwei völlig zermürbte und geschockte Frauen. Natürlich können wir fragen, was diese beiden zu dem Alptraum beigetragen haben – es mildert nur nicht das Trauma und seine schrecklichen Folgen.

Beide Frauen haben offensichtlich diesem Mann über mehrere Jahre hinweg immer wieder neu verziehen und ihn wieder liebevoll aufgenommen. War gerade das der Fehler? Hätten sie ihm beide oder hätte wenigstens eine der Frauen Grenzen aufzeigen müssen? Haben sie auf diese Weise zu seinem Trauma beigetragen? Kann also Verzeihen auch tödlich sein?

Dieser Mann erfüllte tatsächlich alle Kriterien, die ein Trauma kennzeichnen: Er war völlig desorientiert, teilweise empfindungslos, wirkte völlig erstarrt und hatte einen großen Teil der Realität um sich herum völlig ausgeblendet. Trotzdem war er sich völlig bewusst, welches Leid er allen

Beteiligten zufügte, nicht zuletzt sich selbst. Irgendwann sah es wohl so aus, als wollte er selbst sterben.

Im Vergleich zu solch eklatanten Symptomen von Traumatisierung durch eine Paarkrise gibt es natürlich auch weniger spektakuläre Fälle. Das gilt besonders für Partnerkrisen infolge sexueller Untreue. Auch wenn er inzwischen statistisch gesehen für eine Zweierbeziehung »normal« ist, weil heute etwa 50–60 Prozent mindestens einmal in einer festen Beziehung fremdgehen, führt ein solcher Treuebruch mitunter zum Bruch einer Persönlichkeit, zum seelischen Zerbrechen des Betrogenen. Auch wenn – jenseits aller moralischen Erwägungen – aus der Statistik auf ein durchaus übliches Verhalten geschlossen werden kann, ändert das nichts an der faktischen Traumatisierung, die Fremdgehen, ein Seitensprung, ein One-Night-Stand oder eine andauernde Nebenbeziehung beim Betrogenen auslösen können. Je nach seelischer Ausgangslage können einige sehr gut damit umgehen. Sie kämpfen um die Beziehung, schließen wieder Frieden und denken in zwei Jahren gar nicht mehr daran. Andere allerdings trifft die Untreue des Partners in tiefster Seele. Sie sind dann nicht nur am Boden zerstört, sondern empfinden die drohende Auflösung der Beziehung wie eine Auflösung ihrer eigenen Identität. Sie gefrieren mit ihren Gefühlen, erstarren zu Leblosigkeit. Über die Schockwirkung hinaus kann es Jahre dauern, bis sie ins normale Leben zurückfinden.

Am Beispiel der Untreue und ihrer möglichen Folgewirkung auf den Partner wird deutlich, dass es zwischen Trauma und Kränkung durch Partnerkrisen keine festen Grenzen bezüglich der Folgen gibt. Dies gilt auch für andere Krisenpotenziale der Paarbeziehung wie Gewaltanwendung und emotionalen Missbrauch. Aber neben diesen bekannten und krassen Auslösern für eine mögliche Traumatisierung seien hier ganz besonders noch zwei mögliche Ursachen untersucht, die gerade nicht durch Schock, sondern durch ihre Lautlosigkeit und Subtilität wirksam werden: *dauernde Unfriedlichkeit* und *dauernde Unverbindlichkeit.*

Diese beiden *Kränkungsmuster* entziehen sich zunächst der Definition als Ursache für eine mögliche Traumatisierung, weil sie so alltäglich wirken, so weit verbreitet sind und fast gewohnheitsmäßig praktiziert werden, so dass ihre traumatisierende Wirkung auf den leidenden Partner kaum offensichtlich wird. Der Betroffene selbst realisiert nur selten und meist erst, wenn es zu spät ist, welch seelischer Schaden ihm selbst daraus erwachsen ist. Daher haben diese Krisenherde auch keine besondere therapeutische Beachtung in der Traumaarbeit mit Paaren gefunden. Die stark zerstörerische Wirkung resultiert nicht aus einer massiven und gewaltsamen Grenzverletzung oder aus der offenkundigen Misshandlung des Partners, sondern aus der schleichenden, kaum merklichen, aber stetig andauernden und unterschwellig fortgesetzten Handlung.

Dauernde Unfriedlichkeit: Vielleicht kann sich ein durchaus stabiler Partner zunächst gegen die leise, aber ständige Kritik des Anderen gut abgrenzen. Sticheleien, ewiges Nörgeln, ständiges Kritisieren, Infragestellen und Herummäkeln an allem, etwa an der Figur des Anderen, an der Art seiner Berührung, an seinem Benehmen, an seinem Aussehen, sind zwar »nervig« und nehmen viel von der spontanen Lebensfreude, scheinen aber nicht wirklich bedrohlich zu sein. Doch diese Form von seelischer Umweltverschmutzung hat Langzeitwirkung und Spätfolgen: Allmählich schwinden tatsächlich Lust und Lebensfreude, der Alltag wird grau, jegliche Kreativität vergeht, und Spontaneität weicht der depressiven Verstimmung.

Anita, eine Architektin, die sehr dynamisch, erdverbunden und selbstbewusst ist und schon mit 35 Jahren eine ganze Baustelle mit 200 Handwerkern leitet, heiratet Kurt, einen sehr durchgeistigten, höchst sensiblen und empfindsamen Pastor. Nach zehn Jahren Ehe kann sie nicht mehr Auto fahren, traut sich nicht mehr aus dem Haus und ist stark suizidal. Wie konnte es geschehen, dass eine so starke Frau neben einem eher zartbesaiteten Mann sich selbst völlig verliert?

Trotz aller Emanzipation hat sie sich, wie viele andere Frauen, ihrem Mann immer mehr angepasst und ihn sehr idealisiert. Er aber in seiner Sensibilität und Empfindlichkeit fand sie bald zu derb, zu ungebildet. In seiner Kirchengemeinde und auf der Kanzel war er es gewohnt, viel Bewunderung zu bekommen. Er galt als Maßstab, nach ihm richteten sich die Leute – und bald auch seine Frau. Sie aber bekam von ihm keine Anerkennung für ihre Arbeit und ihre Leistung, als Frau mit 200 Männern auf dem Bau fertigzuwerden. Im Gegenteil, er kritisierte sie immer wieder für ihren rauen Ton, für ihre derbe Sprache und Kleidung. Was ihn einst an ihr angezogen hatte, nämlich ihre ungeschminkte Natürlichkeit und unverstellte, impulsive Art, dass bemäkelte er nun; er nörgelte an ihrer Figur und Frisur herum und bald an allem, was sie tat.

Sie dagegen war tatsächlich gutgläubig, vertrauensvoll und konnte sich gegen seine subtile Herabminderung gar nicht wehren. Sie hatte ihn immer nur bewundert, wie alle Gemeindemitglieder, und konnte jetzt mit seinem Konkurrenzverhalten nicht umgehen. Tatsächlich konkurrierte er mit ihr, weil er die Bewunderung für sich allein brauchte. Irgendwann gab sie sich dann selbst auf, weil sie ihm nicht gerecht werden konnte. Was immer sie tat, es störte ihn. Schließlich kam sie sich ganz verkehrt vor, unattraktiv und unbeholfen. Ihre Angst, Fehler zu machen und von ihm dafür kritisiert zu werden, nahm so zu, dass ihr tatsächlich Fehler unterliefen, zuerst nur zu Hause, dann auch auf der Baustelle. Schließlich schrammte sie mit ihrem Auto das Garagentor. Sie erlitt einen Zusammenbruch, vermied dann immer mehr das Autofahren und kündigte schließlich ihre Arbeitsstelle.

Dauernde Unverbindlichkeit: Partner, die sich nie entscheiden können oder wollen, zermürben langsam, aber sicher die Stabilität des Anderen. Sie scheuen im tiefsten Inneren davor zurück, die Verantwortung für etwas zu übernehmen, oder sie haben Angst, zur Verantwortung gezogen zu werden. Sie sind mit sich selbst uneins, schwanken hin und her, können keine klaren Absichten äußern und finden kein klares Ziel. Ihre Unentschlossenheit tarnen sie hinter dem – manipulierenden – Anschein, dem Anderen aus Höflichkeit oder Aufmerksamkeit und Rücksichtsnahme die Entscheidung überlassen zu wollen. Sobald dieser dann aber die Entscheidung übernimmt und etwas schiefgeht oder nicht passt, kann der Unverbindliche schnell und leicht Kritik üben, weil nicht er es war, der diese Entscheidung traf. In Wirklichkeit ärgert und schämt er sich über seine eigene Unentschlossenheit, ist mit sich und der Welt meist unzufrieden und arbeitet nun diese Unzufriedenheit am Anderen ab.

Doch die Unverbindlichkeit geht noch weiter und trifft die verwundbaren Stellen des Partners noch tiefer: Der Unverbindliche entzieht sich oft nicht nur der Festlegung auf ein bestimmtes Datum, eine Verabredung oder ein Projekt, sondern gravierender noch: Er legt sich auch nicht auf die Beziehung fest. Er lässt offen, ob er sich überhaupt eine gemeinsame Zukunft vorstellt, erwähnt immer wieder, dass er sich trennen will, dass er allein leben will, oder er ist noch auf andere sexuelle Erfahrungen aus. Er zögert die Heirat hinaus, verhindert, dass Kinder »dazwischenkommen«, vielleicht auch die Entscheidung für eine gemeinsame Wohnung.

Unverbindliche vermitteln das Gefühl, mit der Beziehung eigentlich unzufrieden zu sein. Sie suchen ewig weiter und sind doch mit nichts und nicht mit sich selbst wirklich zufrieden. *Quien espera, desespera*, sagt deshalb ein altes spanisches Sprichwort: Wer immer nur hofft (dass noch etwas Besseres kommt), wird irgendwann verzweifeln. Verzweifeln wird allerdings eher der betroffene Partner, der sich ständig unterschwellig infrage gestellt fühlen muss. Er findet oft über Jahre nicht die umfassende Geborgenheit und seelische Sicherheit, die er als Vorraussetzung für seine eigene Entfaltung dringend braucht.

Diese subtile Ungewissheit wirkt auf Dauer so zermürbend auf den Partner, dass auch hier, wie im Fall der dauernden Unfriedlichkeit, eine schleichende Zerstörung seiner personalen Substanz eintritt. Seine Ich-Funktionen können sein Selbst nicht bewusst schützen, und die Grenzen können nicht deutlich gezogen werden, weil der Andere einerseits zwar kein klares Ja, anderseits aber auch kein klares Nein zu erkennen gibt.

Hier setzt die Dynamik der Mikro-Traumatisierung ein. Die Auswirkungen gleichen einer *Gehirnwäsche*: Der erduldende Partner ist einer ständigen, aber kaum greifbaren Beeinflussung ausgesetzt. Sie erreicht ihn als leise, aber stetige Infragestellung seiner Persönlichkeit. Klare Abgrenzung oder Zurückweisung sind kaum möglich, weil die Einwirkungen unterschwellig ins Bewusstsein einsickern. Gegenwehr würde ins Leere laufen. Die kaum fassbare Kritik des Partners wird allmählich zur quälenden Selbstkritik. Erst kaum merklich, dann zunehmend führt dies zu schleichenden Selbstzweifeln bis hin zur angsterfüllten Selbstverunsicherung.

Sara und *Max* waren schon seit über zehn Jahren ein Paar. Beide verdienten gut und fühlten sich wohl in ihren Berufen. Seit langem allerdings wünschte sich Sara, dass sie endlich heiraten, Kinder bekommen und ein gemeinsames Haus bewohnen würden. Aber Max wich aus und ständig schob er andere Planungen dazwischen. Sara bekam Migräne und wurde schließlich krank. Sie spürte deutlich, dass sie sich jetzt, mit 40 Jahren, eigentlich schon viel zu spät, entscheiden musste. Wenn sie noch ein Kind haben wollte, um ihren Lebensplan zu verwirklichen, dann jetzt endgültig. Sie hatte aber kaum noch die Kraft dazu und befürchtete, keinen geeigneten Partner mehr zu finden. Sie warf sich vor, viele Jahre ihres Lebens vergeudet zu haben. Max konnte sich auch weiterhin trotz dieser negativen Bilanz seiner Partnerin zu keinem klaren Schritt entschließen.

Durch die gemeinsame Paartherapie fand sie die Kraft, sich noch rechtzeitig von Max zu trennen, bevor sie infolge ihrer Krankheit auch noch den Beruf aufgeben musste. Ein Jahr nach der Trennung zog sie in eine andere Stadt um, fand eine neue Anstellung und einen neuen Partner. Sie erholte sich rasch und bekam schließlich auch noch ein Kind.

Beispiele einer möglichen Mikro-Traumatisierung sind natürlich nur mit äußerster Vorsicht in unsere Überlegungen über das Verzeihen einzubeziehen, denn sie sind nicht exakt vom alltäglichen Kleinkrieg zwischen Partnern zu unterscheiden und folglich nicht einwandfrei als Schuld nur des einen Partners gegenüber dem Anderen zu beschreiben. Die Grenze zum sogenannten Normalverhalten, also zur normalen Unzufriedenheit und zur normalen Entschlusslosigkeit, ist fließend. Regelmäßig sind hier beide Partner in den Konflikt verwickelt, auch wenn jeweils nur einer von ihnen durch diese Mikro-Traumatisierung krank und existenziell gefährdet wurde.

Die Frage des Verzeihens ist in beiden Fällen kaum lösbar: Da es sich um mehr oder weniger unmerkliche, also auch unbewusste Prozesse handelt, kann dafür weder um Verzeihung gebeten noch Verzeihung gewährt werden. Auch wenn es einem Außenstehenden als offensichtlich erscheinen mag, kann die fortdauernde Unentschlossenheit oder Kritiksucht des einen Partners gegenüber dem anderen nicht als dessen Fehlverhalten identifiziert werden. Deshalb kann der Eine sich auch nicht rechtzeitig und eindeutig vom Anderen abgrenzen und schließlich eigene Wege gehen. Keiner der beiden ist offensichtlich und klar erkennbar *Täter* oder *Opfer*. Wer hat dann wen um Verzeihung zu bitten und warum?

Traumatisierung vor der Beziehung – frühe Alpträume und Liebe heute

Eine wirkliche und erfüllende Liebesbeziehung bedeutet immer eine tiefe und intime Einlassung auf den Partner. In ihrer emotionalen Wirkung gleicht sie der frühesten Liebesbeziehung unseres Lebens, nämlich der Beziehung zu unseren Eltern. Beide Beziehungen bringen große Abhängigkeit mit sich, die auch verletzlich macht. Durch die intime Verdichtung in der jetzigen Liebesbeziehung kann es geschehen, dass frühere, relativ eingekapselte und überwunden geglaubte Verletzungen und Traumatisierungen aus Kindheit und Jugend – wie etwa tagelanges strafendes Schweigen der Eltern, bewusster Liebesentzug, harte Strafen, hoher Leistungsdruck, emotionale Kälte oder sexueller Missbrauch – eine bedrohliche Reaktivierung erfahren. Es kommt dann zu einem bewussten oder unbewussten Wiederaufleben von damals traumatisch ausgelösten Ängsten, Blockierungen und seelischen Störungen. Vielleicht vergessen, längst überwunden geglaubt oder therapeutisch nicht wirklich aufgearbeitet, verhindern sie in der Beziehung heute den innigen und intimen Austausch. Gefühlsblockaden setzen ein, sexuelle Unlust, unerklärliche Aggressionen, körperliche Missempfindungen oder wiederkehrende Ängste, die zunächst keine erkennbare Ursache haben. In der Fachsprache der Traumatologie wird ein solches Phänomen als *Flashback* bezeichnet: Ohne einen erkennbar schwerwiegenden Anlass tauchen unvermutet Angstattacken, Panikreaktionen, Unlustgefühle, depressive Verstimmungen, Wut und heilloser Zorn und andere teils mildere, teils heftige Gefühlsreaktionen auf: wie aus dem Nichts. In der Paarbeziehung führt das zu häufigen und oft unerwarteten Streitereien, die auf Dauer eine latente Alarmstimmung beim Partner und sogar bei den Kindern bewirken. Es ist ein zunächst unbekannter *Trigger*, der immer wieder und stetig solche Gefühlsdurchbrüche auslöst. In der Therapie suchen wir dann danach, welche Vorerfahrung an seelischer Überlastung jeweils reaktiviert worden ist, die jetzt in der ähnlich engen Partnerbindung zu solchen Nachbeben führt.

Im Zusammenwirken von Körper, Geist und Seele zwischen Frau und Mann kommt es dadurch zur sogenannten *paradoxen Wunschumkehrung*: Genau das, wonach die Sehnsucht am heftigsten brennt, wird unbewusst verhindert. Die Intimität der Hingabe erzeugt solche Ängste, dass die Ich-Funktionen alle Abwehr- und Widerstandsmechanismen mobilisieren, um die gefährliche Verschmelzung zu umgehen. Gefährlich ist diese deshalb, weil die ähnlich intime und vertrauensvolle Ursituation damals in der Kindheit zu Verwundung und Verletzung durch die am meisten geliebten Menschen führte.

Am augenfälligsten wird diese Paradoxie gerade in der körperlichen Blockierung: Intime Zärtlichkeit, Hingabe und sexuelle Vereinigung werden in der Folge vermieden oder durch flüchtigen Sex ersetzt. Zur wirklichen Befriedigung kann es dabei nicht kommen, und deshalb geschieht weiterhin das verzweifelte Suchen nach immer mehr Sex, ohne den Hunger nach Geborgenheit stillen zu können. Oder es treten körperliche Abwehrsymptome wie Müdigkeit, Kopfschmerz, Migräne, innere Rastlosigkeit, Verspannungen bis hin zur völligen Erstarrung. Noch eklatanter wird diese unbewusste Abwehr, wenn ein Partner geradezu Streit vom Zaun bricht, um ebendiese *ersehnte*, aber *gefährliche und gefürchtete* Intimität zu verhindern.

In der aktuellen Beziehung tauchen durch die intime Auslieferung und erneute Abhängigkeit die eigenen Erinnerungen an das damals missbrauchte Vertrauen auf, auch wenn der jetzige Partner gar keinen Anlass dazu bietet. Dessen Ansinnen nach einem Zugang zum eigenen Inneren, sein Verlangen nach einem Öffnen der Grenzen und einem grenzenlosen Anvertrauen wirken als *Trigger*: Der Partner weckt vergessene Panik, löst altbekannten Alarm aus, ohne dass der Betroffene willentlich oder bewusst gegensteuern könnte. Besonders dessen Erwartung sexueller Aktivitäten, seien es manchmal auch nur Küsse oder kleine intime Zärtlichkeiten, bedeutet plötzlich ein neues Ausgeliefertsein und damit eine Gefährdung des eigenen Selbst. Was an Schrecken von damals bisher gut eingekapselt war, wird plötzlich aufgerissen und an die Oberfläche geschleudert. Dieses Wiederaufreißen alter Wunden wird instinktiv schon weit im Vorfeld gemieden.

Der Partner, der von all diesen inneren Abwehrnöten nichts ahnen kann, muss das stetige Vermeiden des intimen

Austauschs irgendwann als gegen sich gerichtet interpretieren. Er kann gar nicht anders, denn Streit, sexueller Rückzug oder Verweigerung, Vermeiden von Nacktheit und inniger Zärtlichkeit sind gar nicht anders zu verstehen. Auch wenn in vorausgehenden Therapien etwa ein sexueller Missbrauch bearbeitet wurde und der Partner diese dramatische Vergangenheit kennt, tauchen diese inneren Sperren völlig unvermutet und unbewusst immer wieder neu auf. Deshalb ist es gerade bei sexuellem Missbrauch ganz wichtig, dass die Partner nicht nur informiert werden, sondern möglichst auch an den entsprechenden Therapien teilnehmen oder mit dem Partner immer wieder neu diese »Altlasten« durchsprechen, wie es in den Büchern: *Trotz allem* von Bass und Davis (2000) und *Seelenmord* von Wirtz (1989) sehr eindringlich beschrieben wird.

Die *Frage des Verzeihens* stellt sich mit ähnlichen Vorzeichen wie bei den Borderline-Betroffenen oder den narzisstisch Gekränkten:

Der von einer Traumatisierung Betroffene macht sich nicht wirklich schuldig, im Gegenteil, er ist das eigentliche *Opfer*. Wir kennen jetzt schon diesen Mechanismus: Um sich selbst vor eigenen Ängsten zu retten, macht der Betroffene den Anderen zum *Opfer*. Die menschliche Tragik dahinter berührt zutiefst. Eine hohe, emotional undurchdringliche Mauer gegenüber intimer Nähe wird stattdessen aufgebaut.

Indem der Traumatisierte den Partner nicht an sich heranlässt, weder körperlich noch seelisch, zwingt er dem Anderen einen Verzicht auf, den dieser auf Dauer gar nicht leisten kann. Beginnt dieser aber, sich zu wehren, vielleicht trotz besseren Wissens, weil er die Entbehrungen infolge der emotionalen Dürre im Austausch nicht mehr aushält, wird er unfreiwillig sofort zum *Täter*, weil er den Verletzten mit dessen eigenem Trauma konfrontiert. Er will in Liebe Grenzen öffnen, überschreiten und durchdringen, die ehemals mit Gewalt überschritten wurden. Auf diese Weise wird, wie immer es die beiden versuchen, liebende Hingabe zur verzweifelt abgewehrten Preisgabe. *Opfer* und *Täter* sind jetzt gar nicht mehr auseinanderzuhalten. Wer muss wem verzeihen?

Am Ende dieser Betrachtungen bleibt dennoch die Frage offen: Gibt es etwas wirklich Unverzeihliches oder ist immer die Verzeihensfähigkeit des Anderen entscheidend? Ich wage das nicht endgültig zu beantworten. Aber wir müssen jetzt eine wichtige Unterscheidung zwischen den Begriffen *Verzeihen* und *Versöhnen* einführen. Wahrscheinlich kann man nicht alles verzeihen, aber man kann sich mit dem Unabwendbaren, mit dem Schicksal und schließlich auch mit einem unzulänglichen Partner aussöhnen.

Je nach Reife und Entwicklungsstand können wir uns die Fähigkeit aneignen, dem Partner, sofern er sich *schuldig* macht, zu vergeben. Vielleicht können wir seine *Fehler* nicht vergessen, weil er sie so oft wiederholt oder weil sie zu gravierend waren, aber wir brauchen sie ihm dann nicht mehr nachzutragen. Aussöhnen mit dem Partner bedeutet also Frieden schließen, auch ohne dass die Schmerzen der Kränkung schon abgeklungen sind. Und es bleibt die eindringliche Erkenntnis, dass die eigene Enttäuschung über den Partner immer auch mit einer Täuschung über die eigene Person zusammenhängt. Und die wichtigste Erkenntnis tritt in den Vordergrund: Wir können viel leichter verzeihen, wenn wir die Motive für die Handlungsweise des Partners und für die eigene verstehen. Wenn wir das begriffen haben und erkennen können, welchen Sinn es macht, zu verzeihen, dann finden wir auch einen Weg, mit schweren Kränkungen umzugehen.

Zur Psychologie des Verzeihens – Ordnung im Chaos der Gefühle

Jedem Verzeihen geht eine Kränkung voraus. Wie wehren wir Kränkungen ab?

Wenn der Eine den Anderen nicht um Verzeihung bitten kann oder ihm eine Enttäuschung nicht verzeihen will, gerät jedes Paar früher oder später notwendig in eine Krise. Denn Anlässe für eine Kränkung gibt es viele. Die Fähigkeit zum Verzeihen ist dann Prüfstein und Reifezeugnis für wirkliche Liebe. Da wir Männer und Frauen Fehler haben, werden wir uns immer wieder gegenseitig enttäuschen und Leid zufügen. Solche Kränkungen mögen wie »Ohrfeigen für die Seele« (Wardetzki 2000) sein, vielleicht auch nur »kleine Kratzer«, vielleicht aber auch schwerste Traumatisierungen nach sich ziehen. In jedem Fall müssen wir, wollen wir weiterleben und -lieben, Mittel und Wege finden, unser Seelenheil wiederherzustellen. Das gelingt nur auf dem Weg des Verzeihens. Rache und Bestrafung dagegen verhindern den eigenen inneren Frieden.

Was geschieht beim Verzeihen in unserer Seele? Was geht dem Verzeihen überhaupt voraus? Wie arbeitet die Seele, um Kränkungen schon vorbeugend zu vermeiden oder zu überwinden?

Gerade um die Paardynamik mit ihren äußerst verletzlichen Seelenprozesse besser verstehen zu können, ist es hilfreich, darum zu wissen, dass nach Auffassung der Humanistischen Psychologie das Menschsein als *dynamische Einheit aus Körper, Geist und Seele* zu verstehen ist. Die Paarsynthese folgert daraus, dass die Liebe zwischen Frau und Mann im gegenseitigen Austausch dieser drei Seinsformen verwirklicht und erfüllt wird. Oft wird die einfache und doch so komplizierte Frage gestellt, was Liebe eigentlich sei: Liebe ist der Austausch von Körper, Geist und Seele zwischen den Liebenden.

Körper, Geist und Seele bilden gleichzeitig und gemeinsam auch das Zentrum dafür, wie jeder sich selbst wahrnimmt und empfindet. In unserem eigenen Erleben spüren wir dabei keine feste Größe, kein unveränderliches Ganzes, sondern je nach innerem Befinden und äußeren Einflüssen verändert sich unsere Wahrnehmung von uns selbst, in Abhängigkeit vom Kontakt zu uns selbst und der Umwelt. Kritisiert uns beispielsweise der Partner hart und laut, dann fühlen wir uns manchmal ganz klein oder hässlich oder dumm. Lobt er uns dagegen und lässt uns seine Liebe fühlen, wachsen wir förmlich. Unsere Augen beginnen zu glänzen, wir sehen jünger aus und strahlen, sogar unsere Haut spannt sich angenehm. Wir fühlen uns stark und voller Energie.

Unsere Selbstwahrnehmung wechselt also ständig, obwohl es durchaus auch das Gefühl einer stets gleich bleibender Struktur der Persönlichkeit gibt. Unsere Einstellung zur Welt, unsere Erwartungen an das Leben, Sehnsüchte und Ängste, sie bleiben zumindest mittelfristig konstant.

Damit wir uns in unserem menschlichen Sein zwischen diesen Polen von Beständigkeit und Veränderung auf stimmige Weise weiterentwickeln können, haben wir eine Grundausstattung an »Werkzeug« mitbekommen, die sogenannten *Ich-Funktionen.* Dazu gehören Denken, Erinnern, Orientieren, Konzentrieren und das Wahrnehmen mit unseren fünf Sinnen. Bildlich gesehen, umgeben sie unser Selbst aus Körper, Geist und Seele wie wachsame Beschützer. Sie handeln im Auftrag unseres *Selbst*, damit dieses wachsen, sich entfalten und stark werden kann. Mit ihrer Hilfe finden wir unseren Platz in dieser Welt und verwirklichen uns selbst. Beide zusammen, Ich-Funktionen und Körper-Geist-Seele-Einheit, machen demnach unsere *Identität* aus.

Wir brauchen diese Ich-Funktionen im Wesentlichen für

zwei Aufgaben: Einmal dienen sie dazu, dass wir Kontakt herstellen, in die Welt hinausgehen und unsere Kräfte dort erfolgreich entfalten können. Zum andern aber sorgen sie dafür, die eingehenden Informationen aus der Welt sinnvoll zu integrieren, schädliche Einflüsse von uns selbst fernzuhalten, Grenzen zu ziehen und Bedrohung abzuwehren. Sie kümmern sich darum, dass wir im Sinne einer Selbstwertzufuhr genügend Anerkennung bekommen, und leisten gleichzeitig Widerstand gegen unerwünschtes und verletzendes Eindringen.

Ziel jeder Therapie, aber insbesondere der Paartherapie, ist es deshalb, die Ich-Funktionen der einzelnen Partner zu stärken, um auf diese Weise den gesunden Austausch von Körper, Geist und Seele zwischen den Partnern zu fördern und dadurch die Liebe zu vertiefen.

Diese Ich-Funktionen stärken und schützen die Liebenden, und sie öffnen uns für den Liebsten. Wir gehen ganz aus uns heraus auf den Anderen zu, öffnen unsere innersten Grenzen und gewähren ihm Einblick und Eintritt in unserer tiefstes Inneres, in unser Selbst. Wir betreten voller Staunen und Achtsamkeit sein Allerheiligstes. Auf diese Weise entdecken wir einander, wie sonst kein anderer Mensch es könnte, bis in die tiefsten Winkel unseres Herzens. Wir spüren einander auf und finden so die inneren Reichtümer des Anderen. Verena Kast nennt dies »das Optimum aus dem Anderen herauslieben«. Das gegenseitige grenzenlose Durchfluten macht uns stark, denn wir sind zu zweit doch eins. Als Liebende greifen wir im selben Augenblick zum Telefon, verstehen einander auch ohne Worte, singen die gleichen Lieder und teilen das nächtliche Lager. Im gegenseitigen Schutz fühlen wir uns geborgen und behütet, stark im Miteinander, Ineinander und Füreinander.

Doch nehmen wir im Alltag der Liebe auch die Fehler des Anderen wahr. Sofern diese uns nicht direkt verletzen oder kränken, integrieren wir sie liebevoll. Werden die Fehler des

Das Selbst und seine Ich-Funktionen

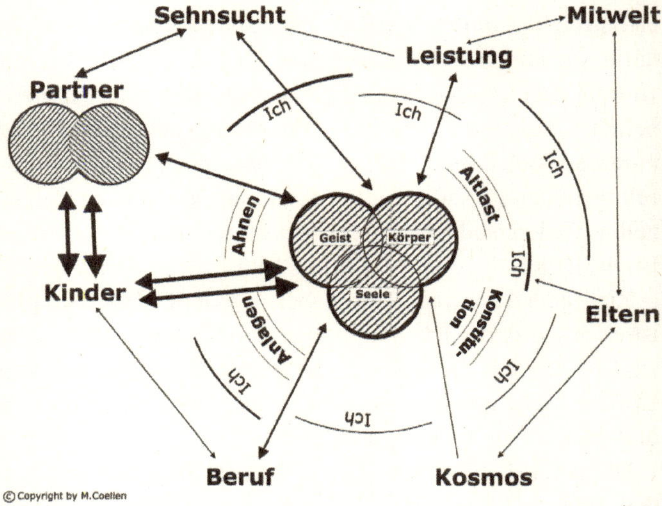

Unser inneres Zentrum aus Körper, Geist und Seele ist auf ständigen Austausch mit der Umwelt und den Mitmenschen angewiesen, um von dort genügend Selbstwertzufuhr zu erhalten. Unser Selbstbewusstsein steuert über die Ich-Funktionen diesen Austausch: Schädliche Einflüsse werden ausgegrenzt, stärkende und fördernde Kräfte dagegen werden bis ins Innerste geleitet. In umgekehrter Weise werden ebenso unsere innersten Impulse, soweit nicht durch Scham und Angst blockiert, zum Partner und in die Welt befördert. Im Krisenfall, bei drohender Verletzung, Kränkung oder Überforderung des Selbst, schotten die Ich-Funktionen unser Selbst ab – bis zu totaler Abwehr und Widerstand, besonders dem Partner gegenüber. In der beglückenden Intimität dagegen öffnen die Ich-Funktionen alle Grenzen und begehren, den Partner im tiefsten Inneren willkommen zu heißen.

Partners aber zur Bedrohung für das eigene *Selbst*, beginnen wir mit unseren Ich-Funktionen unser *Selbst* abzuschirmen. Wir schauen dann kritischer auf den Anderen, glauben nicht mehr alles, was er sagt, kritisieren manches und wehren allzu kränkende Übergriffe ab. Wir lassen uns nicht mehr alles gefallen und beginnen, Widerstand gegen den Anderen aufzubauen. Spätestens beim Überschreiten des für uns Erträglichen fangen wir an, die bislang weit geöffneten, innersten Grenzen zum eigenen Selbst zu schließen, manchmal stellenweise und im schlimmsten Fall auch ganz und gar. Wir glauben dem Partner dann nicht mehr, wir schlafen nicht mehr mit ihm, wir hören nicht mehr zu, schauen einander nicht mehr an, weichen allen Berührungen aus, wir sprechen nur noch wenig oder gar nicht mehr miteinander. Sogar unsere Haut öffnet nicht mehr ihre Poren bei einer Liebkosung, sondern zieht sich zusammen (Lemaire 1975). Indem wir jetzt Widerstand gegen den Partner aufbauen, wehren wir Unlustgefühle, Gefahren oder Schaden vom eigenen Selbst ab.

Unser Selbstgefühl oder Selbstbewusstsein ist dafür der alles entscheidende Gradmesser. Im gesunden Zustand gibt es an, was uns guttut, gerade noch gut ist, was bereits kritisch wirkt und wann die Grenze des Unerträglichen erreicht ist. Tritt so ein Fall ein, schalten die Ich-Funktionen auf Alarm und beginnen, die jedem Menschen eigenen *Abwehrmechanismen* einzusetzen.

Diese haben Sigmund Freud und vor allem seine Tochter Anna Freud (2006) sowie Melanie Klein (2006) zunächst für das einzelne Individuum ausformuliert. Die wichtigsten Abwehrmechanismen sind: Verdrängen, Nicht-wahrhaben-Wollen, Leugnen, Vergessen, Wegrationalisieren, Projizieren, Über-den-Körper-Verarbeiten (Somatisieren), Abspalten. In der neueren Literatur (Polster & Polster 2002) werden diese Mechanismen allerdings nicht nur als negative Strategien verstanden, sondern als notwendige und oft auch gesunde Problem- und Konfliktlösung angesehen. Denn tatsächlich brauchen wir ja diese Fähigkeiten, um uns zu behaupten. Als kreative Strategien der Ich-Funktionen leisten sie wertvolle Arbeit zum Wohle des Selbst.

Im intimen Zusammenleben mit dem Partner, in der sogenannten Paardynamik, kommen allerdings sieben weitere *paarspezifische Abwehrmechanismen*, besser: *Paar-Konfliktmechanismen* (vgl. Cöllen 2005), dazu, die in der Zweierbeziehung diese Schutzfunktionen für das eigene Selbst in besonderer Weise wahrnehmen. Sie haben zunächst in der Beziehung eine wichtige gesunderhaltende Funktion, verwandeln sich aber im Krisenfall mit dem Partner zu hinderlichen, dann auch blockierenden oder gar zerstörerischen Strategien der Paardynamik. Kennzeichnend ist, dass sie teils unbewusst, teils bewusst eingesetzt werden, vom verletzten Partner aber überwiegend als Selbstverteidigung gegenüber den Angriffen und Kränkungen des Anderen empfunden werden. Sie blocken im schlimmsten Fall jede weitere Verständigung und damit die Wege zur Versöhnung ab. Die notwendige Konfliktlösung wird dadurch unmöglich, die Grenzübergänge für Verständigen und Verzeihen werden geschlossen.

Obwohl diese *Konfliktmechanismen* für die gesamte Krisendynamik des Paares eine entscheidende Rolle spielen, wurden sie bisher in der Paarpsychotherapie als solche nicht erkannt und auch nicht eigens behandelt – vielleicht deshalb, weil diese Verhaltensmuster uns im Zusammenleben mit dem Partner alle mehr oder weniger vertraut sind. Wegen ihrer Alltäglichkeit fallen sie zunächst kaum auf. So haben sie auch in der paartherapeutischen Literatur keine besondere Beachtung gefunden. Ab einem gewissen Ausprägungsgrad wirken sie aber nicht mehr nur kränkend, sondern auch krankmachend. Sie zerstören dann sowohl die gemeinsame Paarsubstanz aus Dialog, Austausch, Intimität und Fehlerspiegelung als auch die eigene seelische Intaktheit und Integrität.

In der Paarsynthese haben wir deshalb diese Konfliktmechanismen auf der Basis zahlreicher Fallanalysen zusammengestellt und in ihrer Auswirkung auf die Krisendynamik des Paares untersucht. Es folgt die vereinfachte Darstellung des Ineinanderwirkens von Abwehr und Widerstand in der angespannten oder krisenhaften Paarbeziehung.

Die sieben *Paar-Konfliktmechanismen*, die in der Folge zu typischen *Streitfallen* werden:

1. Aus Rechtfertigung wird *Schuldzuweisung.*
2. Aus Wertung wird *Entwertung.*
3. Statt Ermutigung folgt *Demütigung.*
4. Statt Austausch folgt *Verweigerung.*
5. Statt Veränderung folgt *Erstarrung.*
6. Statt Aufbau folgt *Zerstörung.*
7. Statt Selbstachtung folgt *Selbstaufgabe.*

Diese sieben oft reflexartigen Streitmuster und Konfliktmechanismen sind bei entsprechender Häufigkeit und Intensität als seelische Störung oder gar Krankheit zu betrachten, an der beide Partner leiden. Je nach Partnerstil und Krisenlage können die Streitmuster jeweils einzeln oder auch in Kombination mit anderen zusammen wirksam werden. Sie wirken dann wie Waffen im Duell der Zerstrittenen.

Sie haben eine *Doppelfunktion*: Alles, was der Abwehr von Bedrohung oder Gefahr für das eigene Selbst dient, wird automatisch und gleichzeitig zum Widerstand gegen den Partner. Sich vor dem Partner zu schützen bedeutet dann immer auch, sich gegen diesen zur Wehr zu setzen. Zumindest wird dieser es in seiner Wahrnehmung so auffassen. Dann sieht er sich gezwungen, sich seinerseits zu verteidigen, was wiederum zum Gegenangriff führt. Der Teufelskreis schließt sich.

In dieser Zwillingsfunktion von Abwehr und Widerstand gerät die eigene Rechtfertigung fast notwendig zur *Schuldzuweisung,* die oft erforderliche Selbstverteidigung zum Angriff auf den Partner. Klage wird zur Anklage. Jede Wertung an seinem Verhalten wird für ihn zur *Entwertung* seiner Persönlichkeit. Statt sinnerfüllenden Austausch zu suchen und zu fördern, kommt es zur *Verweigerung*. Statt einander zu ermutigen, gipfelt ihr Streit in gegenseitiger *Demütigung*. Statt gemeinsam eine *Veränderung* der Konfliktlage anzustreben, tritt *Erstarrung* durch gegenseitige Grenzziehung ein. Der bisherige gemeinsame Aufbau endet, wenn der Teufelskreis nicht unterbrochen wird, durch Streiteskalation und schließliche Trennung oft in aggressiver *Zerstörung*. Dagegen enden bei ängstlichen Partnern Selbstbehauptung und Selbstachtung schließlich in der *Selbstaufgabe,* die eine andere Form von Zerstörung bedeutet.

Wenn diese unerwünschte Zwillingsfunktion durch eine gute und wohlmeinende Kommunikation vorbeugend herausgefiltert werden könnte, dann würden viele Kränkungen gar nicht erst stattfinden. Fortgeschrittene Paare sind dazu durchaus in der Lage. Sie machen dann in den sogenannten *Ich-Botschaften* ganz bewusst und deutlich Aussagen über sich selbst, anstatt Mutmaßungen, Interpretationen und Unterstellungen in Bezug auf den Partner in *Du-Botschaften* abzugeben. Sie erklären ihre eigenen Gedanken, Wünsche und Absichten, statt sich in gekränktes Schweigen zu hüllen. Sie bitten um Verzeihung für eigene Fehler, statt im Gegenangriff die Fehler des Partners aufzuzählen. Sie bieten trotz der angespannten Beziehung weiterhin Dialog und Austausch an, anstatt im Groll zu erstarren oder sich zu verweigern.

Was geschieht bei einer Kränkung in der Seele?

Herabgesetzt in unserem Selbstwertgefühl durch die Tat des Partners, empfinden wir uns in unserer Eigenliebe beschämt oder verwundet. Die uns verletzende Vorgehensweise des Anderen wirkt wie eine Bloßstellung, Missachtung oder gar Vergewaltigung unserer selbst, auch wenn dieser sein Handeln in einem ganz anderen Sinn versteht oder verstanden wissen will. Therapeuten sprechen dann von einer *narzisstischen Kränkung*. Angst stellt sich ein, dass wir in unserem

Selbst herabgemindert oder gar beschädigt werden und unsere Selbstbestimmung verlieren. Mit seiner Tat nimmt der Andere unguten Einfluss und gewinnt heillose Macht über uns. Wir reagieren, soweit wir nicht souverän und selbstsicher bleiben können, je nach Partnerstil von Durchsetzung, Anpassung, Planung oder Intuition mit *Aggression, Depression, Blockade* oder *Erstarrung*. Wir gehen bei zunehmender Kränkung, soweit wir nicht souverän und selbstsicher bleiben können, je nach Partnerstil mehr und mehr entweder *zum Angriff, in ängstlichen Rückzug, in verbissene Sturheit oder erschreckte Lähmung* über. Dementsprechend arbeiten dann unsere Abwehr- und Widerstandsmechanismen mit *Schuldzuweisung, Entwertung, Demütigung, Verweigerung, Erstarrung, Selbstaufgabe oder Zerstörung*. Im Idealfall, wenn wir also selbstsicher und souverän bleiben können, beginnen wir mit dem Partner einen *kritischen Dialog,* suchen nach einer *kreativen Abwehrstrategie* und werden dabei erfinderisch.

Entscheidend ist, dass es bei einer Kränkung oder Bedrohung unseres Selbst nicht reflexhaft zu destruktiver Abwehr statt konstruktiver Verständigung kommen muss, so zumindest die Auffassung der Paarsynthese. Vielmehr liegt zwischen Kränkung und Abwehr ein Moment der *relativen Wahlfreiheit*, uns nämlich bewusst zu entscheiden, welchen Weg wir einschlagen wollen. *Relative* Wahlfreiheit deshalb, weil wir in einer solchen Entscheidung nur in Abhängigkeit von unserem jeweiligen seelischen Entwicklungsstand entscheiden und handeln können. Anders als Tiere sind wir allerdings dem Reflex und der Kettenreaktion der Gefühlsstürme nicht ausgeliefert. Wir bleiben mit unseren Ich-Funktionen Herr über unser Selbst, wenn wir uns dementsprechend weiterentwickelt haben. Zumindest für einen kurzen Moment, in dem wir zwischen Krieg und Frieden, zwischen Bestrafen auf der einen und Verzeihen auf der anderen Seite wählen, bestimmen wir über unser Schicksal und das des Partners. Unser Glück hängt davon ab.

Was genau und was sich wirklich bei einer grenzverletzenden Kränkung in unserer Seele abspielt, wird allerdings sehr unterschiedlich und widersprüchlich beschrieben. In jüngster Zeit ist zwischen den einzelnen Schulen und Denkrichtungen diesbezüglich eine lebhafte Diskussion entbrannt. Solche Überlegungen sind von großer Bedeutung für das Begreifen und Verstehen menschlichen Verhaltens überhaupt, und hier insbesondere für das Verhalten von liebenden und streitenden Paaren. Ich habe oben schon dargelegt, dass aus der Sicht der Paarsynthese die persönliche Entscheidung zwischen Verzeihen oder Bestrafen nur teilweise von unserem freien Willen und unserer bewussten Entscheidung abhängt. Unbewusste Motive aus der Kindheit, prägende Einflüsse aus der Umwelt und der kulturelle Hintergrund sind entscheidende Faktoren, die unseren Willen erheblich beeinflussen und damit auch unsere Bereitschaft, dem Partner Verzeihung zu gewähren oder ihn zu verurteilen.

Tiefenpsychologische Erkenntnisse besagen, dass die Motive, Erlebnisse und Erfahrungen aus der Kindheit, solange sie eben nicht bewusst bearbeitet und aufgearbeitet worden sind, unser späteres Verhalten als Erwachsene weitgehend festlegen. Deshalb werden wir aufgrund früherer Kränkungen auch als Erwachsene gegenüber anderen schneller gekränkt reagieren und nicht mit Versöhnlichkeit. Solange diese Motive uns unbewusst beherrschen, können wir nicht wirklich von Willensfreiheit oder der Wahlfreiheit zwischen Verzeihen oder Bestrafen sprechen. Deshalb stellte Freud auch die Frage, ob wir denn wirklich Herr im eigenen Haus sind. In der Paarsynthese versuchen wir folglich, durch die Paartherapie solche unbewussten Motive hinter dem Streitgebaren und den Konfliktmechanismen des Paares aufzudecken, sie dadurch bewusstzumachen und mit den Partnern gemeinsam aufzuarbeiten. Verzeihen ist demnach dann immer erst das Ergebnis eines seelischen Reifungsprozesses, der in diesem zweiten Teil des Buches in Verbindung mit dem Projekt *Liebe und Verzeihung* dargestellt werden soll.

Die buddhistische Psychologie geht von einem anderen Ansatz aus: Negative und destruktive Emotionen wie Aggression, Zorn, Wut, Enttäuschung können uns anhaften und unser Tun bestimmen, sofern wir nicht intensiv üben, zwischen dem Entstehen dieser Gefühle und der ausführenden Impuls-Handlung den Moment der Wahlfreiheit zu nutzen, um uns der *Leerheit* dieser Emotionen bewusst zu werden und sie dadurch unschädlich zu machen (Goleman 2003, Ricard 2007). Dann kann statt Rache und Bestrafung zum Beispiel Mitgefühl praktiziert werden. Wir unterbrechen damit die Kettenreaktion, bevor wir vom Fluss der destruktiven Emotionen mitgerissen werden. Eine zweite Möglichkeit ist, die Kraft, die zum Beispiel in der Aggression steckt, durch Transformation zu nutzen und in positive Energie umzuwandeln. Wir können dann das Feuer, das in der Wut steckt, in Wärme und Zugewandtheit umwandeln. Und eine dritte Möglichkeit schließlich ist, Gegenmittel einzusetzen: Wie es gegen jede Krankheit ein Mittel gibt, so könnte zum Beispiel Geduld oder Güte statt Wut eingesetzt werden (Hanh Thich Nhat 2005). Auf der großen internationalen *Konferenz zur Überwindung destruktiver Emotionen* 2000 in Indien unter der Leitung des 14. Dalai Lama trugen anerkannte Lehrer, Psychologen, Hirn- und Verhaltensforscher ihre Einsichten und Erkenntnisse darüber zusammen.

In diesem Punkt kommt es zum Widerspruch mit den weitreichenden Erkenntnissen der Neurophysiologie. Danach bilden wir von Kind an in unserem Gehirn ständig neue Lernspuren, sogenannte *neuronale Verschaltungen*, die in der Folge die gesamte weitere Lebensgestaltung beeinflussen oder bestimmen (Bauer 2007, Hüther 2006). Diese neuronalen Verschaltungen werden im Gehirn des Kindes durch Lernen und ständige Wiederholungen in besonders großer Zahl angelegt, immer seltener dann im Erwachsenenalter, dieser Vorgang hört aber bis zum Tod nie ganz auf. Einsichtig ist auch hier, dass die Einflüsse aus dem Elternhaus, aus der Schule und der gesamten übrigen sozialen Umgebung die Heranbildung dieser neuronalen Verschaltungen entscheidend beeinflussen. So ist es für unser Thema »Verzeihen« natürlich auch von großer Bedeutung, ob wir in einer konservativen, liberalen oder religiös-fundamentalistischen Umgebung aufwachsen. Die ganze Wahlfreiheit über unsere Handlungen ist dann nichts anderes als die Folge von Nervenbahnungen. So gibt es neurophysiologische Experimente mit Zeitmessungen, die zeigen, dass unser Organismus schon winzigste Bruchteile von Sekunden reagiert, bevor wir den Impuls zur Handlung überhaupt verspüren (Roth 2007). Auf das Paar bezogen würde das bedeuten, dass wir unsere Abwehr gegen den Partner schon in Gang setzen, bevor wir uns überhaupt ein Urteil über seine Tat bilden konnten.

Trotzdem verfügen wir durch seelische Reifung – hier im Widerspruch zur Neurophysiologie – über die innere Freiheit, und so vertreten wir es auch in der Paarsynthese, den dann einsetzenden und wahrgenommenen *Kränkungsimpuls* zu stoppen, bevor die Kette von Streitmustern reflexhaft abgespult wird. Die dafür erforderliche seelische Reife zu erreichen ist möglich durch bessere Einsicht, durch ständiges Einüben eines neuen Verhaltens und durch intensiven, kritisch wohlwollenden Dialog mit dem Partner. Das wird deutlich an der Besinnungszeit, die wir in Krisen generell in Anspruch nehmen sollten. Wir nehmen uns dann eine Auszeit, bevor wir folgenschwere Entscheidungen treffen. *Eine Nacht darüber schlafen* heißt es ja auch in der Alltagspsychologie.

Diese Erfahrungserkenntnis lässt sich auf unsere Arbeit am Verzeihen anwenden. Bei vielen Kränkungen reagieren wir überzogen, zu schnell, zu impulsiv, in dem manchmal irrealen Bemühen, unsere Eigenliebe zu retten – oder das, was davon trotz der Partnerschaftskrise noch übrig ist. Dieses

Bemühen, unser Selbstwertgefühl ständig zu schützen und durch eine Selbstwertzufuhr zu bestärken, bezeichnen Therapeuten mit dem Begriff *Narzissmus*.

Um aber wirklich gesund wachsen zu können, brauchen wir eine starke Eigenliebe, verbunden mit dem Glauben an uns selbst und an unsere Fähigkeiten. Wir brauchen das Vertrauen, richtig und willkommen zu sein in dieser Welt, geliebt zu werden und lieben zu dürfen, voller Urvertrauen. So wollen wir uns selbst sehen, so soll uns auch der Partner sehen.

Je stärker nun die Verletzung durch den Partner ist, desto mehr verlieren wir von diesem Urvertrauen. Wir stehen dann nicht nur in Konflikt mit dem Partner, sondern geraten auch in Konflikt mit uns selbst. Wie viel an Verzeihen verkraftet mein Selbst und wann ist die endgültige Grenze erreicht? Wie lange lasse ich noch auf meiner Seele herumtrampeln? Kann ich mir das denn je selbst verzeihen?

Zweifel an der eigenen persönlichen Kompetenz tauchen auf. Scham über ein unwürdiges Zusammenleben kommt dazu. Die Partnerkrise wird auf diese Weise auch zu einer Krise der eigenen Identität. Durch fortgesetzte oder übermächtige und grenzüberschreitende Kränkung entsteht zumindest die Gefahr eines Verlustes an personaler Integrität. Manche beschreiben das so, als ob ein Teil ihrer Seele wegbricht oder verlorengeht. Da macht es im Endergebnis nur wenig Unterschied, ob die Kränkung plötzlich und unerwartet oder schleichend, aber stetig einwirkt; ausschlaggebend bleibt die Grenzüberschreitung. Die Fragen um Verzeihung und Versöhnung werden dann zu existenziellen Fragen, werden zu Fragen des seelischen, manchmal sogar des körperlichen Überlebens.

Gefährliche Kindheitstage – das verletzte Kind in uns

Um die aktuelle Konfliktlage mit dem Partner und das Problem des Verzeihens in seiner ganzen Tragweite erfassen und schließlich auch lösen zu können, ist ein Rückblick auf die Zeit vor der Paarbeziehung bis zurück in die Tage der frühesten Kindheit erforderlich. Unsere Vorerfahrungen mit Urvertrauen, gebrochenem Urvertrauen und Urmisstrauen entscheiden letzten Endes über unsere Fähigkeit zu lieben, eine Beziehung zu gestalten und Konflikttoleranz zu entfalten, und damit auch über die Möglichkeit zu Verzeihen und Versöhnen nach einer mehr oder weniger schweren Kränkung.

Diese frühe Zeit ist eine wichtige, aber auch gefährliche Phase für den Prozess unserer Menschwerdung. Die ungeschützte und naiv vertrauensvolle Kinderseele verfügt noch über kein *Ich*, sondern kennt nur das *Wir-Gefühl* in der Zweieinheit mit der Mutter. Dementsprechend stehen auch keine Ich-Funktionen mit ihren Abwehrmechanismen für eine Grenzziehung zur Verfügung. Mutter und Vater übernehmen für wichtige und prägsame Jahre diese Schutzfunktion. Aber die Eltern haben selbst Fehler und fügen damit ihren Kindern häufig Kränkungen zu. Und sie können die Kinderseele auch nicht vor allen Verwundungen aus der Umwelt schützen. Wie viel davon wird sie erleiden, wieder heilen können oder ins Leben mit dem Partner hineinnehmen?

Dass wir uns selbst als wertvoll, kostbar und liebenswert sehen und erkennen, beginnt spätestens im Glanz der elterlichen Augen, die in uns das Wunder der Schöpfung begreifen. So lernen wir, uns selbst zu lieben. Diese Form von *Narzissmus* brauchen wir alle als Voraussetzung für eine sinnerfüllte Lebensgestaltung.

Aber für viele Kinder beginnt hier auch schon der erste Liebeskummer, manchmal auch ein Liebesdrama. Wenn es den Eltern nicht gelingt, ihr Kind auf gesunde Weise zu lieben, erleidet die wehrlose Seele ihre ersten Verletzungen (Cöllen 2005). Aus wenigen großen oder vielen kleinen Missgriffen oder Übergriffen, auch wenn sie unabsichtlich geschehen, summiert sich auf Dauer eine Seelenlast, die das Kind nicht immer verarbeiten kann. Die seelische Dynamik fixiert sich dann auf den Zeitpunkt der kindlichen Entwicklung, an dem die Überlastung, die Kränkung oder Verletzung eingetreten ist. Die kindliche Seele bleibt dann gleichsam in ihrer Entfaltung auf dieser Stufe stecken. Sie kann sich nicht mehr altersgemäß weiterentwickeln. Die Ängstigungen, Entmutigungen und *Selbstwertverluste* von damals bleiben, setzen sich als Bahnungen im Organismus fest und können oft nur schwer überwunden werden. So etabliert sich eine seelische Fehlentwicklung in Form von *Neurosen*, schwerer noch von *Psychosen* oder Traumatisierung. Je früher im kindlichen Erleben diese Störungen eintreten, desto massiver gestaltet sich die seelische Störung.

In der psychologischen Terminologie sprechen wir deshalb vom *verletzten Kind*, das wir auch später im Erwachsenenleben immer in uns tragen, wenn im Lauf der weiteren Entwicklung die innere Aussöhnung und Versöhnung nicht gelingt. In der Logik der Seele narzisstisch gekränkter Persönlichkeiten liegt es dann, dass in ihren späteren Paarbeziehungen Verzeihung, Versöhnung und Wiedergutmachung oft misslingen. Der Partner muss dann erleiden, woran das innere Kind damals gelitten hat.

Es ist tatsächlich in sich logisch: Ein Kind, das sich nicht geliebt fühlt, das nicht gesehen wird, um das sich keiner richtig kümmert, das nicht umsorgt wird, dessen Fragen nicht gehört und dessen Sehnsüchte nicht gestillt werden, dessen ausgestreckte und flehende Hände nicht ergriffen, ja sogar zurückgewiesen werden, das zwischen den streitenden Eltern zerrissen, gar geschlagen oder missbraucht wird, dessen Herz in seiner Angst, Verzweiflung und Trauer nicht getröstet wird, kann nicht genügend Seelenstärke ansammeln, um später großherzig zu lieben und zu verzeihen. Dieser so entstandene Mangel an seelischer Substanz führt später zum substanziellen Konflikt, zum sogenannten *Substanzkonflikt* (Cöllen 2005) mit dem Partner. Die Tragik, die sich daraus ergibt: Das früh gekränkte Kind kränkt auf die gleiche Weise den späteren Partner – und wird umgekehrt von diesem entsprechend verletzt, verwundet und gekränkt. Die davon Betroffenen sind also doppelt geschädigt, in doppelter Weise um die Liebe betrogen, nämlich als Kind und als Partner.

Dass für die Entstehung seelischer Störungen und Krankheiten – oder seien es auch nur seelische Schwächen, die wir alle mehr oder weniger haben – negative Einflüsse aus der Kindheit verantwortlich sind, ist seit Sigmund Freud allgemein anerkannte Theorie. Dieser tiefenpsychologischen Sichtweise folgen heute mehr oder weniger alle großen therapeutischen Schulen, wenngleich zahlreiche Ausdifferenzierungen und auch Korrekturen vollzogen wurden. Diese klassische Begründung der Entstehung von seelischen Störungen ist inzwischen 100 Jahre alt. In weiten Teilen wird sie immer noch übernommen, wenngleich heute eine Erweiterung und Neubewertung der Begründung für das Entstehen seelischer Störungen nötig ist. Daran sind auch die Folgen für Verzeihen und Versöhnen zu ermessen.

Mütter und Väter von heute erziehen ihre Kinder ganz anders, als es in der damaligen Zeit üblich war. Die Einstellung zu Kindern, zum Umgang mit ihnen und zur Erziehung hat sich stark verändert. Mit dem Umbruch, den die 68er-Bewegung mit sich brachte, kam nicht nur die sexuelle Revolution, die Emanzipation der Frauen und die Gleichstellung der Geschlechter, sondern es erfolgte eine starke Umorientierung von der autoritären über die antiautoritäre hin zur demokratischen Erziehung.

Die damit verbundene Illusion einer besseren Welt, die zu schaffen wir fähig wären, führte zu einer ganz anderen

Kränkung der Kinderseelen, die wir so gut erziehen wollten. Der *neue Narzissmus*, der sich daraus herleitet, ist zum Kennzeichen, zum Markenzeichen der jungen Generation geworden. Soziologen sprechen deshalb gar von der *narzisstischen Gesellschaft* (Altmeyer 2000), in die sich zumindest die westlichen Völker bzw. die reichen Industriestaaten verwandeln.

Indem wir allen Kummer allzu lang von unseren Kindern fernhielten, haben wir sie – viele völlig unvorbereitet – in eine sehr harte Welt entlassen. Lange genug wurde auch das hinausgezögert, denn viele blieben bis zum Alter von 30 Jahren und länger im Elternhaus. Wir haben sie nicht gelehrt, standzuhalten, sich durchzukämpfen, zäh und ausdauernd ein Ziel anzustreben. Ihre Ich-Funktionen sind nicht erprobt in der rauen Wirklichkeit. Wir haben sie dabei behindert, eigene Streitstrategien zu entwickeln.

Wir haben sie mit Liebe überhäuft und tun es immer noch. Sich von solchen Eltern aggressiv abzugrenzen oder wenigstens überhaupt Grenzen zu setzen ist viel schwieriger. Unsere Kinder wissen gar nicht, was sie uns verzeihen sollen, da wir immer nur »lieb« waren. Sie hatten es gar nicht nötig, das Verzeihen zu üben. Aber können sie dann später ihrem Partner verzeihen?

Die Themen *Verzeihung* und *Versöhnung* kommen kaum noch zur Sprache, weil man eben einfach auseinandergeht. Die narzisstische Kränkung, in eine illusionszerstörende Welt entlassen worden zu sein, lässt eine Versöhnung gar nicht mehr zu, weil schon zuvor der Rückzug angetreten wird. Die Häufigkeit einer Trennung in einjährigen Beziehungen ist heute am höchsten. Früher erfolgten Trennungen meist im 7. und im 15. Jahr der Beziehung. Obwohl die Paare leicht zusammenfinden, wird heute das Gestalten einer intimen Paarbeziehung offensichtlich immer schwieriger.

Was geschieht bei einer Kränkung durch den Partner?

Kränkungen erzeugen immer dann, wenn die Abwehrkräfte überschritten werden, eine Erkrankung. Das gilt für den Körper genauso wie für die Seele. Das Immunsystem, bezogen auf den Körper, und die Ich-Funktionen, bezogen auf die Seele, haben in etwa die gleichen Schutzaufgaben. Sie wehren mit ihren Abwehrmechanismen schädigende Einflüsse und unerwünschte Eindringlinge ab. Misslingt das schon in der Kindheit, dann entstehen Kränkungen, die das spätere Verzeihen neuer Kränkungen durch den Partner erschweren oder gar verhindern.

Wie ist das zu verstehen? Vom seelischen Erleben aus betrachtet, handelt es sich um immer gleiche Vorgänge, die in der Wiederholung noch verstärkt werden:

Als Kleinkinder haben wir gegenüber den Eltern alle Sinne geöffnet. Noch können wir gar keine Ich-Funktionen einsetzen, weil sie noch gar nicht richtig ausgebildet sind. Stattdessen sind wir grenzenlos offen. Wir kennen auch noch keine Gefahr, die uns drohen könnte. Wir nehmen alles in uns auf, weitgehend unkontrolliert.

Dieses grenzenlose Offensein bringt eine starke Intimität zwischen Eltern und Kind mit sich. Sie bilden eine Einheit von großer Dichte mit frei flutenden Gefühlen. Die Gefahr einer Verletzung ist jetzt besonders groß. Wenn die Eltern dieses intime Preisgegebensein des Kindes missbrauchen, entsteht eine Kränkung in der Eigenliebe des Kindes – die *narzisstische Kränkung*.

Ähnliche Vorgänge wiederholen sich in unserer Erwachsenen-Seele: Wir öffnen unsere innersten Grenzen dem Geliebten gegenüber weitgehend schrankenlos, zumindest in der jungen Liebe. Wieder gibt es ein freies Fluten der Gefühle, wieder sind wir ungeschützt in der intimen Dichte. Wir geben uns einander hin, wir geben uns preis, wir vertrauen uns einander an. Wir gewähren Zutritt in unser »Allerheiligstes«. Wird aber dieses schrankenlose Öffnen der Grenzen missbraucht, sei es durch List, durch Gewalt oder dadurch, dass wir uns getäuscht haben oder getäuscht worden sind, kommt es erneut zur Kränkung unserer Eigenliebe, zur neuerlichen *narzisstischen Kränkung*.

Eine wichtige Parallele tut sich auf: Wie das Öffnen in der liebevollen Hingabe Intimität und freiwillige Auslieferung bedeutet, liegt auch in der Kränkung höchste Intimität. Im Wissen um die offenen Grenzen, um die damit verbundene Wehrlosigkeit vollzieht sich die Kränkung. Niemand kann uns so sehr verwunden, so sehr im Innersten treffen wie eben der oder die Geliebte. Im Extremfall sprechen wir gar vom *Intimfeind*. Ein *Rosenkrieg* ist die gewaltvolle andere Seite der Intimität. Sind aber Hingabe und Kränkung beide voller Intimität, dann folgt daraus, dass auch das Verzeihen dieser Kränkung in Wirklichkeit ein sehr intimer Prozess ist. Denn sowohl der um Verzeihung Bittende als auch der Verzeihung Gewährende wollen, dass die Grenzziehung wieder aufgehoben, der schrankenlose Austausch wiederhergestellt wird. Der Verzeihende öffnet erneut sein Innerstes und schenkt dem anderen Vertrauen, diesmal im Wissen um die Verletzung. Er stellt sich damit über seine Ängste, befreit sich von diesen, um wieder freien Austausch zu haben. Aus der naiven Intimität wird eine reife; sie vollzieht sich nicht mehr nur triebhaft und voller Leidenschaft, sondern mit klarem Blick und bei wachem Verstand, in Kenntnis der gefährdeten Grenzen.

Hingabe, Kränkung und Verzeihung zwischen Liebenden sind demnach Ausdruck einer besonderen Intimität und kennzeichnen erst in ihrer gemeinsamen Dynamik die reife Liebe. Die Liebe zwischen den Streitenden erreicht im Verzeihen ihren Höhepunkt, denn Verzeihen bedeutet die Überwindung des eigenen Selbst zugunsten des Geliebten, im Ringen um ihn. Deshalb zitiert Jellouschek (2005) die *felix culpa*, die glückliche Schuld, ein Begriff, den der Kirchenlehrer Augustinus geprägt hat. Wir reifen daran, und wir erreichen unseren seelischen Höhepunkt als Menschen.

Unvergesslich bleiben für mich Ilse und Jan, die im Lauf der Therapie entdecken mussten, wie sehr das Gift, das sie als Partner gegeneinander versprühten, auch den Kindern geschadet hat. Sie erkannten, dass sie beide, wenn auch auf sehr entgegengesetzte Weise, mit abwertender Nörgelei, Unbeherrschtheit, Aggression und Depression, hoher Gereiztheit, Kränkbarkeit und Rechthaberei im Lauf der Jahre auch die Kinderseelen vergiftet hatten. Erschütternd war dann die Erkenntnis, dass sie nicht nur sich gegenseitig um Verzeihung bitten mussten, sondern genauso die beiden Söhne. Und tatsächlich: Ilse und Jan schrieben je einen bewegenden Brief, in dem sie ihre Schuld gegenüber den Kindern eingestanden und um Verzeihung baten. Es war eine große Tat: Die Familie fand ganz neu zusammen. Von da aus gelang dann auch der Schritt, dass sich die Partner gegenseitig in einem weiteren Brief um Verzeihung baten. Dass sie damit so viel Scham und Betroffenheit, so viel Trauer und Angst überwanden, machte sie am Ende stark und liebenswert. Ich bewundere dieses Paar für seinen Mut.

In der Intimität – also auch im Verzeihen – mit dem Geliebten erfahren wir höchste Selbstbestätigung, denn wir werden geliebt um unserer selbst willen. Gerade diese Intimität bewirkt aber auch, dass neben der höchsten Selbstwertzufuhr auch die tiefste Selbstkränkung möglich wird. In der Überwindung dieser Kränkung wiederum liegt die Befreiung des Selbst, die eine neue und noch intimere Hingabe ermöglicht, weil wir unser ängstliches, mitunter kleinmütiges *Ego* überwinden. Wir überwinden unseren Narzissmus und erhalten dafür doch wiederum sehr viel Selbstbestätigung.

Zum Nutzen des Verzeihens – die Reifeprüfung der Liebe

Verzeihen bedeutet für die Seele eine psychologische Höchstleistung, eine riesige Selbstüberwindung.

Verzeihen kommt einer großen inneren Anstrengung gleich – eine Herkulesarbeit für die Seele. *Selbstüberwindung* ist dazu erforderlich, die zunächst paradox erscheint. Wozu verzeihen, wenn der Partner mich schlecht behandelt hat? Kommt es dann nicht doch erneut zu einer ungeschützten Begegnung und einem erneuten Sich-Anvertrauen mit dem Risiko erneuter Kränkung? Das mag noch sinnvoll sein, wenn eine solche Kränkung einmalig bleibt. Aber wer gibt diese Sicherheit? Der *Täter*? Wenn er es einmal getan hat, was hält ihn von einem zweiten und dritten Mal ab? Bedeutet die Nachsicht des Verzeihens nicht gerade eine Aufforderung zur Wiederholung?

Verzeihen ist doch nur möglich, wenn das eigene Selbstgefühl stark genug ist, das etwaige Risiko zu tragen. Nur der kann verzeihen, der sich wirklich stark fühlt, der schon viel Sicherheit in sich hat. Und ist das *Opfer* nicht gerade durch die frische Kränkung so verletzt, so geschwächt worden, dass das Verzeihen eine seelische Überforderung darstellen muss? Aus der Position des Schwachen, Unterlegenen und Betrogenen heraus kann nicht wirklich verziehen werden, nur aus der Position des Starken. Ist dann aber das Verzeihen ein Luxus der Seele? Denn nur ein Mensch, der sowieso schon stark ist, kann es sich leisten, großzügig zu sein.

Verzeihen heißt nicht grenzenloses Nachgeben, sondern bleibt mit der Herausforderung an den Anderen verbunden, Grenzen künftig zu wahren. Verzeihen heißt nicht, auf seinen Zorn zu verzichten, auf Streit zu verzichten, heißt nicht, einfach nur klein beizugeben. Verzeihen verlangt vom *Täter*, dass er *Reue* zeigt.

So schreibt Lena: *»Also, bei Anton kann ich viele Dinge, auch Lügen verzeihen, wenn ich merke, dass er es wirklich bereut oder dass es ihm wirklich leid tut. Ich merke, dass er eine Ahnung, vielleicht sogar ein Gefühl dafür bekommt, wie sehr es mich gekränkt oder verletzt hat. Sehr wichtig in diesen ganzen Prozessen ist dann aber auch sein weiteres Verhalten. Ich erwarte schon so ein Verhalten, dass sich mein Misstrauen wieder beruhigen kann. Das dauert von Fall zu Fall.«*

In diesem Schritt liegt ein Unterschied zwischen Menschen und Tieren: Letztere reagieren reflexhaft aufeinander. Sie können einander gar nicht verzeihen, sondern sich nur unterwerfen, flüchten oder einander besiegen. In der klassischen Evolutionstheorie ist Verzeihen gar nicht vorgesehen. Biologisch macht es keinen Sinn, es sei denn, es dient der Arterhaltung. Aber es gibt sogar im Tierreich Regeln zur Versöhnung: Der Sieger lässt den Herausforderer am Leben, wenn dieser eine Unterlegenheitsgeste zeigt, etwa den Hals zum tödlichen Biss anbietet oder den Schwanz einzieht und sich davonmacht. Vielleicht ist das auch eine Geste, um Verzeihung zu bitten oder Verzeihung zu gewähren.

Aus psychologischer Sicht ist Verzeihen lebensbejahend und Ausdruck von *Psychohygiene*: Im menschlichen Miteinander der engen und intimen Zweierbeziehung gibt es derart viele Kränkungen, dass wir ohne Verzeihen und Versöhnen kaum überlebensfähig wären. Irgendwann wurde deshalb das uralte System der Blutrache verboten, weil ganze Familien sich gegenseitig ausrotteten und so auch jede kulturelle Weiterentwicklung erstarb. Auch das bis zum 19. Jahrhundert verbreitete Duellieren, wie es noch im dramatischen Gesellschaftsroman *Effi Briest* von Theodor Fontane zum Thema wurde, wurde aus ähnlichen Gründen verboten.

Natürlich geht es bei zerstrittenen Liebenden in der Regel nicht um das blanke Überleben oder tödliche Rache. Es geht aber um das seelische Überleben und die Chance, nach einer Tat trotzdem die kulturelle Aufbauarbeit der Liebe fortzusetzen. Immer wieder fällt dabei die Parallele zur Politik ins Auge: Auch feindliche Völker nach einem Krieg und rivalisierende Volksgruppen können nur nach einer Versöhnung gemeinsam erfolgreiche kulturelle Wiederaufbauarbeit leisten. Denn auch der Sieger braucht nach einem Krieg wieder gute Beziehungen zu den Nachbarstaaten, will er nicht isoliert werden, sondern wirtschaftlich weiter wachsen. Wie bei Paaren, so könnte es gerade auch in der Politik hilfreich sein, wenn wir über eine Therapiemöglichkeit, hier eine »Therapie der Gesellschaft« (Blankertz 1998) verfügten beziehungsweise die Politiker ein Einsehen hätten, dass viele von ihnen therapiebedürftig sind. Völker durchlaufen wie Paare einen geschichtlichen Entwicklungsprozess, bei dem frühere Katastrophen wie Kriege oder Hunger zu seelischen Verletzungen führen, die im Umgang der Nationen miteinander bis in die aktuelle Politik hineinwirken.

Zurück zum Paar: Insbesondere in der intimen Zweierbeziehung braucht der scheinbare *Gewinner* eines Streites den Nachgebenden als Gegenüber. Dazu bittet der Kränkende den Gekränkten um Verzeihung. Denn nur im Dialog mit ihm, Auge in Auge und auf gleicher Ebene, wird er letztendlich die Erfüllung und Befriedigung finden, die er eben durch die Beziehung sucht. Und auch der scheinbare *Verlierer* kann sich und seine Entfaltungsmöglichkeiten nur durch Verzeihen zurückgewinnen. Bleibt er aber gekränkt und strafend in seinem Rückzug, wird er in seiner selbstgewählten Isolation noch einmal zum wirklichen Verlierer. Er verliert die Chance, sich im Dialog mit dem Täter aus seiner Kränkung zu befreien und neue Stärke zu entwickeln.

Seelisches Heilen durch Verzeihen

Es wird hier bewusst eine psychologische und keine moralische Begründung gesucht, die auf den Weg des Verzeihens führt. Der seelische Nutzen für beide Partner ist letztendlich das ausschlaggebende Motiv zur sinnvollen Aussöhnung. In den Überlegungen der Paarsynthese sind Idealvorstellungen und moralische Grundlagen keineswegs ausgeschlossen. Aber wer eine Paartherapie kennt und Erfahrung hat mit zahllosen Streitereien, weiß, dass gutgemeinte Appelle, moralisches Fingerheben und pädagogisch wertvolle Anleitungen oft zu mehr Rückfällen als Heilerfolgen führen. *Der Weg zur Hölle ist mit guten Vorsätzen gepflastert*, sagt deshalb ein realistisches englisches Sprichwort.

Der psychologische Gewinn und der seelische Nutzen des Verzeihens motivieren überzeugender als alles andere, an den Verhandlungstisch der Liebe zurückzukehren. Manchmal in Sekunden, manchmal aber auch in Monaten oder gar Jahren quälender Zweifel fragen wir uns, ob wir dem Anderen verzeihen sollen, können oder wollen. Ringen wir uns zu einem Ja durch, entscheiden wir uns bewusst dafür, auf Strafe, Rache oder Gegenwehr zu verzichten. Die Logik der Seele setzt dann den Wert der Liebe höher an als den der Vergeltung. Unsere Ich-Funktionen werden von unserem Geist angewiesen, auf ihre normale Schutzfunktion zu verzichten. Wir verharren und erstarren dann nicht in der *Selbst-Verteidigung*, sondern entscheiden uns für ein höheres Gut, nämlich in Beziehung und im Dialog zu bleiben.

Eine Frau beschreibt dies so:

Lieber …

Ich habe es Dir nicht ermöglicht, dass Du zu mir durchdringen konntest, Deine Gefühle für mich, Deine Mitteilungen an mich konnten nicht bis in meine Seele vordringen. Ich habe Dich damit verletzt und gekränkt. Ich bitte Dich von Herzen um Verzeihung und bemühe mich, Dir meine Seele zu öffnen und Dir Geborgenheit zu bieten, damit auch ich mich geborgen fühlen kann.

Wir verzeihen nicht allein aus christlicher Nächstenliebe oder aus ethischen Idealen heraus. Vielmehr befreien wir uns mit dem Akt der Verzeihung selbst. Wir befreien unsere Seele von der Gefangenheit im gegenseitigen Anklagen, von der Ohnmacht der Streitenden, hilflos im Duell verstrickt zu sein. Wir setzen unsere Macht des Verzeihens ein. An die Stelle der Verstrickung in gegenseitige Entwürdigung setzen wir die Freiheit zur Versöhnung. Wir alle sind dazu fähig, allerdings erst nach einem gewissen Lernprozess. Dann sind wir Herr über uns selbst. Jeder übernimmt dann Verantwortung für sein Tun und schiebt es nicht dem anderen zu: Der *Täter* übernimmt Verantwortung für seine Tat, und das *Opfer* übernimmt die Verantwortung für sein Verzeihen.

Verzeihen ist dann nicht grenzenloses Nachgeben, sondern ein Zugeständnis an den Partner. Das *Opfer* gewinnt damit seine Autonomie zurück, die Selbstbestimmung über sich selbst. Es bleibt nicht im Teufelskreis mit dem *Täter* hängen. Das verleiht dem Verzeihung Gewährenden menschliche Würde. Sein Verzeihen macht ihn stark, gibt ihm Überlegenheit und Autorität.

Es ist auch etwas Großartiges, was unsere Seele da leistet: Das Selbst überwindet die eigenen Ich-Funktionen, die in der Regel ja gerade vor Verletzungen schützen sollen. Eine komplexe Psychodynamik wird in Gang gesetzt, die elementare Konsequenzen nach sich zieht: Eine Neugeburt des Selbst und eine Stärkung von Geist und Seele treten gleichzeitig ein. Die Folgen dieser *Selbstüberwindung* sind ähnlich wie bei anderen Aktionen, die erfordern, dass wir über unseren eigenen Schatten springen: Wenn wir uns selbst überwinden, wenn wir unsere Ängstlichkeit besiegen, wenn wir Mut zeigen, Zivilcourage demonstrieren, vom Fünfmeterturm springen, endlich zum Sport gehen, abnehmen oder aufhören zu rauchen, unsere schlechte Laune überwinden und und und... Nicht nur als Kinder, sondern auch als Erwachsene dürfen wir dann stolz auf uns selbst sein.

Verzeihen bedeutet, neue Grenzen zu öffnen, und nicht, Grenzen zu setzen. Statt Isolation durch Grenzziehung entsteht ein neuer heilsamer Dialog zwischen Partnern – und Völkern. So erwächst schließlich auch großer politischer Gewinn durch Verzeihen – sowohl im Mikrokosmos der Paare als auch im Makrokosmos der Völker miteinander. Die Paartherapeuten und Kollegen Barbara und Udo Röser schreiben dazu:

»Vielleicht noch ein Hinweis auf die politische Dimension des Verzeihens und Versöhnens. Für mich ist der Kniefall von Brandt in Warschau dafür ein eindrucksvolles Zeugnis. In unserem Vortrag im Odenwald-Institut haben wir darauf hingewiesen: Politische Gesten des Verzeihens und der Versöhnung sind eher selten. Willy Brandt hat mit seinem Kniefall in Warschau ein Beispiel dafür gegeben, wie es gehen kann. Er hat sich in diesem Moment selbst überwunden und ein Eingeständnis der Schuld und des Fehlers der Deutschen gegenüber den Polen abgelegt. Mit dieser Geste hat er einen Weg der Versöhnung bereitet. Und noch zu ergänzen: Für uns strahlt der Kniefall auf dem Photo eine große Intimität aus, obwohl Willy Brandt von unzähligen Journalisten umgeben ist. Ein faszinierender Gedanke, dass Verzeihen und Versöhnen ein Akt von Intimität sind« (Röser & Röser: Vortrag am Odenwald-Institut 2008).

Mehrere Autoren (vgl. Teschner 2004) sprechen übereinstimmend von einer Doppelwirkung des Verzeihens: Es führt zu einem inneren Frieden, verbunden mit der Heilung alter Wunden, und gleichzeitig ermöglicht es den Aufbau einer neuen und zufriedenstellenden Beziehung. Durch das Bitten um Verzeihung und das Gewähren von Verzeihung wird seelische Integrität und damit seelische Gesundheit zurückgewonnen, die durch die vorausgehenden Angriffe und negativen Einwirkungen auf unser Selbst bedroht oder gestört worden ist.

Doch so hoch der seelische Nutzen des Verzeihens nicht nur von Pastoren und Politikern, sondern gerade auch von Psychologen gepriesen werden mag, so schwer fällt es trotzdem, das eigene Verhalten von gegenseitiger Kränkung auf gegenseitiges *Verzeihen* und *Um-Verzeihung-Bitten* umzustellen. Erst wenn wir diesen Weg beschreiten und mit allen Höhen und Tiefen durchleben, wird uns durch diese intensive Selbsterfahrung am eigenen Leib spürbar, wie befreiend und erlösend das *Verzeihungerbitten* und das *Verzeihunggewähren* tatsächlich wirken.

Robert beschreibt das in einem Brief an seine französische Frau Silvia, voller Verwunderung und Erstaunen über sich selbst. Beide Mitte 40, er mit einem Sohn aus erster Ehe, sind sie seit langem zerstritten. Vordergründig geht es dabei um seine Wünsche nach mehr Sexualität, aber dahinter steckt viel gegenseitige Unzufriedenheit. Sie kommen zur Paartherapie und arbeiten sowohl in Einzelsitzungen als auch in Gruppensitzungen an der Verbesserung ihrer Beziehung. Nach intensivem Ringen und mehrfachem Verdrängen ist es Robert schließlich möglich, Silvia diesen Brief zu schreiben, in dem er genau diesen inneren Weg beschreibt. Er liest diesen folgenschweren Text nicht nur Silvia selbst, sondern der ganzen Gruppe vor. Noch Jahre später erinnert er sich daran.

Liebe Silvia,
warum ist es bloß so schwer, Gedanken aufs Papier zu bringen? Es ist so viel einfacher, sie bloß auszusprechen, da sind sie so bequem zu verpacken, zu verdrehen und so zu verstehen, dass sie eigentlich nicht mehr zu verstehen sind. Ein geschriebenes Wort, ein Satz steht dagegen klar und unverwischbar – bis in alle Ewigkeit. Geschriebenes ist nachprüfbar, kontrollierbar, messbar und unverrückbar. Das macht es gefährlich. Habe ich heute etwas gesagt, wissen wir es mor-

gen nicht mehr so genau, ich kann es verfälschen, leugnen oder einfach vergessen. Was ich heute geschrieben habe, kannst Du mir morgen unter die Nase halten und ich kann dem nicht entweichen. Es bindet mich und verpflichtet mich, Stellung zu beziehen, mich zu äußern, mich zu erkennen zu geben. Jedenfalls sitze ich mit diesen Gefühlen vor so einer Aufgabe.

Aber nun schreibe ich. »Fehleranalyse« ist angesagt, was habe ich falsch gemacht, wofür muss oder kann oder will ich Dich um Verzeihung bitten?

Oh ja, ganz spontan fällt mir da mein riesiges Gebiet »Eifersucht« ein. Eifersucht, von dem nervenzerfetzenden und herzzerreißenden Warten, wenn ich Dich mit anderen Männern zusammenwusste, bis zur viel subtileren Form der Angst, Dich an Deine Selbstständigkeit und Unabhängigkeit zu verlieren. Ja, dafür oder besser, für das, was ich aus diesem Gefühl, aus dieser Angst heraus Dir angetan habe, dafür will ich Dich um Verzeihung bitten. Denn da habe ich Dich angegriffen und Dich unterwandert, manchmal offen, voller Wut oder Angst, öfter aber versteckt und verborgen hinter Diskussionen oder Argumenten, die Dich blockieren sollten, Deinen Weg zu gehen. »Klotz am Bein« fällt mir dazu ein. Aus Angst, Du wirst zu selbstständig, zu unabhängig von mir, aus Angst, Dich so zu verlieren, habe ich versucht, Dich so zu beeinflussen, habe Dich gebremst, habe Deine Kreativität, Deine Spontaneität, Deine Lebensfreude und Lust als unüberlegt, als kindisch oder falsch und dumm abgetan, anstatt Dir Mut zu machen, mich hinter Dich zu stellen und ebendiese Eigenschaften anzuerkennen und zu genießen. Ja, dafür bitte ich Dich wirklich um Verzeihung.

Und dann meine Rache und dann meine Strafe, wenn Du Dich durchgesetzt hast. Wenn Du Dich doch mit jemand anderem getroffen hast, wenn Du dann doch verreist bist, wieder ein Seminar gemacht hast, doch Freude und Lust am Leben genossen hast – ohne mich, nicht durch mich und nicht für *mich, dann habe ich mich eingemauert und war für Dich tagelang nicht da. Oh ja, ich habe Dich spüren lassen, dass ich mich verletzt fühlte, im Stich gelassen glaubte. Ich fühlte mich getroffen und zerstört und habe nicht begriffen, was ich für einen Schaden anrichte, was für tiefe Risse und Brüche ich in unsere Beziehung brachte und was ich Dir damit antue.*

Auch dafür bitte ich Dich um Verzeihung.

Und dann habe ich mich und mein Verhalten Dir gegenüber geändert. Irgendwann, nach den ersten Monaten oder Jahren. Ich glaube, da hängt ganz vieles mit meinem Sohn zusammen, oder besser, was wir mit ihm und seinem Einzug bei uns gemacht haben. Auf jeden Fall begann für mich da der Rückzug von Dir – oder glaube ich wenigstens. Nach meinem katastrophalen Auszug aus meiner alten Familie hast Du mich sehr offen und verletzbar erlebt. Und im Laufe der Zeit hat meine alte Überlebensstrategie wieder gegriffen, also mich unnahbar, unangreifbar und unverletzbar zu machen. Umso mehr, als eben dann die Auseinandersetzungen um den Sohn begannen. Ich bin mir heute sicher, dass diese Rückkehr in alte Verhaltensmuster einen großen Teil unserer Probleme ausmachte oder noch ausmacht, indem ich Dich von vielem ausschloss, was in mir vorging oder mich betroffen gemacht hat. Ich fürchte, ich konnte mich damals nicht anders verhalten, ich war wohl unfähig, anders mit diesen Auseinandersetzungen umzugehen. Aber dennoch bitte ich Dich für meinen Anteil an dieser Entwicklung um Verzeihung.

Und im Bett? Ich denke, dass ich an der Ursache Deiner Lust- und Interesselosigkeit einen großen Anteil habe. Allein, dass ich meinen Anteil daran lange nicht wahrhaben wollte und eigentlich immer dachte, das ist Deine Sache, Dein Problem – denn ich hab ja Lust –, allein dafür muss ich schon um Verzeihung bitten. Aber darüber hinaus denke ich heute, dass ein großer Teil der Ursache unseres »Sexualproblems« mein Abgleiten ins mechanische, technische und oberflächliche Lustempfinden und meine vielleicht zwang-

hafte Orgasmussucht ist. Es ist dadurch wohl langweilig im Bett geworden. Ich glaube, meine Aussage vom letzten Gruppenwochenende, das meine Sucht nach sexueller Nähe ein Ersatz für verlorengegangene Nähe im gemeinsamen Leben *ist, trifft sehr genau zu. Und ich glaube, dass unsere Entwicklung in den letzten Wochen dies unterstreicht. Ich empfinde Sexualität nicht mehr als so abhängig von Lust und Orgasmus, und ich fühle mich Dir dafür im Zusammenleben viel näher und erlebe Dich auch so. Wenn dies auch sicher eine positive Entwicklung ist, so bleibt doch mein Verhalten, mein Anteil an unserer Geschichte.*

Bitte verzeih mir. Robert

Robert und Silvia haben sich schließlich trotzdem getrennt. Die jahrelang eingegrabenen Konfliktmuster waren zu massiv, der gute Wille zur Änderung allein reichte nicht aus, trotz besserer Einsicht, das Verhalten zu ändern. Nichtsdestoweniger schreibt er zu meiner Anfrage 15 Jahre später, ob ich seinen Brief von damals in diesem Buch verwenden dürfe:

»Die Arbeit damals war äußerst wichtig für mich und hat vor allem uns, Silvia und mir, geholfen, aus der Beziehung zu gehen ohne nachhaltige Verletzungen und schlechte Gefühle. Im Gegenteil, wir haben heute ein sehr nettes und auch liebevolles Verhältnis, und ich glaube, unsere Kinder haben es uns indirekt gedankt. Dafür gilt Ihnen noch nachträglich mein Dank und meine Hochachtung.

Meine Freigabe meiner Texte gilt uneingeschränkt und ohne Vorbehalte.«

Körperliches Heilen durch Verzeihen

Neben dem individuell-seelischen und dem öffentlich-politischen Gewinn des Verzeihens – statt eines Bekriegens – gibt es darüber hinaus einen wichtigen gesundheitlichen Gewinn: Mehrere Projekte und Untersuchungen (Ornish 1999, Simonton 2001) belegen, dass das Verzeihen als bedeutender Heilfaktor anerkannt werden muss. Dies gilt insbesondere bei Krebsleiden. Der Ansatz ist realistisch: Alles Negative wie Kummer, Wut, Groll, alles, was an uns frisst und nagt und wie ein Geschwür in uns wuchert, wird beendet, wenn wir verzeihen: Wir schütteln damit eine Last ab. Wir entlasten uns von blockierenden Gefühlen wie Hass, Kränkung und Rache. Nicht Verbitterung und Ärger beherrschen dann unser Selbst, sondern wir befreien uns durch den Akt des Verzeihens von diesem Ballast unserer Seele. Wir üben damit eine bewusste Kontrolle über unseren biologischen Triebmechanismus aus, zugunsten einer spirituellen Dimension unseres Seins.

Die sehr schwer an Krebs erkrankte Ute, die wir alle in einem Seminar bewunderten, schrieb dazu:

Ich denke, dass für mich die Zeit gekommen ist, dass ich mich mit dem Thema »um Verzeihung bitten, selbst vergeben, wiedergutmachen, erstattet bekommen …« beschäftigen muss, kann und will. Ich denke, es hat etwas damit zu tun, mich aus den letzten Verstrickungen zu lösen. Es ist, als ob immer noch Fäden an mir hängen, die mich runterziehen, die ich abwerfen möchte … Sie sind aber schon ganz locker. Ich muss sie abwerfen, um frei zu sein. Eine Grundvoraussetzung für die Fähigkeit, sich selbst und anderen vergeben zu können, ist wohl, einen eigenen Standpunkt im Leben zu haben, das Vertrauen in sich selbst, in die Schöpfung, in Gott. Ich bin auf der Suche nach diesem Ankerpunkt, der so viel Halt gibt, dass die Stürme des Lebens mich nicht in meinen Grundfesten erschüttern. Dazu gehört meiner Erfahrung nach auch die Fähigkeit, Unabänderliches zu akzeptieren, nicht mehr gegen Wände zu laufen, sondern das Geschenk des Lebens in seiner ganzen Größe anzunehmen, so wie ich gerade bin in diesem Moment, wo ich hier an meinem Notebook sitze, das mir mein Bruder geschenkt hat, und mich freue, Dir zu schreiben.

… das Geschenk des Lebens … ein Hinfallen und Wieder-Aufstehen, ein Versuch und Irrtum … ein Lauf in der Kampfbahn … so viele Facetten. Der menschliche Körper und die Seele … so zerbrechlich und so stabil, das Leben in seiner Fülle, so leidvoll und gleichzeitig so voller Freude! Das ganze Paket – es annehmen in Dankbarkeit und Demut und es immer wieder bejahen und neu gestalten. Das möchte ich können. Und dazu bedarf es wohl der Fähigkeit, sich selbst und dem Anderen zu verzeihen. Und das geht nur, wenn man zunächst sich selbst und den Anderen lieben kann. Die Liebe ist das Fundament, der Ankerpunkt.

Grüße, Ute

Eines der erfolgreichsten Projekte für eine Krebstherapie ist das *Simonton Cancer Center* in Kalifornien. Seit 1979 erarbeitet dort der Onkologe Carl Simonton (2001) ein therapeutisches Programm vorwiegend für Krebskranke mit erstaunlichen Erfolgen. Er hat festgestellt, »dass die beste Krebsbehandlung die ist, welche sowohl die körperlichen und geistigen als auch die spirituellen Vorgänge miteinbezieht«. Nach seiner Erkenntnis führt Verzeihen zu einer Sanftmut, die selbst wiederum heilenden Einfluss hat. Ein ganz zentraler Teil dieses therapeutischen Programms besteht daher in Übungen zum Vergeben. Die wohl schwierigste davon verlangt, seinem ärgsten Feind etwas Gutes zu wünschen. Ich selbst mühe mich heute noch mit dieser Aufgabe ab. Eine leichtere Variante, die Simonton vorschlägt, lautet:

Übung ›Freude statt Groll‹

»Die Namen aller Personen, gegen die Sie tiefen Groll hegen, schreiben Sie auf ein Blatt. Neben jeden Namen schreiben Sie den Grund für Ihren Groll. Dann schließen Sie die Augen und stellen sich vor, dass diesen Personen der Reihe nach irgendeine große Freude widerfahren werde. Auch wenn die Übung schwer erscheint und Rückfälle eintreten, wiederholen Sie sie. Es kann lange dauern, bis die Gefühle sich ändern, aber Sie werden wahrscheinlich herausfinden, dass die Übung Ihnen eine große Last abnimmt« (Simonton 2001).

Enright & Fitzgibbons (2000) haben ein Vier-Phasenmodell der Vergebung (Aufdeckungsphase – Entscheidungsphase – Arbeitsphase – Vertiefungsphase) entwickelt, um darauf eine *vergebungsorientierte Therapie* aufbauen zu können. Aufgrund ihrer empirischen Studien und ihrer Erfahrung mit Patienten kommen sie zu dem Schluss, dass eine solche Therapie »viele seelische Verletzungen, Erfahrungen von Unrecht und damit einhergehende Ärger- und Wutgefühle, die bei vielen psychischen Problemen eine Rolle spielen«, abzubauen vermag.

In der Schweiz gibt es seit 2001 Arbeiten zu einer *vergebungsorientierten Psychotherapie* (Allemand 2002), die in der Klinik SGM, Langenthal/Schweiz, in die Gruppenarbeit übertragen und von der Psychologin Maria Teschner 2004 evaluiert wurden. Auch ihr gelingt der Nachweis über die innere Wirksamkeit von Vergebung.

Die Zusammenfassung der bisherigen Überlegungen zeigt, dass unser Selbst in der Liebe vielen Gefahren ausgesetzt ist. Ähnlich wie unser Körper unzählige mögliche Verletzungen und Krankheiten zu überwinden hat, muss auch unsere Seele vielfältige Angriffe und Eingriffe bewältigen. Der intime Dialog des Paares bildet dafür durch den zunächst grenzenlosen

Austausch von Körper, Geist und Seele einen Raum, eine Dynamik voller Chancen, aber auch voller Risiken.

Das Immunsystem der Seele mit ihren Ich-Funktionen und deren Abwehr- und Widerstandsmechanismen wird daher ein Leben lang weiter ausgebildet, weiterentwickelt und perfektioniert, um die gesunde Selbstverwirklichung aufrechtzuerhalten. Verzeihen, Versöhnen und Wiedergutmachen von gegenseitigen und früheren seelischen Verletzungen können wir dann als Prozesse der Selbst-Heilung verstehen. Wir helfen dem Partner beim Heilen seiner Wunden und heilen uns selbst, indem wir ihm und uns selbst verzeihen.

Verzeihen ist demnach als eine weitere zentrale Ich-Funktion zu verstehen, die neben Sinneswahrnehmung, Denken, Erinnern, Beurteilen, Orientieren von hervorragender Bedeutung ist. Verzeihen ist die höchstentwickelte Ich-Funktion. Sie ermöglicht nicht nur die Weiterentfaltung der individuellen Persönlichkeit – wie die übrigen Ich-Funktionen –, sondern vor allem die kultivierte Weiterentwicklung menschlichen Miteinanders. Im Gegensatz dazu bringen Strafe und Rache keine Heilung, weil sie, statt etwas aufzubauen, den Anderen genauso verletzen, wie dieser verletzt hat.

Auge in Auge mit dem Verletzenden die Versöhnung im Dialog zu suchen statt »Auge um Auge« zu zerstören, das bedeutet die eigentliche und einzige Chance zur Weiterentwicklung. Darin liegt der Sinn der Liebe, dass wir statt Zerstörung den für das menschliche Wachsen und das Wachsen der gesamten Schöpfung nötigen Frieden schaffen. So gewinnen wir im Miteinander und Füreinander des Liebens und Verzeihens unsere menschliche Würde. Nicht gegeneinander Verletzungen aufzurechnen, sondern füreinander Heilung durch Verzeihen zu ermöglichen befähigt unsere Seele zu einer Kultur von Kreativität und Sinnlichkeit, zu einer Kultur der Lebensfreude.

Deshalb gilt für die Paarsynthese der Leitsatz: *Liebe ist der Sinn, Dialog der Weg, Würde das Prinzip.*

Zur Praxis des Verzeihens – Teamwork für die Liebe und Paartherapie

Der ungarische Psychotherapeut und Weggefährte Sigmund Freuds, Sándor Ferenzci, hat einen prägnanten Satz formuliert, der heute immer öfter zitiert wird: »Sie wollen sich lieben und wissen nicht, wie...«. Dieser Satz könnte noch zugespitzt werden: Sie wollen einander verzeihen und wissen nicht, wie...

Spannend, fast verblüffend ist dem gegenüber die Meinung der 16-jährigen Lara:

»Auf deine Frage, wie es mir mit dem Versöhnen und Verzeihen geht: Also, mir geht es schon manchmal so, dass ich ins Schweigen verfalle, wenn ich in irgendeiner Weise enttäuscht wurde. Aber richtig wütend werde ich eigentlich nicht, ich versuche halt die Probleme oder Missverständnisse anders als mit Geschrei zu lösen. Ich spreche dann mit den betroffenen Personen über das Problem und versuche, es so zu lösen. Bis jetzt hat das auch immer ganz gut geklappt. Ich würde also von mir selbst sagen, dass ich jemand bin, der gut verzeihen und sich wieder mit anderen versöhnen kann.

Ich meine, man sollte sein Leben nicht mit Streitereien verplempern, immerhin sind 1 Minute Streit 60 Sekunden wunderbare Zeit des Lebens.

Wenn man also Streitereien umgehen kann, versuche ich das auch. Auf der anderen Seite aber denke ich, dass in einer Beziehung ein Streit durchaus auch positive Seiten haben kann, da das Versöhnen dann auch wieder viel mehr Spaß macht.«

Ist das nur jugendlicher Idealismus oder reine Naivität oder ist Lara schon so reif und besonnen – vielleicht als Folge einer sehr viel »verzeihenderen« Erziehung? Warum können wir Erwachsene nicht einfach auch wie Lara sein?

Tatsächlich wollen viele ihrem Partner nach einer Verfehlung trotz alldem wieder verzeihen und wissen doch oft nicht, wie sie das innerlich bewältigen sollen. Zu viel an inneren Fragen und Zweifeln, an Ängsten und Herausforderungen ist damit verbunden. Oft haben die Streitenden sich in einem Labyrinth von gegenseitigen Anklagen verirrt und finden keinen Ausweg aus dem Dornengestrüpp wechselseitiger Verletzungen. In der Folge die Verletzungen und Kränkungen zu verdrängen und unter den Teppich zu kehren ist gefährlich. Sie tauchen dann unvermutet an anderer Stelle wieder auf, und es ist noch schwerer, sie zu verzeihen. Ergeben sich die Partner aber der Resignation, wird ihre Liebe bald absterben. Nicht Streit noch Enttäuschung, sondern Unverzeihlichkeit ist der schlimmste Feind der Liebe.

Um aber wirklich verzeihen zu können, müssen wir in der Regel einen inneren Prozess durchmachen, mit bestimmten aufeinanderfolgenden Schritten, vergleichbar der Bewältigung von Trauer- oder Schockerlebnissen. Verzeihen ist demnach das Ergebnis nicht eines spontanen Entschlusses, sondern seelischer Entwicklungsarbeit. Um dabei nicht erneut in die Irre zu gehen oder durch erneute gegenseitige Attacken noch mehr Verletzungen davonzutragen, ist es ungemein hilfreich, sich als Paar in eine Therapie zu begeben. Statistiken zur Wirksamkeit einer Paartherapie belegen, dass etwa 70 Prozent der Paare sich wieder aussöhnen und zusammenbleiben (Grawe, Donati, Bernauer 1994).

Frauen und Männer, die in die Paartherapie kommen, sind etwas Besonderes, weil sie mehr als andere Zeit, Kraft und Geld in ihre Liebe investieren. Sie suchen nach der Stimmigkeit ihrer Beziehung, sie ringen um die Wahrheit ihrer Gefühle, sie prüfen die Echtheit und den eigentlichen Wert ihres Zusammenseins. Leider beginnen viele damit erst sehr spät, manche zu spät.

Viele Liebende werden erst im Streit mit dem Geliebten zu *Tätern*: Sie führen oft einen (Klein-)Krieg, der großen

Schaden anrichtet, beim Partner und bei den Kindern. Sie greifen an und meinen doch, sich nur zu verteidigen. Und noch weiter: *Opfer* und *Täter* »verknoten« sich derart, dass auch das *Opfer* zum *Täter* wird. Für Außenstehende ist häufig nicht erkennbar, wer der *Schuldige* ist. Im Teufelskreis gegenseitiger Anklage geht die Chance zur Versöhnung verloren. Oft scheint es, als ob die Streitenden in der Therapie gar nicht die Versöhnung, sondern vielmehr den Schuldspruch für den Anderen suchen.

Für den Einstieg in die Praxis des Verzeihens ist es hilfreich, mit dem Partner das Gemeinsame am *Projekt Liebe und Versöhnung* herauszuarbeiten. Denn bei aller Zwietracht und Verletztheit wollen letzten Endes beide die Versöhnung, aber allein dieses Einlenken auf das gemeinsame Ziel fällt schon schwer. Freunde, Therapeuten, Selbsthilfegruppen für Paare können dabei nützliche Wegbegleiter sein. Sie sollten neutral sein, das heißt nicht einseitig Partei für einen der beiden ergreifen. Denn es gilt immer, die Anteile Beider herauszuarbeiten. Weil das wehtut, steht am Anfang ebendiese Suche nach dem Gemeinsamen und Verbindenden.

- Gemeinsam ist beiden Partnern, dass sie nach einem Weg suchen, aber die Orientierung verloren haben. Sie suchen nach dem richtigen Verhalten, nach der Stimmigkeit der Gefühle und nach dem Sinn der Beziehung. Sie suchen nach Erfüllung ihrer Bedürfnisse, nach Frieden in der Liebe, um irgendwo zu Hause und geborgen zu sein.
- Gemeinsam ist ihnen, dass sie eine geschärfte Wahrnehmung für die Fehler des Anderen entwickelt haben, aber durch die meist unkritische eigene Selbstwahrnehmung, durch die eigenen blinden Flecken die Sicht auf den richtigen Weg verloren haben. Sie suchen beim Anderen und nicht bei sich selbst. Sie suchen Frieden und haben ihn nicht in sich.
- Gemeinsam ist ihnen, dass sie die Kluft zwischen der hel-

len und der dunklen Seite schließen wollen. Beide lieben die helle Seite des Partners und wollen ihn deshalb nicht verlieren.

- Gemeinsam ist ihnen, dass sie in den meisten Fällen als Ziel Verzeihen und Versöhnen vor Augen haben.

Die Paartherapie als eine Hilfsmöglichkeit konzentriert sich in besonderer Weise auf die Themen Verzeihen, Vergeben, Versöhnen und Wiedergutmachen. Denn bevor nach heftigen Streitigkeiten und Krisen der liebevolle Austausch zwischen den Partnern wieder fließen kann, sind meist viele Übergriffe zu verzeihen und wiedergutzumachen. So stehen sich in dieser Arbeit Selbstbehauptung auf der einen und Verzeihen und Nachgeben auf der anderen Seite in einem Spannungsfeld gegenüber. In ihrem Ringen um das Verzeihen ist die Paartherapie deshalb aber nicht nur schwer und traurig, sondern auch spannend, aufregend, manchmal dramatisch, auch abenteuerlich. Vor allem zeigt sie eine Besonderheit – neben vielen anderen – im Vergleich zu allen anderen Psychotherapiebereichen: Streitende Partner bringen mehrheitlich die innere Überzeugung mit, dass hauptsächlich der Andere das Problem darstellt. Er sei der »Übeltäter oder gar der Gestörte«, der um Verzeihung zu bitten habe, der Therapie und Hilfe brauche. Insgeheim hält jeder sich selbst für den besseren Partner. Es sei »das anspruchsvollste technische Problem der Eheberatung, jemandem zu helfen, der die Schwierigkeiten beim Ehepartner sieht«, haben daher die Psychoanalytiker Rubin und Gertrude Blanck schon 1978 festgestellt.

Paararbeit als Teamwork im Rahmen der Paarsynthese erfüllt in Wirklichkeit eine Doppelfunktion: Sie leistet sowohl Einzeltherapie als auch Paartherapie, und zwar zu gleichen Teilen. In den meisten Fällen bedürfen die Streitenden nicht nur einer konstruktiven Streitkultur und besseren Kommunikation miteinander, sondern auch der Aufarbeitung ihrer eigenen innerseelischen Konflikte. Jeder der beiden Partner bringt seine eigene Geschichte, seine Fehlerhaftigkeit und seine typischen Kränkungsmuster mit, die er in der Kindheit erworben hat und nun am Partner abarbeitet. Die Paartherapie erfordert deshalb immer auch eine Einzeltherapie im Angesicht des Partners. Anders ist sie weder denkbar noch sinnvoll. Viele Laien, aber auch Fachleute wie Psychotherapeuten missverstehen dagegen die Paartherapie häufig als reine Kommunikations- und Systemtherapie. Sie nehmen irrtümlich an, eine Paartherapie sei nur eine Art Rettungsunternehmen für zerrüttete Beziehungen, aber mit wirklicher therapeutischer Arbeit nicht gleichzusetzen. Deshalb wird die Paartherapie auch nicht von den Krankenkassen bezahlt. Das ist ein Irrtum von folgenschwerer Tragweite: Viele seelische Fehlentwicklungen, Neurosen und Psychosen, vor allem aber auch Beziehungsstörungen bei heutigen Erwachsenen haben ihre frühe Ursache in den zerrütteten Beziehungen ihrer Eltern. Deren nie verzeihende und unversöhnliche Haltung prägt die Seelen ihrer Kinder und schafft Streitverhalten, Kränkungsmuster und teilweise sogar traumatische Bahnungen bis zu den Enkeln.

Nur wenig auf dieser Welt macht daher so viel Sinn, wie Frieden zwischen den streitenden Liebenden zu stiften. Ich empfinde viel Glück und noch mehr Dankbarkeit, dass ich diesen Beruf ausüben darf, den Frieden suchenden Paaren dabei zu helfen, sich wieder zu versöhnen. Gelingt es uns gemeinsam, dann gibt es andächtige Momente des Staunens vor diesem Wunder der Liebe.

Der durchaus anstrengende, aber lohnende Weg dahin führt über *nur* fünf Stufen, die auf diesem Weg des Verzeihens zu erklimmen sind. Es ist kein weiter Weg und doch kann er schwer werden und lange dauern, wenngleich im Fortschreiten die Glücksgefühle mehr und mehr überwiegen.

Eine intensive Fortbildung im Projekt *Liebe und Verzeihung* beginnt. Doch soll sie schließlich mehr und mehr vom

Paar selbst übernommen werden. Die Partner lernen Schritt für Schritt, einander heilsam zu begleiten. Dazu gibt ihnen die Paarsynthese eine Art *Gebrauchsanweisung für Verzeihensarbeit* an die Hand. Es handelt sich um die sogenannte *therapeutische Treppe*. Sie stammt aus der Arbeit mit Paaren und dient als roter Faden für die seelische Aufarbeitung von Kränkungen. Sie hilft, einen Ausweg aus dem Labyrinth gegenseitiger Anklagen zu finden und den Prozess des Verzeihens konsequent zu begleiten.

Ein wichtiger Teil dieses Weges zur Verzeihung führt also über eine Treppe mit fünf Stufen oder Stationen: *Anhören, Bearbeiten, Verständigen, Verzeihen/Versöhnen, Wiedergutmachen.* Der Streit des Paares, sei es eine aktuelle Krise oder schwelende Konflikte, bildet dabei den Ausgangspunkt. Leider führen diese Stufen nicht gleich nach oben in den unbeschwerten Neuanfang, sondern erst einmal hinab in die Tiefe der früheren und frühesten Krisen und Verletzungen, bis zurück zu den Kindheitskränkungen. Gerade diese müssen angehört, begriffen und gemeinsam bearbeitet werden, damit schließlich eine gemeinsame Verständigung über die gegenseitige Verflechtung in den aktuellen Konfliktmustern möglich wird. Erst dann führen die Stufen nach oben, hin zu einer verzeihenden Versöhnung, die für beide Partner wirklich sinnvoll ist. Auf der letzten Stufe nach oben beginnt dann der kreative Neubeginn der Beziehung durch eine Wiedergutmachung der zugefügten Kränkungen und Verletzungen.

Jede dieser fünf Stufen umfasst wichtige Stationen gemeinsamer Paararbeit, die das Paar eine nach der anderen erklimmt. Dabei werden seelische Prozesse in Gang gesetzt, die sinnvoll aufeinander aufbauen und schließlich eine Weiterentwicklung der Paarbeziehung möglich machen. Jeder dieser Prozesse wird von wichtigen Fragen eingeleitet, die die Partner sich gegenseitig oder gemeinsam beantworten.

Der Weg des Paares zum Verzeihen in fünf Stufen

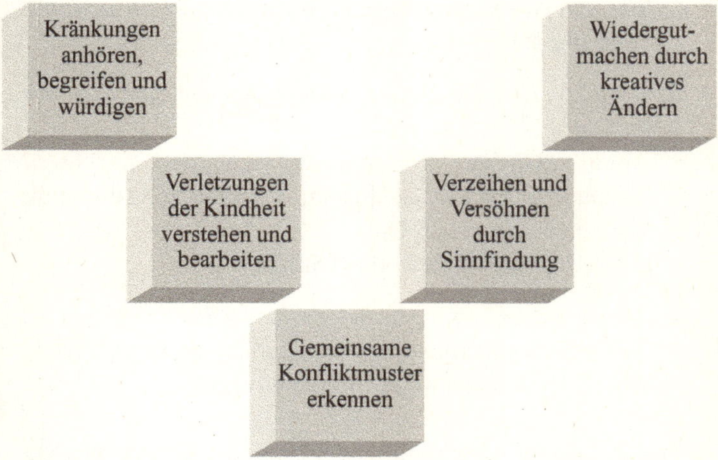

Der Weg des Paares zum Verzeihen in fünf Stufen – ein Überblick

1. *Anhören: Gegenseitige Verletzungen begreifen und würdigen*
   Welche Verletzungen sind zwischen uns vorgekommen?
   Wie tief leidet jeder von uns und wie gehen wir mit diesem Leiden um?

2. *Bearbeiten: Eigene Verletzungen aus der Kindheit verstehen*
   Woher kennen wir beide aus früherer Zeit solche Verletzungen?
   Wie haben wir damals darunter gelitten?
   Wie »verknoten« wir beide uns aufgrund der damaligen Verletzungen heute in unseren aktuellen Verletzungen?

3. *Verständigen: Gemeinsame »Verknotung« in Konfliktmustern erkennen*
Wie und was können wir beide voneinander lernen, statt zu streiten?

4. *Verzeihen und Versöhnen: Sinn finden auf dem Weg der Reifung*
Wohin soll dieser Lernprozess des Verzeihens uns führen?
Welchen Sinn macht es, dich um Verzeihung zu bitten/dir Verzeihung zu gewähren?
In was für einer Welt wollen wir leben?

5. *Wiedergutmachen: Kreativer Aufbruch der Beziehung*
Was wollen und können wir beide miteinander einüben?
Was davon können wir in die Welt tragen?

Damit beginnt eine mögliche Zusammenarbeit zwischen streitenden Partnern und Therapeuten, die die klassische Form der Paartherapie mit wöchentlichen oder 14-tägigen Sitzungen abändert und statt der üblichen Therapie eine Art Teamwork initiiert: Therapeuten und Paar verabreden nach dem »Reißverschluss-Prinzip« wechselnde Sitzungen, einmal mit dem Therapeuten zusammen und einmal zu Hause allein. Ist das Paar schon fortgeschritten, können die Sitzungen mit dem Therapeuten reduziert und kann die Sitzungsfrequenz zu Hause aufgestockt werden. Zu Hause wird jeweils das Thema der vorausgegangenen gemeinsamen Sitzung vertieft und einzelne Schritte daraus werden wiederholt. Wichtig daran ist, dass das Paar den Termin zu Hause mit derselben Regelmäßigkeit und inneren Konsequenz wahrnimmt wie den Termin beim Therapeuten.

Um also den Weg des Verzeihens zu beschreiten, beginnen wir mit der ersten der fünf Stufen, denen jeweils tiefer führende Fragen vorangestellt sind:

Anhören: Gegenseitige Verletzungen begreifen und würdigen

Was an Verletzungen zwischen uns ist geschehen?
Wie tief leidet jeder von uns und wie gehen wir mit diesem Leiden um?

Verzeihen bedeutet, einen Neuanfang zu wagen. Der beginnt entgegen den Erwartungen nicht mit einer Entschuldigung oder der Bitte um Verzeihung. Wichtige Schritte gehen diesem angestrebten Ziel voraus. Verzeihen beginnt in Wirklichkeit damit, dass die Partner sich die gegenseitige Not erst einmal anhören und die beiderseitigen Wunden würdigen. Zunächst möglicherweise unter Kontrolle der Therapeuten, setzen sich die Partner einander gegenüber und üben aktives Zuhören. Der eine erzählt eine halbe Stunde lang von seinen Kränkungen und Klagen, aber ohne Anklage, Angriff oder Beleidigung, während der andere konzentriert zuhört und Verständnisfragen stellt. Unter keinen Umständen soll er Gegenargumente anbringen, eine Diskussion anzetteln, aggressiv oder beleidigt reagieren. Dann werden die Rollen getauscht.

Vor einem sinnvollen Neuanfang des Paares, verbunden mit sinnvollem Verzeihen, steht zunächst die notwendige Aufarbeitung der vorausgegangenen Partnerkrisen. Das bedeutet, die Verletzungen und Kränkungen, die als Hindernisse einer Versöhnung und weiteren Entfaltung beider Partner im Wege stehen, ernst zu nehmen. Das bedeutet auch, dass Klagen, Anklagen, Kritik, Kummer und Schmerz, aber auch Zorn und Wut ernst genommen, nicht weggeredet, bagatellisiert oder geleugnet werden. Das bedeutet auch, dass es nicht nur um einfaches Anhören geht, in der Hoffnung, dass allein die Aussprache die Gemüter beruhigen und die Partner wieder versöhnen würde. Die Paartherapie ist mehr als eine reine Aussprache, sie ist auch kein *Zwiegespräch*

(Moeller 1992), das bei schweren Verletzungen zu wenig *Versöhnungskapazität* zur Verfügung stellen würde.

Auslöser und Ursachen für grenzverletzendes Verhalten werden stattdessen gesucht. Andernfalls werden zwar Verbesserungsvorschläge unterbreitet und gute Vorsätze gefasst, neue Kommunikation wird eingeübt, neue Regeln aufgestellt und Veränderung gelobt, aber ohne Kenntnis der eigentlichen Ursachen käme es unweigerlich zu immer neuen Rückfällen. Rückfälle aber veranlassen das Krisenpaar sehr bald, seine Bemühungen einzustellen und zu resignieren. Deshalb wäre es verfrüht, gleich zu Beginn der Sitzungen nach Veränderungen zu suchen, etwa noch mit der Frage: »Also, was willst du von mir?« *Problemlösungsstrategien* und *Problemlösungsverhalten* greifen nur, wenn die Ursachen für das Problem berücksichtigt werden.

Gerade zu Anfang gibt es unendlich viele Sätze, Erklärungen, Aufzählungen und Beschwerden, die dem Partner gelten, aber die wirklichen Ursachen keineswegs entschlüsseln. Das bedeutet für die ersten Sitzungen immer und grundsätzlich, nicht nur auf die Worte zu hören, sondern hinter sie zu hören (Hartmann-Kottek 2008). Da ist es ganz wichtig, wie die Kränkungen vorgetragen werden, und nicht nur, was an Kränkung stattgefunden hat. Jedes Stocken, jede Satzmelodie, jeder Tonfall, jedes Überschlagen der Stimme, aber auch jede Hautrötung, jede Träne, jede Körperhaltung und Gestik verrät dem aufmerksamen Partner mehr als alle Worte.

Intensives, aktives und konzentriertes Zuhören ist dafür nötig. Die Therapeuten leiten die Partner dazu an: Es gilt, Augenkontakt zu halten, den viele vermeiden, in der körperlichen Haltung für den Anderen offen zu bleiben, vielleicht sogar kurze Berührungen herzustellen, selbst den Gesichtsausdruck nicht abweisend zu gestalten, Fragen zu stellen, auch bei Kritik zuzuhören und nicht abzuwehren.

Demgegenüber hat auch der Klagende Verantwortung dafür, seine Anliegen und Klagen richtig vorzutragen. Der

Empfänger darf nicht abgeschreckt werden. Einzig und allein die Art der *inneren Erlebnisvermittlung* ist entscheidend. Damit der zuhörende Partner die seelischen Wunden des Anderen wirklich erfassen und in der Tiefe verstehen kann, muss dieser das ganze Ausmaß seiner inneren Not unmittelbar nach außen bringen. Die Tränen, die Verzweiflung, die Hilflosigkeit, das Verlassensein und die Einsamkeit, aber auch den Zorn und die Wut, die Enttäuschung und manchmal auch den Hass auf den Anderen in Worte zu fassen, Sprache zu finden für die oft pure Aggression ist nur ein Anfang (Hartmann-Kottek 2008). Stimmige Gesten, Gebärden und Körperhaltung erst machen die innere Not für den Partner greifbar und spürbar. So helfen die Therapeuten in den ersten Sitzungen, den seelischen Schaden durch diese bewusst angestrebte *Verdichtung* fühlbar zu machen. Verdichtung meint hier das intensive Ausloten der Gefühle, um ihr wahres Ausmaß verständlich zu machen.

So wie die Liebe über Worte hinaus auch fühlbare Berührung und sichtbare Geste braucht, so auch der Schmerz, der durch die Verletzung in der Seele des Partners angerichtet wird. Viele stehen unter einem immens hohen inneren Druck durch die vorangegangenen Angriffe, Demütigungen und Abwertungen. Das bedeutet enormen Stress, der, um abgebaut zu werden, eine sinnvolle und gegenseitig verständliche Ausdrucksform braucht. Ähnlich wie ein gestürztes oder von Angstträumen geschütteltes Kind von den Eltern liebevoll gehalten und angehört, zum Berichten darüber besonders aufgefordert wird, brauchen die in der Liebe Verletzten ebenfalls Ohren, die sie hören, und Herzen, die mitfühlen.

Da die Partner dieses Mitfühlen aufgrund der gegenseitigen Kränkungen zu Beginn ihrer Arbeit noch nicht so gut beherrschen und weil sie erst ihren eigenen Druck abbauen müssen, helfen zunächst die Therapeuten. Sie halten die Streitenden dazu an, die Therapiesitzung zu nutzen, den jeweiligen Seelenkummer stimmig an den Partner zu bringen.

Das fällt aus unterschiedlichen Gründen vielen schwer, je nach *Partnerstil von Anpassung, Durchsetzung, Planung* oder *Intuition* (Cöllen 1997): Manche sind zu ängstlich und zurückhaltend, manche zu aggressiv, andere wieder zu schweigsam und wieder andere reden darüber hinweg, ohne die eigentliche Tiefe der Kränkung vermitteln zu können.

Die dialogische und psychologische Bedeutung dieser *inneren Erlebnisvermittlung* ist mehrfach:

- Beide Partner lernen, sich in ihrer Kränkung so darzustellen, dass sie dadurch nicht gleich wieder neue Kränkungen auslösen. Die Klage darf nicht reflexhaft zur Anklage werden.
- Beide Partner lernen, sich selbst in ihrem ureigenen Empfinden achtsam zu vertreten, das heißt auch, sich selbst würdig für die eigenen Belange einzusetzen.
- Beide Partner lernen, auf die Tiefe der eigenen Empfindungen und die des Partners zu achten. Erst dies ermöglicht einen verständnisvollen Dialog.

Aber dieses schmerzliche Erleben einer Kränkung bewusstzumachen, sowohl sich selbst als auch dem Partner gegenüber, wird von vielen gemieden und verdrängt. Zögern, Abwehr und Widerstand treten auf. Kränkung und Gekränktwerden, Verletzen und Verletztwerden sind in der Regel von den zentralen Grundgefühlen *Angst, Bedürftigkeit, Scham, Schuld, Selbstzweifel* und *Wut* begleitet. Durch die wiederholten kleinen alltäglichen oder einige wenige große und schwere Verletzungen wandelt sich das ursprüngliche Vertrauen der liebevollen Hingabe in Vorsicht und Misstrauen. Gefühle mangelnder Geborgenheit, der Verunsicherung und Ratlosigkeit, bis hin zum Verlust von innerer Orientierung und Lebensenergie, stellen sich ein. Sich das selbst oder dem Partner einzugestehen fällt vielen ganz schwer, wenngleich es das Verzeihen sehr erleichtern würde. Das Aufdecken auch anderer starker Gefühlsregungen erfordert meist innere Überwindung, ist mit Scham verbunden und lässt uns zögern. Selbst so positiv bewegende Momente wie ein Liebesgeständnis lassen unser Herz schneller schlagen, lassen uns aber auch zweifeln, schwitzen und manchmal sogar lieber schweigen.

Gerade die *Scham* als zentrales Grundgefühl verhindert oft den Weg zum Verzeihen, sowohl beim *Täter* als auch beim *Opfer*. Oft wird sie aus lauter innerer Abwehr, aus Scham vor der Scham, selbst gar nicht bewusst erlebt und kann deshalb auch nicht benannt oder besprochen werden. Das macht es für den Partner (und die Therapeuten) besonders schwer, überhaupt darüber reden, geschweige denn etwas lösen zu können. Es führt dazu, dass die Betroffenen in der »passiven Ausprägungsform« ganz starr und kontrolliert, mitunter steif, langweilig, gehemmt und phantasielos nach außen wirken. In der »aktiven Ausprägungsform« versuchen die Betreffenden auf völlig gegensätzliche Weise, nämlich durch heftige Aggressionen und Anklagen, ständiges Kritisieren, Abwerten und Demütigen, durch Ironie und Zynismus dieser Scham Herr zu werden. Die gefühlte Unerträglichkeit der erinnerten, der zu erwartenden oder in der Vorstellung erlebten Scham treibt häufig Destruktion und Rachsucht an, die Verzeihen unmöglich machen. Wird das Aufdecken und Durcharbeiten dieser Scham aber übergangen, »wird der Prozess des Verzeihens kurzgeschlossen« (Wurmser 1990).

Dieses notwendige Bewusstmachen der inneren Verletzungen ist zwar der erste Schritt auf dem Weg zur Versöhnung, aber das Erleben solcher *Grundgefühle* löst derart viel Unbehagen aus, dass es innerlich abgewehrt und im Widerstand gegen den Partner »gebunkert« wird. Wie bereits angeführt, erwachsen durch das Bunkern auf Dauer die oben genannten *Abwehrmechanismen von Schuldzuweisung, Entwertung, Verweigerung, Demütigung, Erstarrung* oder *Zerstörung*.

Der Teufelskreis der Streiteskalation beginnt: Statt sich zur inneren Not zu bekennen und damit die eigene Hilflosigkeit gegenüber dem Partner preiszugeben, sich und dem Verletzenden das ganze Ausmaß an Schmerz einzugestehen, gehen die meisten reflexartig in Widerstand gegen den Partner. Statt die Wunde offen zu legen, wird sie aus Scham versteckt. »Opfer und Täter« kämpfen dann sinnlos miteinander weiter, weil das eigentliche Thema gar nicht benannt wird: Der *Täter* ahnt zumeist gar nicht das wahre Ausmaß an Verletzung, dass er angerichtet hat. Das Entsetzliche seiner Tat bleibt ihm verborgen hinter den Gegenmaßnahmen des *Opfers*, gegen die sich der Täter seinerseits zur Wehr setzt. Das *Opfer* vertraut dem *Täter* die Tiefe der eigenen Verletzung selten an. Im Bemühen, das eigene Selbst vor weiteren Beschämungen zu schützen, wird der Andere stattdessen aus dem eigenen Inneren ausgegrenzt. Ihm wird der Zutritt zu Körper, Geist und Seele verweigert. Der intime Blick ins Innere wird verhindert durch Schuldzuweisungen, Demütigung und Abwertung, depressive Erstarrung oder aggressive Zerstörung. Wie hinter einer Rüstung mit heruntergelassenem Visier werden eigene Ängste, tiefe Verunsicherung, bohrende Zweifel, vor allem aber emotionale Bedürftigkeit, unstillbare Sehnsucht, kindliche Hilflosigkeit, Ohnmacht und tiefe Sehnsucht verborgen.

Diesen Panzer abzulegen und das Visier zu öffnen, statt immer neue Aufrüstung zu betreiben, mahnen die Therapeuten wiederholt an, damit der zuhörende Partner tatsächlich auch hinter den Panzer blicken und den wirklichen Seelenzustand des Anderen erkennen kann.

Das veranschaulicht Beatrix in ihrem Brief, mit dem sie bereits die Rüstung abzulegen versucht:

»Lieber Hans, ich bringe zu Dir meine Angst (gepaart mit meiner Scham darüber), nicht zu genügen, nicht auszureichen und sowieso nicht richtig zu sein.

Damit Du mich damit nicht entlarven kannst, versuche ich Dir immer wieder die Bessere, Stärkere, Gebildetere usw. zu demonstrieren, damit Du ja klein wirst oder bleiben sollst und ich mich stark und überlegen fühlen kann. Die Methoden sind vielfältig: ich mache Dich runter, indem ich an Dir rummeckere, Dir deine Unzulänglichkeiten um die Ohren haue – bis hin zu meiner Präsentation, was ich alles schaffe und geregelt kriege im Gegensatz zu Dir. Im Streit drehe ich oftmals vieles so hin, dass Du letztendlich doch schuld bist. Damit mache ich Dich abhängig und klein, nach dem Motto: Du wirst schon wieder angekrochen kommen.

Lieber Hans, es tut mir unendlich leid, weil ich sehe, wie ich Dich damit verletze und behindere, Dich auch selbst zu entfalten, da Du so viel Kraft aufwenden musst, Dich zu behaupten. Ich bitte Dich aus tiefster Seele um Verzeihung und hoffe, dass Du mir weiterhin eine Chance gibst, aus meinen Fehlern zu lernen.«

Ein derart intimer Blick in das eigene verletzte Innere wird dem Partner allzu oft verweigert. Beatrix hat mit ihrem Brief bereits versucht, wie sie es nennt, sich selbst zu entlarven. Statt von Panzerung und Rüstung spricht sie dann eher von einer Maske, die sie lange aufgesetzt hatte. Sie, die sich eigentlich als *Opfer* fühlte, wird durch diese Maske ihrerseits zur *Täterin*. Sie macht es auf diese Weise unmöglich, dass *Hans* seine Schuld begreifen und auf sich nehmen kann.

Diese *innere Erlebnisvermittlung* der eigenen Kränkung gegenüber dem Partner ist Ausgangspunkt jedes Bemühens um Aussöhnung und Versöhnung. Die ganze Traurigkeit, das Geschwächtsein und das ganze eigene Erschrecken dem *Täter* vor Augen zu führen, das ist ein Ziel dieser ersten Stufe auf dem Weg zum Verzeihen.

Damit diese gegenseitige Würdigung der Verletzungen und Kränkungen ohne erneute Anklage zwischen den Streitenden gelingt, fällt dem Therapeuten die notwendige Aufgabe zu, gerade die ersten Sitzungen so zu gestalten, dass diese Offenbarungen möglich werden. Um dafür eine intime Atmosphäre herzustellen, braucht er Mut und Erfahrung, die mit den Fakten verbundenen Gefühlstiefen anzusprechen und an die Oberfläche zu befördern. Je tiefer *Opfer* und *Täter* an diese Beschämungen und Zerstörungen der Liebe herankommen, desto sicherer führt der Weg zur Versöhnung.

Das tiefe Ausloten der im Inneren nagenden Gefühle öffnet diesen Weg. Das wird erleichtert durch die ersten beiden Fragen der *therapeutischen Treppe*, was nämlich die beiden Partner jeweils durch den anderen zu erleiden hatten, und vor allem, mit welchen Gefühlen und wie sie dadurch getroffen wurden.

Das Paar kann dazu, statt nur darüber zu reden, mit intensiverem Erleben die entsprechende Übung durchführen:

Übung ›Rüstung ablegen‹

Eigene Ängste, Nöte, Selbstzweifel, Schamgefühle, Enttäuschungen, Versagensprobleme, Unsicherheiten, Verlassenheitsgefühle und emotionale Bedürftigkeit werden meist nicht offen vor dem Partner angesprochen, sondern hinter einer Rüstung aus Trotz, Vorwürfen, Nörgeln, Kritisieren, Zurechtweisung, Ärger, Jammern, Weinen, Erstarren oder Entwerten, Demütigen und Beschämen verborgen. Dadurch hat der Andere keine Chance, wirklich zu verstehen oder beizustehen. Er kann nur alles falsch machen. So wie der Patient die Wunde dem Arzt vorzeigen muss, damit dieser heilend eingreifen kann, so muss der Eine dem Anderen seine inneren Wunden offen zeigen. Das bedeutet den Anfang einer neuen Streitkultur.

Beide Partner stellen sich dazu voreinander auf und bilden eine Streitskulptur: Zunächst ohne Worte nehmen sie die für sie typische Gebärde und Haltung ein, die sie üblicherweise oder in einer speziellen Streitsituation zeigen. Einige Minuten lang stehen sie so voreinander, dann teilen sie einander mit, wie es in ihrem Inneren aussieht, im Gegensatz zur äußeren Fassade.

Natürlich funktioniert dieses *Rüstung ablegen* auch mit Hilfe von Briefen und bleibt dadurch auch nachhaltig. Die Partner können sich diese gegenseitig mehrmals vorlesen.

Hannah zeigt auf diese Weise in einem Brief an Wolf ganz deutlich, wie sie ihn sich viele Jahre vom Leib gehalten hat, weil sie meinte, sich hinter einer Rüstung von Nörgelei und Kritik schützen zu müssen. Und Wolf, der selbst sehr klug reden konnte, in sein Sprechen aber viele Gemeinheiten und Demütigungen einbaute, um sich seinerseits zu schützen – er erkannte nicht das zitternde kleine und völlig verunsicherte Mädchen in der zwar schönen, aber spröde wirkenden Frau. Hannah schrieb nach monatelanger Paararbeit einen sehr bewegenden Text zu ihrer Rüstung, den sie ihm in der therapeutischen Sitzung unter heftigen und vielen Tränen vorlas:

Wie tarne ich das, wofür ich mich schäme? Ich reagiere mit Unzufriedenheit und nörgle an Dir und Deinem Verhalten herum, weil ich mich schäme, Dir meine Bedürftigkeit zu zeigen. Ich schäme mich, Dir zu sagen, dass ich Hilfe benötige, dass ich erschöpft bin, dass ich mich anlehnen möchte, dass ich umsorgt werden möchte. Ich schäme mich dafür, dass ich von Dir Sicherheit haben möchte. Wenn Du auf meine Unzufriedenheit, auf mein Genörgel nicht reagierst, werde ich wütend und aggressiv und schüttele Dich. Dann schäme ich mich noch mehr. Ich schäme mich für meine Unsicherheit und für mein geringes Selbstwertgefühl. Dieses vertusche ich durch Gefühllosigkeit und Härte. Ich zeige keinerlei Freude über etwas, weil ich viel zu viel Angst habe, zu versagen und es nicht richtig zu machen. Deine Freude unterdrücke ich mit Härte und Nichtbeachtung. Meine Unsicherheit lässt mich auch in die Arbeit flüchten und immer wieder ins Nörgeln. Durch mein Gemecker treibe ich Dich in die Flucht.

In einem Satz: Meine Scham für meine Bedürftigkeit und für mein geringes Selbstwertgefühl tarne ich durch ständiges Gemecker, Gefühllosigkeit, Härte, Wut und Aggression. Dafür bitte ich Dich um Verzeihung.«

Und Ilse, Jans Partnerin, schreibt, um ihre Rüstung abzulegen:

Noch ein Brief, der mich in wirkliche Nöte stürzt. Etwas, von dem ich auch nur sagen kann, dass es mir leid tut, ist, dass ich Dir oft keine Partnerin auf Augenhöhe gewesen bin, indem ich meine Interessen nicht vertreten habe und stattdessen lieber vor Deinen Aggressionen in Deckung gegangen bin. Ich habe mich da kleingemacht. War es in Deinem Brief zur Silberhochzeit, in dem Du geschrieben hast, wie stolz Du darauf warst, Dir eine Lehrerin, eine starke Frau, geangelt zu haben, um dann festzustellen, dass die so stark gar nicht ist? Dass sie vor vielem Angst hat? Es tut mir leid, dass ich Dir meine Ängstlichkeit und meine Verletzlichkeit nicht so gezeigt habe, dass Du sie ernst nehmen konntest. Du fühltest Dich wahrscheinlich hinters Licht geführt. Du weißt mittlerweile ganz gut, wie oft ich meine Angst hinter einer Fassade von Arroganz und verzweifeltem Bemühen um Contenance verborgen habe. Oft tue ich das immer noch. Doch, dafür bitte ich Dich schon um Verzeihung. Ich habe Dir oft nicht gezeigt, wie es mir geht. Du musstest das als Misstrauen auffassen.

Ilse

So lautet also die Verabredung zwischen den Partnern und mit den Therapeuten für die erste Stufe auf dem Weg zur Versöhnung: das innere Erleben greifbar, sichtbar, fühlbar zu machen und die Kränkung und damit verbundene innere Prozesse dem Partner vor Augen zu führen, die Tiefe der Verwundungen auszuloten, Raum und Gehör dafür zu erwarten und zu geben. Im Vordergrund stehen das verstehende Empfinden füreinander und das gegenseitige Einfühlen. Und genau das war infolge der vorausgegangenen Verletzungen schon lange nicht mehr möglich. Folgerichtig wählt die Paarsynthese zunächst als therapeutische Anleitung das erlebnisorientierte Vorgehen. Sie baut damit im Wesentlichen auf Gestalttherapie und andere humanistische Therapieverfahren auf. Dieses *erlebnisintensive Vorgehen* (Hartmann-Kottek 2008, Weber 2006) ermöglicht beiden *Opfern*, die Last vorausgegangener Kränkungen abladen zu können, – und damit auch verständnisvoll gehört zu werden. Die von Michael Lukas Moeller entwickelten *Zwiegespräche* zielen genau darauf ab. Die Partner haben endlich wieder das gute Gefühl, einander engagiert, vielleicht sogar erschüttert zuzuhören.

Im Grunde lernen sie in diesem ersten Schritt das *aktive Zuhören*, wie es einst von *Carl Rogers* für die Gesprächstherapie entwickelt worden war. Mit Achtsamkeit, mit Wertschätzung und Einfühlung konsequent beim Thema zu bleiben, durch Nachfragen aktiv zuzuhören, die Bedeutung des Gesagten auf die Gefühle hin zu hinterfragen und diese Gefühle nach Möglichkeit zu vertiefen, ist das Ziel. Sie lernen dabei, kritische Äußerungen und verletzende Kränkungsmuster trotzdem respektvoll anzusprechen und anzuhören. Mehr ist für diese erste Stufe gar nicht zu erwarten, mehr ist auch gar nicht nötig. Wenn dieser erste Schritt gelingt, ist schon viel gewonnen.

So hören wir zunächst auch die Geschichte von Egon und Nina an, um sie später bei den weiteren Schritten zu begleiten:

Die Streiteskalation zwischen Egon und Nina, die schließlich zur zeitweiligen Trennung führte, verdeutlicht, was für allzu viele andere Paare ebenso gültig ist: Am Anfang stand, oberflächlich betrachtet, eine typische Krise, die viele Paare durchleiden: Egon war vor sechs Jahren eine Seitenbeziehung eingegangen, die er nach Entdeckung allerdings schnell wieder aufgab. Obwohl er in der Folge viel Reue zeigt und Versuche zur Wiedergutmachung unternimmt, kann Nina ihm nicht wirklich verzeihen und misstraut ihm weiterhin. Sie wird extrem eifersüchtig, kontrolliert ihn und fürchtet ständig, dass er sie verlassen wolle.

Beide sind um die 40, haben zwei Kinder, sind attraktiv und sehr erfolgreich im Beruf. Sie wirken von vorneherein sympathisch, gehen freundlich miteinander um und nehmen sehr viel Rücksicht aufeinander. In der ersten Sitzung schon berichten sie, dass sie noch häufig miteinander schlafen, mindestens aber zweimal in der Woche, obwohl sie schon 15 Jahre zusammen sind. Was gibt es da zu klagen? Und was ist da zu verzeihen?

Egon ist es, der sich beklagt: Auch wenn sie noch oft zusammen schlafen und ein wunderschönes Wochenende miteinander verbringen, auch mit den Kindern, spüre er doch, dass Nina zwischen ihnen keine Nähe entstehen lasse. Es sei nur sehr geil, aber eben an der Oberfläche. Sie würde alle Nähegefühle derart hartnäckig immer wieder verneinen, dass er in der Zwischenzeit tief verletzt sei. Fast nebenbei bemerkt er, er könne dann genauso gut gegen einen Baum fahren. Dabei schaut er mich so ernst und traurig an, dass ich weiß, er meint es auch ernst. Sie habe ihm nicht verziehen und ihr Misstrauen und ihre Eifersucht ließen zärtliche Nähe gar nicht zu. Er schaffe es einfach nicht, sie glücklich zu machen. Zum Schluss spricht er immer leiser, bemüht, keine Tränen zu zeigen.

Sie schaut ihn während seines Berichtes ganz liebevoll an, mit einer steilen Falte auf der Stirn. Sie hält dagegen, dass er sie so viel und ständig kritisiere und sie ihm deshalb nicht glauben könne, dass er sie liebe und bei ihr bleiben wolle. Auf mein Nachfragen, was er denn kritisiere, meint sie, dass sie für ihn zu dick sei und er sie nicht wirklich schön finde. Sie könne sich deshalb nicht fallen lassen, und bei ihr laufe immer der gleiche Film ab, dass er sie verlassen wolle.

Erst auf intensives Befragen hin wird deutlich, wie verstrickt die beiden in ihrem negativen Kränkungsmuster sind. Nina selbst leidet darunter, dass sie sich zu dick fühlt, weil sie früher als Fitnesstrainerin besonders schlank und fit gewesen ist. Jetzt, nach den Geburten, sei sie am Bauch füllig geworden, das Alter setze ihr zu, und die Bauchdecke sei weich und schlaff.

Während Nina spricht, sehe ich aus den Augenwinkeln bei Egon viel Kopfschütteln und Widerspruch. Er unterbricht sie schließlich und sagt fast weinend, dass er sie doch in Wirklichkeit sehr schön finde. Und ich kann ihm nur zustimmen – vor mir sitzt eine schmale, sehr gut aussehende und gut gewachsene Frau, die nicht nur schön aussieht, sondern sehr anmutig wirkt und sehr klug und verständig spricht.

Auch jetzt in der Sitzung kann Nina zwar von uns beiden Männern hören, dass sie schön wirkt, erklärt aber, das sei für sie nur wie Schall und Rauch, es erreiche sie nicht. Seine Verzweiflung wird wieder deutlich. Er flüchte dann in die Arbeit, zum Sport, kritisiere sie dann besonders viel und sei deshalb fremdgegangen. Er fühle sich sowieso nicht richtig, mache alles falsch, sei immer überfordert und erschöpft. Dass sie ihn liebe, trotz seiner Macken, könne er nicht glauben. Manchmal reagiere er dann zynisch, quäle sie und demütige sie vor Freunden.

Bearbeiten: Eigene Verletzungen aus der Kindheit verstehen

Woher kennen wir beide aus früherer Zeit solche Verletzungen?
Wie haben wir damals darunter gelitten?
Wie »verknoten« wir beide uns aufgrund der damaligen Verletzungen heute in unseren aktuellen Verletzungen?

Das Paar ist jetzt auf der zweiten Stufe des Weges zur Verzeihung angekommen. Es wandelt sein Streiten um in Suchen. Für die verletzten und gekränkten Partner beginnt nun das aufregende Forschen nach den Motiven hinter dem kränkenden Verhalten, hinter der Rüstung. Beide Partner sind keine bösen Menschen, warum aber handeln viele in der Beziehung böse? Wieso verwandelt sich ein sonst liebenswerter Mensch ausgerechnet in seiner intimsten Bindung in einen unerbittlichen Gegner? Wie kann es zu einer so unversöhnlichen Haltung kommen?

Das Paar kann lernen, von der aktuellen Streitdynamik wegzukommen und zu einem tiefenpsychologischen Verstehen der Konflikte zu finden. Beide suchen nach dem *lebensgeschichtlichen Hintergrund* und ihren jeweiligen früh erworbenen *Kränkungserfahrungen* und *Kränkungsmustern*, die sie heute auf den Partner übertragen. Das bedeutet, wegzukommen vom andauernden, vordergründigen und kräftezehrenden Schlagabtausch, wegzukommen vom Anhäufen immer neuer Kränkungen.

Mit dieser zweiten Stufe auf dem Weg zur Verzeihung beginnt für das Paar eine abenteuerliche Entdeckungsreise. Bildlich gesehen führt sie nach unten und nicht, wie viele hoffen, direkt zu einer Lösung hin. Vielmehr ist es eine Zeitreise zurück in die Tage der Kindheit. Nicht alle Paare wollen sich darauf einlassen und viele sträuben sich, die *Altlasten* aus ihrer *Herkunftsfamilie* aufzudecken.

Aber: Mutter und Vater sind jeweils der erste Mann oder die erste Frau im Leben eines Kindes und damit auch seine ersten Liebespartner. Damals sind unbewusst die Muster und Bahnungen geprägt worden, die im Umgang mit dem Partner heute – meist wieder unbewusst – angewendet werden. Das ganze Glück und das Urvertrauen von damals, aber auch alle Defizite, Kränkungen und Behinderungen haben sich in unseren Organismus aus Körper, Geist und Seele eingegraben. Selbst wenn wir völlig vergessen haben, was wir als Kind erlebten und erlitten, wirkt es unbewusst in unser späteres Verhalten als Liebespartner hinein. Alle Liebes- und Streitmuster der Eltern finden sich in uns wieder, zweifellos in abgewandelter Form, und trotzdem wirksam. In der intimen Prägung der frühen Kindheit, aber auch in der Zeit des Heranwachsens wurden wir nachhaltig für unser späteres Liebesleben vorgeformt.

Wenn die Partner diese Vorgeschichte des Anderen jeweils erfahren, verstehen und sinnvoll einordnen, wird leichter verständlich, warum in der intimen Situation der Zweierbeziehung ähnliche Mechanismen wie damals auftauchen: Ängste, Enttäuschungen, Zorn, Unverstandensein, Einsamkeitsgefühle. All das zugefügte Leid wird wieder angestoßen, wachgerufen und angetriggert, weil eine ähnlich intime Abhängigkeit zum Partner entsteht wie damals zu den Eltern.

Aber: Es sind nicht nur die Fehler der Eltern, die uns enttäuschen, sondern auch die Notwendigkeiten unserer seelischen Entwicklung selbst fügen uns Enttäuschungen zu. Lange bevor wir als Kinder bewusst verzeihen können, müssen wir nämlich lernen, uns mit diesen *Naturereignissen* von kindlichen Enttäuschungen auszusöhnen.

Die erste Grundenttäuschung, dass die Eltern nicht jederzeit so zur Verfügung stehen, wie wir das als Säuglinge impulsiv verlangen, können wir bewusst gar nicht verzeihen: Wir schreien dann, mal wütend und zornig, mal jammernd, mal verzweifelt. Die Säuglingsforschung zeigt zwar, dass Kleinkinder sich gar nicht so ohnmächtig fühlen wie lange angenommen, dass sie sich sogar mächtig fühlen und ihre Bedürfnisse sehr wohl mitteilen können (Stern 2007). Dennoch gibt es dann unerwartet Einbrüche in dieses frühe *Selbstvertrauen*, wenn alles Schreien nicht hilft, die sonst immer zur Verfügung stehende Mutter herbeizuholen. Erscheint sie dann doch, hat das Kind gar nicht die Wahlfreiheit, zu verzeihen oder nicht. Da es abhängig ist, nimmt es sofort versöhnt die angebotene Brust. Kommt dieses Einbrechen nicht zu oft oder nicht dauernd vor, gewinnt das Kleinkind dadurch sogar noch an Urvertrauen hinzu, dass trotz kurzfristiger Not eben doch alles gut wird – ein wichtiger Lernerfolg für das spätere Verzeihen.

Die zweite Grundenttäuschung ist schon schwerer zu verkraften: Das Kind muss erkennen, jetzt schon mehr bewusst als unbewusst, dass die Eltern eben nicht nur helle und liebevolle Seiten haben, sondern auch dunkle und böse Seiten. Diese Erkenntnis bedeutet für das Kind zunächst eine so schwerwiegende Enttäuschung, dass es diese Realität verdrängt. Es spaltet Mutter und Vater einfach jeweils in zwei Personen: in eine gute und in eine böse Mutter, in einen guten und in einen bösen Vater. Jede Strafaktion der Eltern wird als unfassbar erlebt, weil es gar nicht sein kann, dass die über alles geliebte Mutter zu so einer bösen Tat fähig ist.

Ganz ähnlich schlägt es sich im Erleben des Kindes nieder, wenn die Eltern heftig miteinander streiten. Es ist für das Kind so unerträglich, dass es alles unternimmt, die Kämpfenden zu beschwichtigen: Es streckt flehend die Arme nach beiden aus, auf dem Arm des einen Elternteils hin zum anderen. Es versucht, beide zu versöhnen, beide zum Stillsein zu bringen. Es fängt selbst an zu weinen oder es schreit, verstummt in seiner Ecke oder versucht, alles zu »überspielen«. Unter Hintanstellung der eigenen Bedürfnisse beschwichtigt es beide Eltern und versöhnt sich mit ihnen, obwohl die Enttäuschung über die Eltern und die Angst vor einem nächsten Streitausbruch nur mühsam überdeckt werden. Das Kind verzeiht jetzt das elterliche Fehlverhalten nur, um Schlimmerem vorzubeugen. Unbewusst nimmt es sogar die Schuld für das elterliche Streitverhalten auf sich, weil es nur so das elterliche Fehlverhalten erklären kann.

Dieser Lernerfolg auf dem Weg des Verzeihens ist allerdings bedenklich, weil er nur unter Verzicht auf eigene Bedürfnisse zustande kommt. Als Erwachsene geben diese Partner dann später nach und versöhnen sich, ohne die Chance, sich selbst richtig zu vertreten. Diese Versöhnung ist dann nicht freiwillig, sondern mehr ein Stillhalten und Nachgeben. Sie geschieht mehr unter der Angst, dass sonst das bisschen heile Welt vollends zerbricht.

Eine dritte Grundenttäuschung setzt etwa im gleichen Alter von 3 bis 5 Jahren ein, in der sogenannten *Triangulierungsphase*: Das Kind muss erkennen, dass der Vater die Mutter möglicherweise mehr liebt als das Kind. Es muss begreifen, dass die Liebe zwischen Kind und Eltern nicht dazu führt, dass sie heiraten können. Und es lernt, dass Vater und Mutter lieber beieinander schlafen und sogar miteinander, als mit ihm das Bett zu teilen. Auch hier muss das Kind eine große Synthese zustande bringen, um sich trotz dieser Enttäuschung der Liebe der Eltern gewiss zu sein und mit der eigenen Liebe wieder auf sie zuzugehen.

Für Selbstbewusstsein und Selbstwert des heranwachsenden Kindes sind das entscheidende Lernschritte, die sich über die Pubertät hinaus fortsetzen: Die mit der Enttäuschung verbundene Kränkung des narzisstischen Empfindens, mit der eigenen Liebe zurückgesetzt zu werden, verletzt das Selbstwertgefühl. Diese Enttäuschungen zu überwinden, sie zu verzeihen und wieder die Liebe zu spüren stärkt nicht nur die spätere Liebesfähigkeit des Erwachsenen, sondern auch seine Konflikt- und Verzeihensfähigkeit. Die Entfaltung der Verzeihenskompetenz von heute beginnt demnach im Kleinkindalter.

So auch bei Arnika, die als 40-Jährige und Mutter von zwei Kindern immer noch um eine Aussöhnung mit den Eltern ringt, aber bis heute ohne Chance geblieben ist. Ihre Eltern sind mit einem anderen Paar einen Partnertausch eingegangen und leben seit Arnikas Kindheitstagen in einer Viererbeziehung. Als Kind empfand sie wie auch ihre beiden Geschwister kein wirkliches Geborgensein und Angenommensein, weil die Viererbeziehung wie eine undurchdringliche Mauer wirkte und vor den Kindern abgeschottet wurde. Bis zum heutigen Tag verweigern die Eltern oder die tauschenden Partner jedwedes erklärende Gespräch. Vergleichbar damit fühlt sie sich auch heute bei ihrem zweiten Mann nicht wirklich angenommen und gehört. Entlang der *therapeutischen Treppe* arbeitet sie jetzt erst ihren Grundkonflikt mit den Eltern auf, um sich in der dritten Stufe dann, befreit von den Altlasten, ungestört dem Partner zuwenden zu können. Sie versucht durch einen Brief, Frieden mit den Eltern zu finden:

»Warum es mir so schwerfällt, meinen Eltern zu verzeihen, und warum es mir so wichtig ist:«

Ich merke, dass es mir immer noch wichtig ist, dass sie mich irgendwann einmal sehen, so wie ich bin. Wenn ich mich zeige, dann sehen sie mich nur als Bedrohung für sich selbst. Ich habe immer wieder mein offenes Herz, meine Liebe gezeigt, und ich glaube, sie sehen es nicht. Es liegt wohl daran, dass ich sie auch kritisiert habe, aber eigentlich habe ich mich nur vertreten mit meiner Seele und meinen Anliegen, ich habe ausgesprochen, was zwischen uns steht, aus meiner Sicht. Mein Ziel war es, ihnen näherzukommen, wahrhaftigeren Kontakt zu haben. Ich komme jetzt gar nicht mehr mit ihnen in Kontakt, weil sie ihr Leben zu viert leben und schützen und ich die anderen beiden nicht auch als meine Eltern akzeptiere. Ich bin ein Feind, der ausgeschlossen werden muss.

Genau das tut sehr weh und gleichzeitig verhindert es auch den Weg der Versöhnung. Jeden Tag bewegt mich der Gedanke: Wie kann es gehen, was ist, wenn sie sterben oder krank werden? Werde ich mich dann wieder mehr schuldig fühlen, weil ich dann nichts mehr in Ordnung bringen kann? Werde ich diesen elenden Schuldkomplex nie los? Ich denke täglich verschiedene Szenarien durch, wie ich, ohne mich zu verbiegen und in gebeugter Haltung zu Kreuze zu kriechen, wieder Kontakt ermöglichen kann. Es fällt mir einfach keine Lösung ein, und deshalb ist es so schwer zu verzeihen Ich weiß ja, dass es nicht meine Schuld ist, und dennoch tobt in mir immer wieder dieser Kampf. Ich merke, dass es mir mit dem Abstand aber auch gutgeht, und ich kann es mir nicht vorstellen, dort hinzufahren und so zu tun wie zuvor. Ich würde mich selbst belügen.

Wie also im Herzen, im Innersten verzeihen?

Arnika hatte lange versucht – wie bei den Eltern auch in der Beziehung zu ihrem Mann und zu Freunden und Kollegen –, durch ständiges Bemühen und Verstehen ihrerseits alles gut zu machen. Sie überforderte auf diese Weise nicht nur sich selbst, sondern auch ihre Beziehungen. Nun ist sie auf dem Weg, ein autonomes Gegenüber zu werden, was ihr die Eltern lange Zeit unmöglich gemacht haben. Auch wenn in diesem Fall Verzeihen und Versöhnen mit den Eltern nicht gelangen, so hat sie doch daraus gelernt, dieses Kränkungsmuster nicht mehr auf ihren Partner zu übertragen.

Dieses Beispiel zeigt, wie wichtig es ist, diese Art von Vergangenheitsbewältigung gerade in Zusammenarbeit mit dem Partner bewusst anzugehen und aufzuarbeiten. Hilfreich sind hier die in der *therapeutischen Treppe* genannten Fragen der zweiten Stufe:

Woher kennen wir beide aus früherer Zeit solche Verletzungen?

Wie haben wir damals unter diesen Verletzungen gelitten?

Warum und wie »verknoteten« wir uns beide aufgrund der damaligen Verletzungen heute in unseren aktuellen Verletzungen?

Woher kennen wir beide aus früherer Zeit solche Verletzungen?, lautet die erste Frage, mit der sich die Partner nun beschäftigen, um den Weg der Verzeihung weiterzugehen. Die Partner setzen sich jetzt in ihrem wöchentlichen Rhythmus zusammen, um wichtige *Schlüsselszenen* ihrer jeweiligen Partnerwerdung in den Vordergrund zu holen. Schlüsselszenen sind Ereignisse und Begebenheiten aus Kindheit und Jugend, die aufgrund der damit verbundenen heftigen Gefühlserschütterungen wesentlich zur Prägung der Persönlichkeit beigetragen haben. Sie stehen meist in Zusammenhang mit einer wichtigen Bezugsperson, sei es Vater oder Mutter, Geschwister oder Lehrer, auch Mitschüler oder erste Liebesbeziehungen. Entscheidend sind dabei die Szenen, die besonders von Angst, Scham, Wut, Hilflosigkeit, Verlassenheit und ähnlich schmerzenden Empfindungen begleitet waren. Kleine Irritationen durch den Partner genügen dann oft, um die alten Kränkungen wieder wachzurufen und sie im Streit mit ihm erneut abzuarbeiten.

Eine solche *Streitfalle* abzubauen, darum geht es jetzt für jedes um Verzeihen ringende Paar in den nächsten Gesprächsrunden. »Aufdeckung, Aufklärung und Bearbeitung dieser persönlichen Kränkungsmuster« heißt der jetzige Arbeitsauftrag im *Projekt Liebe und Verzeihung*.

Damit beginnt die eigentliche, die aktive Tiefenpsychologie: So viel persönliches Material der zurückliegenden Jahre wie möglich wird reaktiviert: Erinnerungen, Geschichten, Fantasien, Fotos, Briefe, Tagebücher, Begegnungen und Gespräche, Erlebnisse mit wichtigen Bezugspersonen aus der Kindheit, insbesondere natürlich mit den Eltern und Geschwistern. Fantasiereisen und reale Reisen in die Vergangenheit schließen Erinnerungslücken. Gefühle von damals werden wieder wachgerufen. Die Eltern werden eingeladen oder besucht, um an zwei oder drei solcher Sitzungen teilzunehmen. Wie haben sie sich geliebt? Welche Streitmuster und Liebesmuster haben sie an mich weitergegeben? Welche ihrer kränkenden Verhaltensmuster habe ich gar selbst übernommen? Entbehrungen, Verletzungen, Unverzeihliches, Grenzüberschreitendes oder gar Missbrauch von damals werden angesprochen. Unbesprochenes wird nachbesprochen. Für Fehler wird um Verzeihung gebeten. Die blockierten Beziehungen zwischen Kind und Eltern, Vater oder Mutter werden aus ihrer Erstarrung geholt, unerfüllte Liebe zum friedvollen Miteinander geführt.

Die gegenwärtige Liebe zum Partner und die vorangegangene Liebe zu den Eltern mit ihren möglichen Kränkungen in sinnvolle, emotional hilfreiche Verbindung zu bringen, zusätzlich sinnstiftende Erklärungen und hilfreiche Erkenntnisse für die jetzige Krise aus den alten Krisen zu gewinnen, das steht im Vordergrund dieser sicherlich oft schwierigen Gespräche.

Wie haben wir damals unter diesen Verletzungen gelitten?, lautete die zweite hilfreiche Frage auf dieser Stufe.

Es genügt zur seelischen Bearbeitung nicht – das haben wir schon für das Anhören der gegenseitigen Verletzungen gesagt –, einfach nur die Fakten, die puren Geschichten und Erinnerungen, die Defizite und die Kränkungen für den Partner oder von Seiten des Partners anzuhören oder ihm zu berichten. Wahrscheinlich kennt er die Fakten ohnehin schon aus den üblichen Gesprächen über die eigene Herkunftsfamilie. Jetzt kommt es wiederum darauf an, die Art des Erlebens herauszuarbeiten. Dadurch erst wird die seelische Belastung deutlich, die wir davongetragen haben. Auf Prügelstrafen hat der eine mit Schulterzucken, der andere mit tiefster Verzweiflung reagiert. Auf »Affenliebe« und emotionalen Missbrauch hat die eine mit Rückzug, die andere mit abgrundtiefer Depression reagiert.

Die wirklichen *Altlasten* und *Ahnenbotschaften*, in welchem Ausmaß nämlich die Seele damals belastet und erschüttert wurde, werden erst durch das damit verbundene Empfinden und Fühlen prägnant. Das Leiden der damaligen Kinderseele und die mögliche gelungene oder misslungene Verarbeitung entscheiden über das Leiden in der Beziehung von heute.

Durch dieses gemeinsame Begreifen und Aufarbeiten der schicksalhaften Vergangenheit werden die Partner füreinander zu *Entwicklungshelfern*. Sie nehmen sich wie einst Hänsel und Gretel an der Hand, um gemeinsam den Weg durch den großen dunklen Wald zu suchen, die Hexe und damit ihre Ängste und Schrecken zu überwinden und um ihren Verletzungen zu entrinnen. In der Therapeutensprache wird das »die Arbeit mit dem inneren, mit dem *verletzten Kind*« genannt. Diese bildliche Sprache verdeutlicht, wie sehr zumindest ein Teil unserer Seele von diesen Lasten der Vergangenheit niedergedrückt ist. Es ist ungemein wichtig, dieses Kind in uns zu hören und dem Partner zu Gehör zu bringen. Dann kann dieser sich eher liebevoll darum kümmern, weil er besser versteht und weiß, woher manches unerwartete Verhalten kommen mag. Wenn man die kindlichen Nöte von damals und alle damit verbundenen Ängste in den schützenden Armen des Partners loslassen kann, werden alte Wunden allmählich verheilen. Durch nachträgliches Bemuttern, durch Nachnähren kindlicher Bedürftigkeit, durch Pflegen des verletzten Kindes in jedem der beiden Partner, durch körperliches Halten bei quälendem Schluchzen infolge der Erinnerung an die Kinderzeit können die Partner sich gegenseitig Trost spenden, Seelenverletzungen von heute als solche von damals wiedererkennen – und verzeihen. Mütterliche und väterliche, auch geschwisterliche Liebe ergänzen und runden dann die Partnerliebe über die erotische Liebe hinaus ab und machen sie vollständig. Besonders die oft umstrittene sexuelle Befriedigung gelingt auf Dauer nur, wenn auch das Kind in uns in seinen Ängsten und Bedürfnissen befriedigt wurde. Weil viele Erinnerungen sehr schmerzhaft sind, bedarf es wechselseitig verständnisvoller Geduld füreinander, um mögliche Widerstände zu würdigen und gleichzeitig aufzuarbeiten, damit die alten Trauerlasten und Angstmuster tatsächlich aufgegeben und neue Muster eingeübt werden können.

Übung ›Nachnähren‹

Wir alle brauchen viel Liebe und viele Arten von Liebe. Liebe ist nie ein Gefühl allein. Vielmehr gehört zur intimen Partnerliebe ergänzend immer auch die väterliche, die mütterliche, die zweckfreie, teils auch geschwisterliche und freundschaftliche Liebe dazu. Über die eigene Bedürfnisbefriedigung hinaus den Anderen abzuholen in seiner kindlichen Suche nach Geborgenheit, nach Gestilltwerden in seiner Sehnsucht nach Nestwärme und Hautkontakt, nach Angenommensein und Wertvollsein, ist im Reifungsprozess der Liebe unerlässlicher Bestandteil. Zu diesem Nachnähren gehört, dass einer der Partner seine Tränen in schützenden Armen einfach ausweinen darf, seine Schmerzen weggestreichelt bekommt, verständnisvollen Trost findet. Dazu gehört das zärtliche Streicheln bis in die Tiefen der Poren, das Wärmen der nackten Haut, das Füttern mit Obst und mit Küssen, das Pusten ins Ohr und das Streicheln über den Kopf. Der Partner darf an der Brust wie ein Säugling nuckeln und vertrauensvoll im Arm einschlafen. Diese körperlich-seelische Nachnährung brauchen wir auch als Erwachsene, und das immer wieder neu, nicht nur als Baby. Das gilt auch für starke Männer und Frauen: Es macht uns weich, menschlich und stimmig im Innen und nach außen. Sich schwach zeigen können, das macht wirklich stark.

Dazu muss sich das Paar reichlich Zeit nehmen, etwa an einem extra geplanten Liebeswochenende ohne Kinder. Ein wichtiger Unterschied: Kindliche Bedürfnisse werden jetzt nachgenährt, nicht die sexuellen. Die Partner halten sich lange, streicheln, füttern, trösten einander und tun einander Gutes – allerdings jetzt ohne Sexualität. Das würde ein Hinweggehen über die kindlichen Bedürfnisse bedeuten, ein Überschreiten und ein Missbrauchen der nach Verständnis suchenden Kinderseele in uns.

Warum und wie »verknoten« wir beide uns aufgrund der damaligen Verletzungen heute in unseren aktuellen Verletzungen?, lautet die dritte hilfreiche Frage auf dieser zweiten Stufe. Jetzt ist der Kreuzungspunkt erreicht, an dem es sich entscheidet, ob das gemeinsame *Projekt Liebe und Verzeihung* Erfolg haben wird. Hier findet sich nämlich der gemeinsame *Substanzkonflikt.* Unter *Substanzkonflikt* versteht die Paarsynthese die jedem Paar unbewusst gemeinsame, in der Kindheit erworbene Seelenwunde, die die Ehepartner im Umgang miteinander so empfindlich und kränkbar macht. Auch wenn einige sich dagegen sträuben, dass sie selbst eine solche Seelenwunde haben, und noch weniger zugeben wollen, dass sie gerade dadurch in besonderer Weise mit ihrem Partner verbunden sind, belegen dies die Verwirrungen in der *Opfer-Täter*-Dynamik und die gegenseitigen Schuldzuweisungen nur zu deutlich. Das Spiel um den *Schwarzen Peter* ist nur möglich, weil beide mitspielen. Wie jeder von uns seinen eigenen blinden Fleck hat, so hat auch jedes Paar einen gemeinsamen blinden Fleck, den *Substanzkonflikt*. Der Substanzkonflikt ist die gemeinsame seelische Not, die immer wieder Streit und Krisen auslöst.

Verwirrend daran ist, dass die Partner jeweils sehr unterschiedlich, oft geradezu entgegengesetzt damit umgehen. Es ist dann wie bei den zwei Seiten einer Münze: Sie gleichen sich nicht und haben doch dieselbe Bedeutung, denselben Wert. Diese Seelenwunde darf nicht aufgedeckt werden, weil sie dann zu sehr schmerzen würde. Deshalb war sie bisher verdrängt, tief verborgen im Unbewussten und schon gar nicht richtig zu benennen. Aber ohne dieses Wissen, ohne Sprache, Worte und Begriffe dafür ist die Wunde nicht zu heilen, weil mit dem Partner gar kein Austausch darüber stattfinden kann. Stattdessen findet eine Verschiebung auf andere Streitobjekte statt. Solange die tiefe Bedürftigkeit nach zweckfreier sicherer Geborgenheit durch immer neue Seitenbeziehungen oder durch suchtartigen Internetsex abreagiert und der Hunger nach tiefem seelischem Austausch durch immer neue Partnersuche überspielt wird, solange die Scham, sich zur eigenen tiefen Bedürftigkeit zu bekennen, größer ist als das Sich-Öffnen gegenüber dem Partner, bleibt der Teufelskreis in Gang. Wenn diese Urbedürfnisse des *verletzten Kindes* in uns im sprachlosen Unbewussten bleiben, brechen ständig neue Konflikte auf, und neue Kränkungen sind die Folge. Die Auseinandersetzungen währen dann endlos.

Diese Suche nach dem Substanzkonflikt bedeutet die *Stunde der Wahrheit* für die beiden Partner: Es gilt herauszufinden, wie ihre Kränkungen und Verletzungen zusammenwirken, aus welcher Geschichte sie herrühren, wie diese gemeinsamen dunklen Seiten – neben den hellen – psychologisch sinnvoll einander herausfordern. Partnerwahl wird dadurch nahezu schicksalhaft:

Welche seelische Blockierung, welch seelisches Defizit müssen beide Partner jeder für sich und gemeinsam überwinden? Welches gemeinsame Verletzungspotenzial ist zu bearbeiten und aus dem Weg zu räumen? Welche seelischen Lasten wurden bisher auf den Anderen verschoben? Warum konnte dieser *Konflikttransfer* bisher nicht abgebrochen werden (Cöllen 2005)? Warum braucht einer den anderen in diesem Konflikt?

So auch bei Lena und Anton: Er hat sie oft belogen und tat es immer wieder, in allen möglichen Dingen, und er hat sie zwar oft und intensiv um Verzeihung gebeten, und trotzdem hatte er über viele Jahre hin immer wieder Rückfälle. Sie fühlte sich von ihm einfach misshandelt. Sie wurde deshalb ihm gegenüber immer unerbittlicher und strenger, verweigerte sich schließlich ganz und gar. Sie hat ihn dafür geschlagen und wollte sich trennen, trotz der drei gemeinsamen Kinder. Sie wurde für Anton schließlich zur unerbittlichen moralischen Instanz. Ihre große Tragik reicht weit zurück bis hin zu ihrem Vater. Dieser hatte nicht nur sie, sondern die ganze Familie misshandelt. Sie schreibt dazu:

»Im Fall meines Vaters wäre für mich eine Grundvoraussetzung, dass er sich damit beschäftigt, was er mir, meiner Schwester und meiner Mutter angetan hat. Er soll versuchen zu verstehen, wie wir gelitten haben. (Das wird natürlich nie passieren.) Aber ich müsste, um ehrlich verzeihen zu können, glaube ich, wirklich erst einmal richtig verstanden werden und dann aus seinem Munde hören, dass es ihm leid tut und dass er um Verzeihung bittet. Da ist zumindest ein Teil in mir, ein furchtbar strenger Richter, der das erwartet.

Dann gibt es aber einen Teil in mir, der traurig den Kopf schüttelt und sich an die NS-Opfer erinnert und an Menschen, die so großherzig waren, »einfach« – ohne Wiedergutmachung – zu verzeihen, und wohl viel eher inneren Frieden gefunden haben als jemand wie ich, mit so einem strengen Richter. Dieser »traurige« Teil in mir ist an manchen Tagen so stark, dass er mich immer wieder an die Grenze führt und flüstert: »Nun ruf ihn schon an, triff dich mit ihm und rede nicht mehr über alte Zeiten.«

Dann schaltet sich aber ganz schnell ein Teil ein, der schreit: »Vorsicht, Vorsicht! Alles bricht zusammen, das hältst du nicht aus! Alles kommt zurück an furchtbaren Gefühlen – tu das nicht! Mach lieber weiter – wo du gerade bist. Lebe jetzt – so gut du es eben vermagst, und fordere dich *durch die Sehnsucht zum Verzeihen* nicht unnötig oder sogar falsch heraus.«

Lenas Mann Anton hat seinerseits durch die Überstrenge seines Vaters gelernt zu lügen. Und so log er auch Lena an. Und je strenger sie wurde, desto mehr log er sie an. Und sie bestrafte beide: ihren Mann genauso unerbittlich wie ihren Vater. Erst als Anton durch die gemeinsame Paararbeit zu verstehen beginnt und Reue zeigt, finden die Partner allmählich wieder zusammen. Und Lena ihrerseits konnte viel von ihrem unerbittlichen Richter aufgeben.

Lena leidet ebenso wie Anton an enttäuschtem Vertrauen – die Not, die beiden gemeinsam ist. Durch die Gewalt beider Väter ist das kindliche Vertrauen in deren Wohlwollen und beschützendes Verhalten zerstört worden. So hatten Anton und Lena tief im Innersten nur noch Misstrauen gegenüber den angeblichen Liebesgefühlen auf Seiten des Partners. Obwohl sie einander lieben wollten, glaubte es keiner dem Anderen. Deshalb wurde es in der Paararbeit ihr Ziel, füreinander und miteinander neues Vertrauen einzuüben. In diesem besonderen Fall ging es darum, dass Lena lernte, Anton sein Lügen zu verzeihen und dadurch mit ihrer eigenen Kindheit Frieden zu schließen.

Gelingt es den Paaren, ihren Substanzkonflikt aufzuspüren und miteinander aufzuarbeiten, dann haben sie das größte Hindernis überwunden und können jetzt die Treppe aufwärtsgehen. Der Satz heißt jetzt nicht mehr: »Wir haben ein Problem – du bist schuld daran«, sondern jetzt lautet er: »Wir haben ein Problem – wir müssen es gemeinsam lösen«.

Wir wissen jetzt, dass die seelische Not des einen die Not des anderen sucht und braucht, damit die Partner sich gegenseitig und gemeinsam daraus befreien können. Wie durch Magie haben sie sich in der Partnerwahl angezogen, nicht nur des attraktiven Äußeren wegen, sondern instinktiv auch und gerade wegen dieser ihrer einzigartigen abgründigen Seelenkränkung. Jetzt besteht die Chance, dass sie durch ihre engagierte Suche ihre Urkränkung überwinden, an die Wahrheit über die verborgenen Streitmotive herankommen und aus ihrer *Streitfalle*, aus ihren *Konfliktmechanismen* herausfinden.

Der Sinn des Verzeihens wird langsam klarer, denn beide sind gleichermaßen Betroffene, Verwundete, die sich in der Not zusammengefunden haben, eben wie Hänsel und Gretel. Sie können sich nun solidarisieren, statt vergeblich gegeneinander zu kämpfen.

Die Partner helfen einander jetzt geduldig bei der Überwindung der Widerstände gegen diese schmerzhafte Aufdeckung der gemeinsamen seelischen Beschädigung, auch trotz einiger Rückfälle in alte Streitmuster. Weiterhin unterstützen sie einander darin, die Suche nach dem *Substanzkonflikt* konsequent zu betreiben. Die Gefahr besteht nämlich, dass die alten Verdrängungsmuster, die blinden Flecken, trotz gelegentlicher Einsicht immer wieder neu wirksam werden, um diese meist mit Scham verbundene Bloßstellung der eigenen Bedürftigkeit zu verhindern. Offen und eindringlich einander um Hilfe angesichts der eigenen inneren Not zu bitten fällt vielen schwerer, als darum zu streiten oder in grollenden Rückzug zu gehen.

Höchstens ein oder zwei Themen reichen, um die gemeinsame Not im Substanzkonflikt zu beschreiben, wie zum Beispiel *unsere gemeinsame Bedürftigkeit, unsere Sucht nach Bestätigung, unser Rechthabenmüssen, unser Kritisieren, unsere Sehnsucht nach Geborgenheit.* In der weiteren Entwicklung des Partnerdialogs werden diese Themen immer wieder neu auf ihre weitere Gültigkeit überprüft oder durch andere abgelöst.

Ein solcher gemeinsamer unbewusster Substanzkonflikt besteht übrigens auch dann, wenn beide scheinbar sehr unterschiedliche oder gar entgegengesetzte Probleme oder Konfliktmuster haben: Der eine muss zum Beispiel immer Recht haben, der andere ist dagegen immer ängstlich. Dahinter steht das Gemeinsame: Der Rechthaber hat Angst, sein Recht zu verlieren, und der Ängstliche hat Angst, sein Recht durchzusetzen. Dabei handelt es sich trotzdem um dasselbe Problem. Sie gehen nur sehr verschieden damit um und streiten sich endlos darüber, wer Recht hat. Beiden ist gemeinsam, dass sie tiefste Angst empfinden, ins Unrecht zu geraten, weil sie dann zum Schuldigen werden könnten, wofür sie früher bestraft wurden.

Das Bemühen um das Erkennen, Begreifen, Würdigen und Bearbeiten der tiefen Konfliktmuster geht damit dem Ende zu.

Begleiten wir auch bei diesem zweiten Schritt Egon und Nina:

Klar ist, dass gutes Zureden und Überreden bei so tiefsitzenden Ängsten für Nina und Egon keine Lösung bringen. Wir beginnen daher, nach den zentralen Ursachen für Ninas tiefsitzendes Misstrauen zu forschen. Nicht nur Egon, sondern auch mir und schließlich allen Männern traut sie nicht. Sie besitzt so wenig Selbstsicherheit, dass sie abgrundtief an ihrer Attraktivität zweifeln muss. Sie sagt, sie verachte sogar Egon dafür, dass er sie schön finde und sie liebe. Zum einen sei sie dessen gar nicht wert und er mache sich andererseits damit lächerlich, so jemanden wie sie zu lieben.

Aus ihrer Geschichte werden schnell die Gründe dafür deutlich: Ihr Vater – der, wie sich erst Jahre später herausstellte, in Wirklichkeit ihr Stiefvater war – hatte viele Frauen nebenbei und von diesen vier verschiedene Kinder. Als Mädchen war sie immer in Habachtstellung, ob der Vater wohl noch da sei oder ob er überhaupt nach Hause komme. Gemeinsam mit ihrer Mutter durchwachte sie ganze Nächte und versuchte, sie zu trösten. Das kleine Mädchen in ihr zittert heute noch beim Berichten, sie atmet kaum noch und ihre Stimme wird ganz klein, wie ein Hauch. Immer wieder tauchen dabei ihre Kindheitsängste wie ein Flashback auf. Später, als sie schon 13 war, habe er sie auch immer wieder sexuell belästigt.

Als wir noch tiefer auf ihre Geschichte eingehen wollen, beginnt sie Widerstand zu leisten und verweist auf Egon, der tatsächlich genügend Anlass gebe und ihr Misstrauen mehr als rechtfertige. Er habe nicht nur diese Seitenbeziehung gelebt und sei ausgezogen, sondern inzwischen habe er auch angefangen, zu spielen, so dass es zu finanziellen Problemen käme. Deshalb fühle sie sich auch nicht gemeint, wenn sie zusammen schlafen würden. Außerdem achte sie immer viel zu sehr auf ihn, ob sie ihm auch alles richtig mache. Und er würde niemals ihren Bauch berühren.

Egons Geschichte erklärt im Gegenzug viel von seiner Widersprüchlichkeit: Sein Vater, oft abwesend, war ein sehr autoritärer und mächtiger Mann, der so gut wie nie mit seinem Sohn gesprochen hat. Alle Belange der Kinder hatte er an die Mutter delegiert. Diese habe ebenso unter dem Vater gelitten und Egon als Partnerersatz missbraucht. Sie habe ihn in Beschlag genommen. Er wollte ihr immer beistehen und sie glücklich machen, was ihn damals völlig überforderte. Er habe als Kind praktisch die Familie zusammenhalten müssen. Sein Bruder dagegen sei immer das schwarze Schaf gewesen. Er sei groß geworden mit der Angst vor einer Katastrophe. Tatsächlich fand er seine Mutter eines Tages nach der Schule zwar noch lebend, aber mit aufgeschnittenen Pulsadern auf ihrem Bett. Diese Katastrophe fürchte er heute noch.

Verständigen: Gemeinsame »Verknotung« in Konflikten erkennen

Wie und was können wir beide voneinander lernen, statt zu streiten?

Jetzt geht das Paar nochmal eine Stufe tiefer, vielleicht der schwierigste Schritt, weil endlich Erfolg und Überwindung der Krise erwartet werden: Die Partner versuchen jetzt aus den zuvor gewonnenen Erkenntnissen über die Hintergründe der gegenseitigen Kränkungen die leidvolle und konfliktträchtige »Verknotung« zu verstehen, in die sie verstrickt sind. Jetzt geht es nicht mehr um Anklagen und Rechtbekommen, sondern um eine neue Verständigung. Die Aufarbeitung der alten Seelenwunden muss zwar noch fortgesetzt werden – mit Hilfe des Partners und solidarisch –, doch beginnt damit schon die Aufbauarbeit am neuen Partnerdialog. Das Verhalten des Partners zu ändern, vor allem aber auch das eigene, wird zur spannenden Herausforderung. *Voneinander und miteinander zu lernen, statt gegeneinander zu streiten*, so lautet die Aufgabe auf dieser Stufe. Die Motive und Handlungen des Partners in einem anderen Licht zu sehen und nicht nur hypnotisiert auf die eigene Kränkung zu starren, dies ist jetzt das Ziel.

Dazu schreibt Richard an seine Frau:

Liebe L…,

was Du mir antust? Dein »Zetern« verletzt mich, verletzt den kleinen Jungen in mir, dem das gleiche »Zetern« seiner Mutter so unerträglich war. Ich weiß dann nicht, wohin ich gehöre. – Ich glaube zu wissen, was Du suchst: die väterliche Anerkennung von mir, die Du von Deinem Vater nicht bekommen hast.

Was ich Dir antue? Mein Rückzug, Schweigen, Vermeiden, Weggehen ist Gewalt, symbolische Gewalt, die Dich trifft und treffen soll. Mein Schweigen treibt Dich in die Nähe des anderen Mannes. Dafür bitte ich Dich um Verzeihung. Mein eigenes Verzeihen fällt mir deshalb so leicht, weil ich weiß, welch unendliche Erleichterung damit verbunden ist, dass der Knoten unseres Streitens durchgeschlagen ist, weil ich mich nicht mehr selbst abwerten muss – weil ich Dich liebe, immer geliebt habe und immer lieben werde. Dein R.

Dieser kurze, aber inhaltsschwere Brief zeigt die unheilvolle Verknotung des Paares deutlich: Richard zeigt sich genau als der Mann, der dem Vater von Lotte gleicht. Lotte hat sich einen Mann gesucht, der sie leiden lässt, wie ihr Vater es getan hat. Gleichzeitig hat Richard sich in Lotte eine Frau gesucht, die zetert wie seine Mutter.

Die Tiefenpsychologie hat es sehr früh aufgezeigt, die modernen Neurowissenschaften bestätigen es: Ausgerechnet das, was uns an unseren Eltern am meisten gestört, geärgert und verletzt hat, übernehmen wir in unser eigenes Verhaltensmuster, weil die damit verbundenen Affekte so eindrücklich, so gravierend waren. Das geschieht natürlich nicht wissentlich. Im Gegenteil: Als Kinder nehmen wir uns oft vor, auf keinen Fall so zu werden wie die Eltern. Doch unbemerkt vollzieht sich diese Verhaltensübernahme in uns. Das macht die Veränderung dieser Muster doppelt schwer.

Die tragische Folge: Wir wenden diese Muster als Erwachsene ganz besonders auf den Partner an. Wir kränken ihn, wie wir gekränkt worden sind. Eine wichtige Variante besteht darin, dass manche ins Gegenteil dieser Muster verfallen, um den Schrecken von damals nicht selbst zu wiederholen. Das ist dann nur die andere Seite derselben Medaille.

Erstaunliche Folgen sind zu beobachten: Alkoholiker-Kinder trinken als Erwachsene selbst keinen Tropfen, heiraten aber oft wieder einen Alkoholiker. Kinder jähzorniger Väter explodieren und schlagen oft selbst zu, oder sie werden extrem harmoniesüchtig und können sich deshalb nur schwer selbst behaupten. In anderen Lebensumständen gibt es Parallelen dazu: Bei Entführungen identifizieren sich die Geiseln unter dem Druck der tödlichen Bedrohung mit den Entführern, verlieben sich sogar in sie (Stockholm-Syndrom). Sogar in den Konzentrationslagern der Nazis übernahmen die Häftlinge die Verhaltensmuster ihrer gehassten Lagerwärter. Die Ursache für diese paradox erscheinende Seelenanpassung liegt darin begründet, dass es dem Überleben diente, sich mit dem übermächtigen oder verletzenden Elternteil, dem Gefangenenwärter oder dem Entführer zu identifizieren, weil jede Gegenwehr hoffnungslos war.

Dieser Mechanismus funktioniert ebenso bei weniger bedrohlichen Verhaltensweisen, ganz besonders dann, wenn sie unterschwellig und über lange Zeit einwirken: Eine immer kränkelnde und weinende Mutter, ein depressiver Vater, anhaltende Gefühlskargheit und Strenge, Freudlosigkeit, Übellaunigkeit und dumpfe Sprachlosigkeit prägen einen jungen Menschen im Lauf der Zeit. Sie brennen sich in seine Seele ein – und wirken ein Leben lang als *Kränkungsmuster*. Wir traktieren damit den Partner, wie wir damals durch diese Muster gekränkt wurden. Der Partner wiederum bringt seine eigenen *Kränkungsmuster* mit und wehrt sich dementsprechend. Gerade aber im Ineinandergreifen der beiden Kränkungsmuster kommt es zur immer größeren

Verknotung gegenseitiger Beweisführung und Rechtfertigung. Im Endergebnis führt das Aufeinanderprallen der Kränkungsmuster zu den oben beschriebenen und für jedes Paar typischen *Konfliktmechanismen*. Jedes Paar hat dabei seine ureigenen Konfliktmechanismen, weil diese jeweils mit einem anderen Partner und seinen ihm eigenen Kränkungsmustern in der Folge ein ganz spezifisches *Streitmuster* ergeben. Das kann dann je nach Fall eine für das Paar typische Gefühlsdynamik ergeben: Gefühlschaos, Erstarrung und Entfremdung, Dauerstreit, Orientierungslosigkeit, Konkurrenzkampf, Unterwerfung, Verstrickung in Opfer und Täter, Rechthaberei.

Die große Chance, Streit zu beenden und Versöhnung zu praktizieren, liegt darin, dem Partner diese eigenen Kränkungsmuster möglichst früh und immer wieder neu selbst aufzudecken. Dann braucht er das nicht zu tun, und man spart sich die Kränkung und den Gesichtsverlust – dass die eigenen Kränkungsmuster erst durch ihn aufgedeckt werden. Das Selbstaufdecken der eigenen *Fehler* macht die Schuldzuweisung und Anklage durch den Partner überflüssig. Vor jedem Gericht werden Selbsteingeständnis, Selbstanzeige und Reuebekundung als strafmildernd anerkannt.

So schreibt Wolf an Hannah:

Wenn ich meinen kleinen Jungen in mir nicht zur Entfaltung kommen lasse und ich ihn schnell wieder in seinen Schutzraum stelle, bin ich unnahbar, glatt und kalt. Ich verhindere mich dann selbst und bekämpfe Deine Versuche, Nähe zu mir herzustellen. Ich habe Angst, dass dem Kleinen etwas angetan wird, und reagiere mit Starre und Gefühllosigkeit auf Dich. Ich lasse Dich dann in der Luft hängen und verletze Deine Gefühle. Es ist ungerecht, meine Verletzungen an Dir abzureagieren. Das Wiederherstellen meiner Selbstkontrolle gelingt mit nicht über das Zulassen von Weichheit und Offenbarung meines kleinen Jungen, sondern durch Gegen-

wehr und Panzerung. Ich versperre Dir den Weg zu mir und natürlich auch umgekehrt. Deine Würde wird beschädigt und Deine Verletzungen werden weiter vertieft, statt von mir gesehen und geheilt zu werden. Ich stoße Dich weg. Für dieses immer wieder vorkommende Verhalten entschuldige ich mich bei Dir. Stattdessen möchte ich Dir – hoffentlich gelingt es mir – lieber meinen kleinen Jungen zeigen, statt seine Verwundungen an Dir auszulassen!

Wolf

Und Hannah antwortet:

Durch meine immer wieder auftretenden Minderwertigkeitsgefühle ziehe ich mich häufig zurück und gehe eigene Wege. Ich mache Dich damit einsam. Meine Unfähigkeit, Dir meine Bedürfnisse klar mitzuteilen, macht mich unzufrieden und ich kritisiere an Dir herum. Ich mache Dich verantwortlich dafür, dass Du meine Bedürfnisse nicht erfüllst. Mein Gefühl, dass ich nicht richtig bin, übertrage ich auf Dich. Ich weise Dich zurück. Ich nehme Dich häufig nicht ernst. Ich gehe einfach über Dich hinweg. Wie kann ich um Verzeihung bitten?

Ich bitte Dich um Verzeihung. Du kannst nichts für meine Unzulänglichkeiten. Es tut mir leid, dass ich Dich häufig meine Wut spüren lasse. Ich will mein Verhalten ändern, indem ich Dir von meinen Verletzungen erzähle.

Hannah

Wenn die Paare so weit auf dem Weg zur Versöhnung gekommen sind, können sie erst einmal erleichtert aufatmen. Sie sind schon fast auf der Treppe nach oben. Die Verschiebung der eigenen Konflikte auf den Anderen wird angehalten. Nach dem Verständnis der Tiefenpsychologie sind 75 Prozent aller Partnerstreitigkeiten und -krisen das Produkt der eigenen inneren Unfriedlichkeit. Diesen Konflikttransfer gilt es zu beenden. Dann werden auch die gegenseitigen Schuldzuweisungen überflüssig.

Das umfangreiche Thema »menschliche Schuld« kann hier nicht abgehandelt werden. Dies kommt den Philosophen und Theologen zu. Und doch gehört es zu den Aufgaben der Paartherapie, den Umgang mit Schuld und Fehlern menschenwürdig zu gestalten. Wie der Einzelne mit seinen eigenen Fehlern und mit seiner Enttäuschung über den Anderen umgeht, wie er dessen Fehler verurteilt, für sich einsetzt oder gar missbraucht, das macht ihn zum Schuldigen. Es geht nicht darum, Schuld und Fehler zu tilgen. Das wäre unmenschlich, denn wir sind von Natur aus mit Fehlern behaftet, weil wir Menschen eben nicht vollkommen sind. Aber wie die Partner einander in dieser Fehlerhaftigkeit begegnen, das bedarf vielfältiger Aufarbeitung.

In der Krise eines Paares stellt sich das Thema vielfach: Werden wir aneinander schuldig, weil wir anders sind, als der Andere uns haben will oder uns braucht? Werden wir schuldig, weil wir andere Bedürfnisse haben als der Andere? Werden wir schuldig, weil wir unsere Vergangenheit als Altlast mitbringen? Und können wir überhaupt einander verzeihen, wenn der Andere nicht aufrichtig seine Schuld eingesteht? Und ist das, was uns trennt, wirklich Schuld? Oder kann der Eine das Anderssein des Anderen würdigen und als Bereicherung begrüßen? Die Kernfrage dazu fasst alle anderen zusammen: Können wir unserem Partner verzeihen, dass er nicht so vollkommen ist, wie wir dachten, als wir ihn gewählt haben?

Sich trotz Fehler und Kränkung nicht enttäuscht abzuwenden ist der Beginn der wirklichen Liebe. Ein Kind kann sich nicht von den enttäuschenden Eltern abwenden, wieso sollten wir uns deshalb vom Partner abwenden? Nicht der Partner ist schuld, dass wir uns getäuscht haben in dem Bild, das wir uns von ihm entworfen haben. Es ist eine Wiederholung der Grundenttäuschung, wie wir sie als Kind mit den

Eltern erlebt haben: Die Idealvorstellungen müssen der Wirklichkeit weichen.

Jetzt verständigen sich die Partner darauf, die Enttäuschungen über den Anderen und die Schuldenlasten nicht mehr hin und her zu schieben. Stattdessen beschließen sie einen Solidarpakt, die kränkenden Altlasten gemeinsam abzutragen. Damit das keine leeren Worte bleiben, beginnen sie damit, einander für angetanes Leid um Verzeihung zu bitten. Damit das aber Bestand hat, sollen sie dies in einer Übung schriftlich tun:

Übung ›Verzeihensbriefe‹

> Die Partner bitten sich gegenseitig schriftlich in einem ausführlichen Brief um Verzeihung für das, was sie einander bisher mit den eigenen Fehlern und Kränkungsmustern an Leid – meist unbewusst – zugefügt haben. In einer ruhigen Stunde lesen sie sich die Briefe gegenseitig vor und überreichen sie anschließend einander.

So schreibt ein Schweizer Paar:

Liebe …
Es tut mir leid, dass ich Dich abwerte, dass ich Dir das Gefühl gebe, Du könntest es mir nicht recht machen, dass ich Dir nicht wirklich zutraue, etwas gut zu machen, und dass ich Dir nicht wirklich zutraue, dass Du für Dich Verantwortung übernehmen kannst (weil ich bis jetzt auch für mich nicht Verantwortung übernommen habe). Für all das möchte ich mich bei Dir aus tiefstem Herzen entschuldigen und Dich um Verzeihung bitten.

Lieber …
Ich bitte Dich um Verzeihung für all die Zurückweisung, die ich Dir über Jahre angetan habe. Bitte verzeih mir, dass ich

Dich unterdrückt habe. Ich schäme mich dafür. Ich schäme mich auch für meine Unerreichbarkeit. Ich will doch bei Dir sein. Es tut mir so leid, dass Du mich manchmal nicht finden konntest.

Die Partner werden einer für den anderen zum *Entwicklungshelfer*, um über die frühen Verletzungen aus Kindheit und Jugend hinauszuwachsen. Die schnelle Kränkbarkeit, Gereiztheit und Aggressionsbereitschaft, die Verzweiflung und die Schwermut aus jenen Tagen, die bis heute anhalten und das gemeinsame Leben so schwermachen, finden nun einen mitfühlenden Ansprechpartner. Viel Geduld und immer wieder neues Verzeihen von Rückfällen mögen erforderlich sein, denn die meisten Zerstrittenen sind nicht gleich zu einer wirklichen Korrektur ihrer Kränkungsmuster und Konfliktmechanismen fähig.

Die Partner nutzen diesen Stand der Entwicklung, um durch weitere praktische Übungen den Austausch miteinander zu intensivieren und das emotionale Aufarbeiten der Verletzungen zu fördern.

Übung ›Kränkungsmuster‹

Das Ziel dieser Übung ist, die oben beschriebenen kränkenden Beziehungs- und Streitmuster der Eltern zu erkennen, zu benennen und mit ihren Folgen für die eigene seelische Entwicklung zu beschreiben. Drei Fragen sind nacheinander zu beantworten, ohne die nachfolgenden schon zu lesen, damit die entsprechende Antwort unbeeinflusst gegeben werden kann. Die Antworten halten Sie bitte nach der ersten, der zweiten und der dritten Frage jeweils schriftlich fest, um dann erst die nächste zu beantworten.

Ablauf:

1. Schritt: Nennen Sie drei Verhaltensweisen jeweils von Vater und Mutter, die für Sie als Kind störend, unangenehm, peinlich oder beschämend waren. Welches Verhalten war Ihnen verhasst, was hat Sie besonders verletzt, bestürzt, traurig gemacht oder geärgert? Jetzt folgt das *Aufschreiben* der drei schlimmsten und schwerwiegendsten Kränkungsmuster jeweils von Vater und Mutter. Sie haben dann zusammen sechs solcher Verhaltensmuster da stehen. Schreiben Sie noch unbedingt dazu, wie sehr und auf welche Weise Sie darunter gelitten haben. Erst nach dem Aufschreiben lesen Sie den folgenden zweiten Schritt:

2. Schritt: Achtung: Welche der genannten Kränkungsmuster haben Sie unbewusst selbst übernommen und wenden sie auf Ihren Partner an? Nennen Sie etwa drei davon, die bei Ihnen im Umgang mit dem Partner wiederauftauchen. Finden Sie kein solches Kränkungsmuster bei sich, dann wollen Sie etwas davon nicht wahrhaben und versuchen, die Aufgabe zu umgehen. Befragen Sie dann Ihren Partner dazu. Jetzt folgt das *Aufschreiben* der drei übernommenen Kränkungsmuster. Erst nach dem Aufschreiben lesen Sie den folgenden dritten Schritt:

3. Schritt: Wie wirken sich diese meine Kränkungsmuster auf unsere Beziehung heute aus? Welchen Schmerz füge ich dir damit zu? Was erleidest du, indem ich diese Muster auf dich anwende? Wie verletze und beschäme ich dich heute damit? Jetzt folgt das *Aufschreiben* der möglichen Auswirkungen auf den Partner, wie es aus der eigenen Erfahrung vorstellbar ist.

Auswertung: Lesen Sie sich eine Woche später gegenseitig diese Texte vor. Lassen Sie die genannten Kränkungsmuster gedanklich einwirken. Betrachten Sie mit selbstkritischem Blick Ihre Anteile daran, wie Sie dadurch immer wieder Verletzung und Enttäuschung in die Beziehung bringen. Was tun Sie einander – einer dem Anderen – damit konkret an? Wie wirkt sich das auf den Partner aus?

Wichtig bei allen Übungen dieser Art: Die Partner dürfen jetzt das mögliche Eingeständnis auf keinen Fall ausnutzen und missbrauchen, um einen Gegenangriff zu starten. Das würde die ganze Aufbauarbeit zunichte machen.

Übung ›Nach(t)gespräche‹

Das Ziel dieser Übung ist, den Austausch über die Beziehung selbst und das Verzeihen zu vertiefen. Es soll nicht dem Zufall oder dem Alltag überlassen bleiben, ob die Höhen und Tiefen des Liebeserlebens überhaupt Sprache finden und gegenseitig in der ganzen Bedeutung benannt werden. Deshalb soll einmal im Monat ein fester Termin eingerichtet werden, an dem die Kränkungen der vergangenen vier Wochen nachbesprochen werden – und natürlich auch die glücklichen Stunden. Die Partner sollen sich dafür einen festen kontinuierlichen Termin einrichten, und zwar an einem Abend, damit bis in die Nacht hinein Zeit ist und ein intimes Ausklingen möglich wird. Jungverliebte tun das ganz oft, dass sie nächtelang reden, bis zum Morgengrauen. Müde von der Liebe zur Arbeit zu gehen, dies ist ein wichtiger Ausbruch aus Alltagsmustern – statt von der Arbeit müde zur Liebe nach Hause zu kommen.

Ablauf: Der verabredete Abend wird ein festes Ritual. Er sollte zu Hause stattfinden – möglichst ohne Alkohol, Zigaretten und ohne Kinder. Jeweils ein Partner übernimmt im Wechsel die Gestaltung: Er schmückt den Raum mit

Blumen, Obst und Kerzen, Düften und Musik. Er fängt auch an zu reden und hat sich seine Themen vorher zurechtgelegt.

Das Beispiel eines Mannes:

Du, ich wollte mit dir noch einmal über unseren Konflikt von vor zwei Wochen sprechen. Ich weiß, dass ich dich damals geärgert habe, weil ich so flapsig über dich und deine Freundin gesprochen habe, dich auch vor ihr gehänselt habe. Wir haben schon gleich danach darüber geredet und ich habe mich entschuldigt, aber ich habe noch einmal darüber nachgedacht. Es ist mir wichtig, dir nachträglich noch zu sagen, warum ich mich so verhalten habe, dass ich nämlich selbst mitten im Stress steckte und ... ja, und ich mich ärgerte, dass ihr keine anderen Sorgen habt als den »lausigen« Elternabend. Ich habe dich, euch mit dem Einsatz für die Kinder nicht ernst genommen ... Dabei weiß ich, wie wichtig ... Ich will dich deshalb noch einmal ausdrücklich um Verzeihung bitten ... Und ich weiß, wie gut das unserem Sohn tut. Aber ich möchte bei dir auch mal Gehör finden für meine Sorgen und mich bei dir ... Manchmal bin ich fast eifersüchtig auf ihn – ich brauche doch auch mal Streicheleinheiten ... Verzeihst du mir???
So angefragt, konnte die Frau nur ganz weich reagieren, erzählte dann, dass sie sich bei ihm entschuldige, weil sie ihn nur noch selten frage, wie es ihm wirklich gehe, ihm kaum noch zugehört habe in den letzten Wochen. Dabei entbehre sie auch seine zärtliche Zuwendung ... das sei viel mehr als das Geld, was er nach Hause bringe ...
Dieses Nachtgespräch ging noch viel länger, wie das Paar berichtete: Um einen Streit über den Urlaub, bei dem sie ihn gar nicht nach seinen Bedürfnissen gefragt hatte – und er bat sie noch um Verzeihung für den fast erzwungenen Sex, weil er ...

Es wurde in der Nachbesprechung mit dem Paar deutlich, wie viel sich in vier Wochen angesammelt hatte, aber auch wie sanft und zärtlich die beiden aufeinander eingehen konnten infolge der Bereitschaft, Fehler einzugestehen und um Verzeihung dafür zu bitten. Das feste Ritual dieser Übung bietet dafür den nötigen geschützten und intimen Raum.

Das Paar kann sich jetzt an die folgende Hauptübung dieser Stufe heranwagen. Sicherlich ist es gut, diese mit dem

Therapeuten vor- und nachzubesprechen. Diese Übung ist die unmittelbare Fortführung der Arbeit mit dem Substanzkonflikt auf der zweiten Stufe. Hier allerdings geht es nun darum, die Folgen und Konsequenzen der gemeinsamen Konfliktverknotung und Konfliktverkrustung miteinander herauszustellen:

Übung ›Konfliktverknotung‹

Die Suche nach dem Schuldigen oder nach dem Friedensstörer beginnt immer bei sich selbst. Das Problem wird jetzt nicht mehr dem Anderen übergestülpt, er muss nicht mehr für eigene Unzufriedenheit und Unfriedlichkeit herhalten. Innere Spannungszustände werden als solche benannt und nicht auf den Partner transportiert. Nicht er ist für mein Glück verantwortlich, sondern ganz allein ich selbst. Viele neigen dazu, ihren Stress, dem sie etwa im Beruf unterworfen sind, ungebremst an den Partner weiterzugeben. Versagensängste, Leistungsdruck und Konkurrenzgebaren finden ihr Ventil am Partner; er dient als Blitzableiter. Minderwertigkeitsgefühle, Unzufriedenheit, Lebensprobleme werden auf ihn geschoben. Häufig handelt der etwas schwächere Partner dann in einer komplementären inneren Konfliktübernahme passend dazu, dass er nämlich zu seinen eigenen Lebensängsten die des Partners zusätzlich austrägt. Dann wirkt der Eine ganz mutig, groß und stark, der Andere doppelt gebrechlich, schwankend und unsicher. Diese Dynamik von Konflikttransport und Konfliktübernahme vollzieht sich oft schleichend, über Jahre, fast unmerklich, endet aber oft mit der immer größeren Entkräftung des Einen, während der Andere auftrumpft, sich eine Jüngere sucht, um schließlich die Last abzuschütteln, die er jahrelang auf die Partnerin transportiert hat.

Für diese Übung nehmen sich beide zwei Wochen Zeit, um ihre Überlegungen zur Konfliktverknotung aufzuschreiben: Sie zählen auf, was sie an eigenem Konfliktpotenzial an den Partner heran- oder auf ihn übertragen. Ergänzend beschreiben sie ihre Ahnungen darüber, wie der Partner darunter zu leiden hat. Im zweiten Schritt schreiben sie umgekehrt auf, was ihnen selbst vom Partner aufgebürdet wird und wie sie darunter leiden. Das Ergebnis lesen sie sich gegenseitig vor, allerdings am besten in der Sitzung mit dem Therapeuten zusammen. Dann besprechen sie, wie sich ihre jeweiligen Sichtweisen ergänzen und zu einem Puzzle ihrer Konfliktverknotung zusammenfügen lassen.

Dann wird deutlich: Was du an mir bekämpft, ist auch dein Problem, auch wenn es sich ganz anders darstellt. Was ich an dir bekämpfe, ist auch mein Problem, auch wenn es sich ganz anders darstellt. Dass wir uns gegenseitig unsere Schwächen und Fehler vorwerfen, lenkt von unseren jeweils eigenen Problemen ab, hilft uns allerdings beiden nicht weiter. Wir können aber die jetzt klare Sicht auf unser beider Fehler nutzen, um einen neuen Weg einzuschlagen, statt darüber zu streiten. Wir unterstützen uns gegenseitig, statt uns dafür anzugreifen und zu bestrafen. Deine Probleme sind auch meine Probleme; wir lösen sie gemeinsam. Lange haben wir unsere Kraft daran verschwendet, die eigenen Fehler mit denen des Anderen zu vertuschen. Jetzt fügen wir unsere Kräfte zusammen, um diese Fehler gemeinsam zu überwinden. Gemeinsam stärken wir uns, statt uns zu schwächen, um uns von alten Blockierungen und Ängsten zu befreien und uns weiter zu entfalten. Wir entwickeln uns durch den Anderen und mit ihm weiter.

Im Fall von *Lena* und *Anton* bedeutete das ganz praktisch, dass sie sich jetzt in ihren Sitzungen immer wieder mit ihrem verlorenen (Ur-)Vertrauen beschäftigten, einander Erlebnisse dazu von früher und heute und aus der letzten Woche berichteten. Darüber hinaus verständigten sie sich immer wieder neu, wie sie langsam zueinander tieferes Vertrauen fassen lernen, wie sie das in Worte, Gesten und Handlungen umsetzen können.

Im Fall von *Hannah* und *Wolf* ging es im gemeinsamen Substanzkonflikt darum, statt gegenseitige Entwertung zu betreiben, einander mehr zu achten und zu würdigen. Sie haben das schließlich auch den beiden heranwachsenden Söhnen von Hannah vorgetragen, die mit im gemeinsamen Haushalt leben. Sie haben sich selbst damit so etwas wie eine Kontrollinstanz ins Haus geholt: Die Söhne Theo und Christoph (18 und 20 Jahre) achteten künftig mit auf die Einhaltung.

Um diese Verständigungsarbeit trotz aller Wunden und trotz Substanzkonflikt schließlich erfolgreich werden zu lassen, braucht das Paar jetzt den vertieften Dialog. Gemeint ist damit die Berührung der Seelen, das Begegnen der Herzen, das Abgeholtwerden im tiefsten Inneren statt gegenseitiger Demütigung, Wortkargheit, oberflächlichem Gerede oder alltäglichen Absprachen. Es gilt für jedes Paar, dass es das Geheimnis der Dialogvertiefung herausfinden muss, um das Wunder der Liebe, das Bewundern und Bestaunen, das Begehren des Anderen nicht zu verlieren

Begleiten wir an dieser Stelle erneut Egon und Nina:

Aus ihren Geschichten wurde deutlich, dass beide in ihrer kindlichen Liebe seelisch missbraucht worden sind. Deshalb sucht Egon einerseits sehr intensiv nach Ninas Nähe, flieht aber selbst diese Nähe wieder und kann sie nicht aushalten. Er kritisiert Nina dann besonders heftig und häufig und hat vieles an ihr auszusetzen – wie der Vater einst an ihm. Dabei wolle er weder zu der anderen Frau noch zum Spielen, nur schaffe er es einfach nicht, Nina glücklich zu machen. Die Mutter, die sich an ihn als Partnerersatz klammerte, hat ihn überfordert, weil er es nicht schaffte, sie glücklich zu machen. Genau diese Gefühle treten jetzt wieder gegenüber Nina auf: Er kann sie nicht glücklich machen, er kann ihre Selbstzweifel nicht stillen, deshalb flüchtet er schließlich in Arbeit und Spiel. Auch Ninas Nichtverzeihen hat eine lange Geschichte, die mit dem ständigen Fremdgehen ihres Vaters begonnen und sich mit dessen sexuellen Übergriffen fortgesetzt hat. Beide sind ganz verzweifelt: Sie weiß nicht, wie sie Egon verzeihen soll, da sie ihm nicht vertrauen kann. Und er weiß nicht, wie er ihr verzeihen soll, dass sie ihn immer wieder zurückstößt, seine Liebesbeteuerungen nicht glaubt, auf diese Weise Nähe nicht zulässt.

Wer muss hier wem verzeihen? Wer ist überhaupt *Opfer* – und wer *Täter*? Und wie neue Nähe finden ohne Vertrauen? Nähe entsteht in der Tiefe, in die wir uns hineinfallen lassen. Wie kann Nina sich hingeben, wenn sie sich selbst nicht vertraut? Wie schließlich verzeihen ohne Vertrauen? Wie kann Egon der an allem zweifelnden Nina standhalten, ohne selbst zu verzweifeln an seiner alten Angst, für den Vater nicht gut genug und für die Mutter nicht genügend gewesen zu sein?

Das Geheimnis der Dialogvertiefung – das Wundern in der Liebe

Viele Paare melden sich am Telefon zur Paartherapie an und nennen als Grund *Kommunikationsprobleme.* Sie meinen damit wohl, dass sie kaum miteinander reden können, sofort in Streit geraten und sich häufig gegenseitig kränken, worauf meistens ein Gesprächsabbruch erfolgt, manchmal für Tage. Dahinter verbirgt sich aber noch weit mehr, wie sich oft in der ersten Sitzung herausstellt: Sie schlafen kaum noch miteinander, sie leben in getrennten Zimmern, denken oft schon an Trennung, sie bezichtigen sich gegenseitig fortgesetzter Kränkungen und können einander nicht mehr verzeihen.

Der Begriff *Kommunikation* ist hier fehl am Platz, weil diese längst nicht mehr funktioniert, sondern nur noch Destruktion stattfindet. Der Begriff *Kommunikation* spiegelt nicht wirklich die großen emotionalen Probleme, die in der Sprachlosigkeit der Herzen und der Seelen der Liebenden verborgen sind. Es stimmt mich sehr nachdenklich, dass so viele Paare so wenig, so dürftig und lieblos, so gefühllos und ohne Tiefe miteinander reden. In einigen Untersuchungen wurde nachgewiesen, dass Paare nach sechs Jahren Beziehung durchschnittlich pro Tag nur noch 4 bis 6 Minuten miteinander reden (Jürgens 1973).

Der Begriff *schlechte Kommunikation* – Fachleute sprechen dann von *dysfunktionaler Kommunikation* – gibt nicht wirklich das Drama und die tiefe menschliche Not wieder, die das Paar in eine Krise stürzen. Es geht um viel mehr als um Kommunikation. Sie ist nur die Oberfläche, das Mittel zum Zweck, das Werkzeug. Um aber die Tiefe der Liebe auszuloten, auf dem Grund der Seele anzukommen und den Höhepunkt gemeinsamer Lust zu erreichen, bedarf es mehr als der Kommunikation. Der Weg dahin führt vielmehr über den Austausch von Körper, Geist und Seele zwischen den Liebenden. Vollzieht sich dieser Austausch im gleichen Moment, berühren und öffnen sich also Körper, Geist und Seele füreinander im Ineinanderfließen der Gefühle, ist dies der Punkt höchster Intimität. In der Paarsynthese sprechen wir daher bewusst vom *Dialog* der Liebenden und nicht von ihrer Kommunikation. Der mehr technische Begriff *Kommunikation* trifft nicht so sehr die sinnhafte und sinnliche Dynamik der Dreiheit von Körper, Geist und Seele und deren Austausch im liebenden Ineinander. *Die Sehnsucht der Liebenden erfüllt sich im Dialog.*

Das Ringen und Suchen um die notwendige *Dialogvertiefung* des Paares steht ganz im Zentrum der Paarsynthese. Sie ist der einzige Weg zur Erfüllung der Sehnsucht, der Sehnsucht nach Liebe und der Sehnsucht nach Verzeihung. Wir gehen davon aus, dass im Alltag der Liebenden die Fähigkeit, einen Dialog vielfältig, intensiv und intim zu gestalten, über die Güte und Dauer der Beziehung entscheidet. Eine gute *Dialogkompetenz* verbessert nicht allein die kommunikativen Fähigkeiten, sondern erweitert auch den geistigen

Die fünf Säulen der Partnerschaft

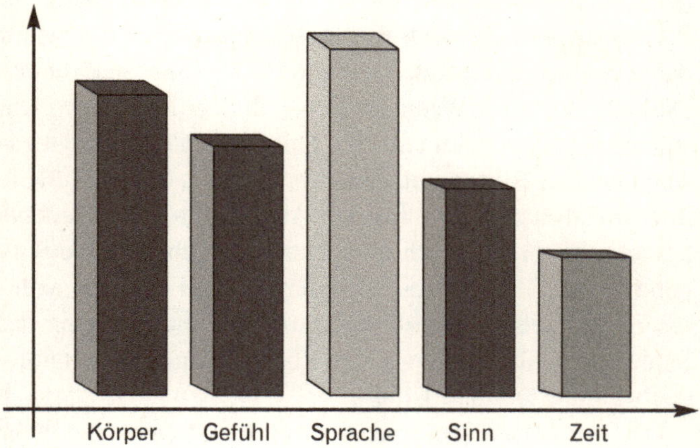

Die fünf Säulen der Partnerschaft repräsentieren die fünf Hauptdialoge, die alle zusammen den vertieften und verdichteten Dialog des Paares ausmachen. Voraussetzung dafür ist, dass alle Dialoge in etwa gleich häufig und gleich intensiv geführt werden und miteinander in Resonanz stehen. Die Dialoge müssen nicht immer gleichzeitig vollzogen werden, geschieht dies aber, erfüllt sich beglückende Intimität. Entscheidend dafür ist das Ausmaß an Zeit sowohl in Qualität als auch in Quantität, das für den Austausch des Paares zur Verfügung gestellt wird. Bröckelt oder stürzt eine der Säulen, droht nach dem Domino-Prinzip der Einsturz auch der anderen Säulen. Um Verzeihen, Versöhnen, Wiedergutmachen und damit neue Nähe zu ermöglichen, ist es entscheidend, alle Säulen wieder aufzurichten.

Horizont, erhöht die emotionale Intelligenz, fördert die seelische Reifung und die sinnliche Körperbegegnung der Partner in der Verschränkung der Gefühle. Dialogkompetenz zeigt sich in wacher Präsenz, Einfühlungsvermögen, in offener Resonanz und konstruktiver, durchaus kritischer Verständigungsbereitschaft dem Partner gegenüber.

Körper, Gefühl, Sprache, Seele und Zeit sind die *fünf Dialogsäulen*, auf denen der Austausch und das Glück des Paares aufbauen. Diese Säulen brauchen ein solides Fundament, damit sie stabil aufragen und die Anforderungen der Partner aneinander auch tragen können. Die Zeit gewinnt dabei eine entscheidende Funktion für die Liebe und für den Dialog der Paare: Wenn sie keine Zeit erübrigen wollen, stürzen die Säulen um und der Dialog der Partner bricht zusammen. Das Bild macht weiterhin deutlich, dass jede Säule ihre angemessene Zeit für den Aufbau ihres Fundaments braucht. Wenn man sich etwa hauptsächlich und überwiegend für die Säule Körper Zeit nimmt, wird man den anderen Säulen die Standfestigkeit rauben. Fällt aber eine der Säulen, reißt sie im Sturz in der Regel die anderen mit um – der bekannte Domino-Effekt.

Die Zeit entscheidet noch über andere Aspekte: Je mehr Zeit zur Verfügung gestellt wird, desto höher und breiter können die Säulen gebaut werden. Das bedeutet für den Dialog des Paares, dass die Intensität ihres Austausches zunimmt. Natürlich hat Zeit an sich viele Eigenschaften und sie allein garantiert keine Intensität. Wenn viel Zeit zur Verfügung steht, aber nicht genutzt oder nur passiv abgesessen wird (vor dem Fernsehgerät oder dem Computer), bleiben die Dialogsäulen niedrig, der Dialog der Liebenden verflacht. Die Intensität des Austausches geht verloren. Das Paar lebt nebeneinanderher. Vielmehr gilt es, die Zeit des Paares miteinander kreativ zu nutzen, um die Intensität zu steigern, also die Säulen in die Höhe zu bauen.

Die Intensität steht hier für den Fluss der Gefühle. Er verbindet die Säulen zu einem ganzen Gebäude. Zwischen Körper, Geist und Seele fluten die Gefühle für den Anderen. Aus dem Bild wird deutlich, dass die Gefühle bestimmten Gesetzen unterliegen, die zu beachten sind, wenn der Fluss nicht austrocknen soll.

Alle Gefühle brauchen Zeit, um zu wachsen, zu voller Intensität zu finden, um zu ihrem Höhepunkt zu kommen. Und sie brauchen Zeit, um wieder ausklingen zu können.

Sie können nur in besonderen »Ausnahmezuständen« wie der Liebe auf den ersten Blick – aus dem Moment abgerufen werden. Einige Gefühle treten im Lauf der Zeit zurück, zugunsten anderer, die sich in den Vordergrund schieben. Im rhythmischen Wechsel zwischen den Säulen liegt dann die ganze Erfüllung, die Lebensfähigkeit und die Überlebensfähigkeit von Liebe.

Den Dialog zu vertiefen, diesen zärtlichen *Dreiklang von Körper, Geist und Seele* zwischen den Liebenden zum Tönen zu bringen, das führt endlich zum ersehnten Ziel: zu lebendiger und sinnerfüllender Intimität. *Intimität ist die dichteste Form von Dialog.* Der *intime Dialog* des Paares vereint Körper, Geist und Seele zum Universum der Liebenden. Erst dieser vertiefte Dialog ist imstande, den häufigen Verletzungen, den schlimmen Verwundungen und den Kränkungen zwischen den Partnern vorzubeugen oder diese gut zu bewältigen.

Intimität und intimer Dialog gehen damit über den reinen Körperdialog hinaus und erfassen Geist und Seele gleichermaßen. Wir betreten jetzt mit dem Paar das Reich der Sinne. Gelingt der Dreiklang, liegt darin das Erblühen, das Strahlen des Anderen und das Glück. Die geküsste Haut erfüllt unser Herz mit Jubel. »Intimität zeigt sich, wenn das Äußere zum Inneren und das Innere zum Äußeren wird« (Lemaire 1975).

Aber wer hat uns je gelehrt oder welche Methode und welches Verfahren haben uns angeleitet, das erotische Glühen und die seelische Ekstase, den Gipfel der Lust zu benennen und zu beschreiben? Das heilige Erschauern im ozeanischen Orgasmus bedarf emotional dicht beschreibender Worte, Gesten und Zeichen, um diese Gefühle vermittelbar zu machen.

Viele Paare streiten oder weinen darum, endlich ein intimes Zuhause im Du zu finden. Bei vielen bleibt diese Sehnsucht aber nur dumpfes und diffuses Fühlen, das kaum in schwingende Resonanz findet, weil der tiefe Dialog allmählich verstummte oder gar nie zustande kam. Wovon aber nicht gesprochen werden kann oder darf, das bleibt auf Dauer ohne Echo. So haben viele Paare zwar Geschlechtsverkehr, sind aber nicht wirklich intim miteinander. Hier liegt die tiefste, die wirkliche Kränkung vieler Paare, die sich die Partner gegenseitig nicht verzeihen können: Sie wissen nicht, wie sie sich im umfassenden Sinn von Körper Geist und Seele intim begegnen können. Ziel des Dialoges ist daher zunächst die *emotionale Verdichtung, eine Vertiefung der Gefühle*, und keine sexuelle Handlung. Deshalb ist es vielleicht besser, von *seelischer Intimität* zu sprechen. Sie möglich und fühlbar zu machen ist das wichtigste Erleben in der Dialogvertiefung.

Die lustvolle und gleichzeitig heilsame Wirkung von seelischer und körperlicher Intimität beruht darauf, dass verdichtete Erfahrungen von Geliebtwerden, Angenommensein und Würdigung in hoher Intensität Körper, Geist und Seele gleichzeitig erfassen und sich dadurch verankern. So werden neue Bahnungen auch direkt im Gehirn auf neurophysiologischer Ebene geschaffen.

Wie sieht das praktisch aus?

Die Partner sagen sich vielleicht, als wie attraktiv, schön, liebevoll sie den Anderen in seinem Frau- oder Mannsein empfinden, wie nah sie sich fühlen oder wie hingezogen, verbunden mit der möglichen Frage, warum diese Qualitäten so wenig beim Partner ankommen. Einem Missverstehen sei vorgebeugt: Damit Liebende sich geliebt fühlen, bedarf es nicht der reinen Schonung und der puren Zustimmung, also allein der Akzeptanz, des Wohlwollens und der positiven Zuwendung. Liebende können sich nur weiterentwickeln, wenn sie auch Konfrontation, Kritik und Herausforderung bekommen.

So ist es auch unerlässlich zu sagen, wenn ein Mann zum Beispiel langweilt, schlecht riecht, als übellaunig oder ungepflegt erscheint. Wie kann jemand lustvolle Nähe einfordern, wenn er selbst sich so unattraktiv gebärdet? Oder eine Frau, die, unpassend gekleidet, kein Gefühl für ihre sinnliche Gestalt entfalten kann oder will? Die mit ihrem Übergewicht sich jede Annäherung vom Leibe hält? Diese Frau durchaus mit männlichen Augen zu spiegeln ist sehr intim und sehr heikel, aber unerlässlich. Das gilt natürlich auch umgekehrt für die Männer.

Eine solche Konfrontation bedeutet, dass wir uns verwundbar und verletzbar machen. Dabei werden auch unsere eigenen Fehler sichtbar. Diese einzugestehen, nötigenfalls auch um Verzeihung zu bitten ist unsere vornehmste Pflicht als Liebende und Streitende.

Emotionale Verdichtung, Vertiefung und Anreicherung (Cöllen 2002) für das Paar zu finden, das stärkt und festigt die Beziehung. Der Reichtum der Gefühle kann nur ausgeschöpft werden, wenn die oft Gefühlsbehinderten und die Analphabeten der Zärtlichkeit Wege und Mittel lernen, den Schatz aus der Tiefe der Seele zu heben. Das sind letzten Endes notwendige Kulturtechniken, ohne die unsere Gesellschaft menschlich immer mehr verarmt.

Was meint *emotionale Verdichtung* und wie können die Paare den Weg dahin finden?

Paare lernen, anfangs vielleicht unter Anleitung von Therapeuten, gefühlsintensive Schlüsselbegriffe wie *Liebe, Nähe, Angst, Einsamkeit, Wut, Intimität* nicht als bloße Worte im Raum stehen zu lassen, sondern sie in fühlbare Gesten umzusetzen. Gefühlvolle Worte streicheln zwar auch die Seele, aber wie können Hände die Seele streicheln? Und wie können Worte das Herz öffnen?

Der Weg dazu ist die stimmige Hinführung vom Wort zur Tat, vom Gedanken zum Gefühl, vom Impuls zur Handlung, von der inneren Regung zur Berührung der Seele des Partners. Kopf, Herz und Bauch sprechen gemeinsam und gleichzeitig zum Partner. Dann ist die Chance groß, neue

Nähe zu finden, trotz vorausgegangener Kränkung. Wird die Krise genutzt, um einen vertieften Dialog mit dem Partner zu beginnen, wird sie zum Gewinn für die Liebe.

Am Beispiel wird es deutlich: Uns allen vertraut, vielfach benutzt, oft eingefordert, wird das Wort *Nähe* oft nur zur Worthülse, weil die Partner damit wortreich aneinander vorbeireden oder schon gar nicht mehr ausdrücken können, was sie sich eigentlich dabei wünschen. Sehr viele Paare klagen darüber, dass zu wenig Nähe zwischen ihnen sei. Dann heißt es etwa: Wir haben überhaupt keine Nähe mehr ... Ich wünsche mir mehr Nähe von dir..., oder: Du weichst immer aus, wenn ich Nähe will... Wie aber die Nähe konkret gestaltet und praktiziert werden soll, sagt und weiß und tut keiner von beiden. Oft bleibt stattdessen erstarrtes Schweigen, im schlimmsten Fall Streit.

Wie können Paare da herausfinden?

Ein Blick über die Schultern bei Paartherapeuten mag da hilfreich sein. Denn neben dem Aufarbeiten von Konflikten und Krisen ist das Einüben von Nähe, Dialogvertiefung und Intimität die Hauptaufgabe der Paartherapie. Sie versuchen, Verhaltensmuster für beseelte und intime Nähe im Dialog der Liebenden aufzubauen. Wenn zwei Menschen Jahre oder gar Jahrzehnte gefühlskarg zugebracht haben, können sie nicht plötzlich in der Beziehung tiefe Gefühle austauschen, so sehr sie sich auch danach sehnen mögen. Es fehlen Sprache und Gesten. Wie aber kann jetzt die praktische Einübung in solch intime Nähe vermittelt werden?

Früher haben die Therapeuten den Paaren an dieser Stelle Streichelübungen als Hausaufgaben gegeben und sie damit nach Hause geschickt. Dort sollten sie mit Hilfe einer stimmigen Körperübung die in der Sitzung besprochene Annäherung auch umsetzen. Regelmäßig aber kamen die Paare zur nächsten Sitzung, ohne die Hausaufgabe erledigt zu haben. Schlimmer noch, sie hatten sich daran oft erneut zerstritten. Und das hat eine erneute Negativ-Konditionierung zur Folge: »Siehst du, mit uns beiden wird das nichts. Ich hab's ja gleich gesagt …«

Das sensible und empfindsame Einüben von Nähe hat daher besser unter der hilfreichen Anleitung der Therapeuten stattzufinden. Sie bitten die Partner, wenn ein gefühlsintensiver *Schlüsselbegriff* wie *Nähe* ausgesprochen wird, in der Rede innezuhalten. Und sie fragen nach: »Was haben Sie gerade gesagt? Können Sie Ihren Satz noch einmal wiederholen?« Und sie bitten darum, diesen Satz ganz langsam und bewusst auszusprechen, so dass die Worte im Körper gefühlt werden können. Die Stimme, der Gehalt und die Bedeutung des Satzes und des Wortes klingen dann nach, hallen im Raum.

Dann bitten die Therapeuten den Partner, der gesprochen hat, seinen Satz in die Tat umzusetzen. Jetzt wird die Verdichtung sozusagen greifbar. Der Satz beispielsweise: *Ich brauche erst mal deine Nähe, bevor ich mit dir schlafen kann …*, wird zum Wegweiser. Die Therapeuten bitten daher den Sprechenden, innezuhalten und in der Situation zu zeigen, wie er Nähe zum Partner herstellen, wie er sich selbst dem Anderen nahebringen kann. Der Impuls zur Nähe sei kostbar, dürfe nicht verlorengehen und solle spontan umgesetzt werden, ohne darauf zu warten, dass der Partner aktiv wird. Und die Therapeuten ermuntern den dann meist Überraschten und Zögernden: »Ja, versuchen Sie noch mehr Worte für Ihre eigene Nähe zu finden und dann eine Geste zu suchen, ein Signal zu geben, um dem Partner nahezukommen.«

Oft entsteht dann eine plötzliche Spannung im Raum, Stille, der Atem wird angehalten: Trotz aller möglichen Sehnsucht entwickelt sich nun häufig Widerstand: »Das kann ich nicht auf Kommando«, oder: »Doch nicht vor Ihnen«. Manchmal scheint es dann sinnvoll, dass die Therapeuten vorschlagen, dass sie selbst den Raum verlassen, meist jedoch wird ihre Anwesenheit für Hilfestellungen dringend gebraucht, Hilfestellung vor allem dabei, die große Schwelle der Scham zu überwinden, die fast reflexhaft eintritt. Da das Paar gerade dieser blockierten Intimität wegen zur Therapie gekommen ist, macht Scham keinen Sinn und braucht Überwindung.

Deshalb fahren die Therapeuten mit Ermutigung und Hilfestellungen fort: »Bitte, gehen Sie nicht hinter Ihre eigenen Worte zurück. Das ist Liebe, seinen Gefühlen Ausdruck zu geben, sie auszutauschen. Vielleicht kann der Partner helfen, indem er seinerseits eine Geste versucht.« Es geht darum, die Schambarriere zu überwinden, vielleicht auch alten Groll und Trotz zu überwinden und auch die Erwartung, der Partner solle als Erster aktiv werden

Aber die Anleitungen der Therapeuten zu solch intimen Gesten treffen oft auf Ratlosigkeit und Angst, sich preiszugeben. Reflexartige Abwehr setzt ein: Die vorgeschlagene offensichtliche Hinwendung zum Partner mit Worten und Körper, mit der ganzen Präsenz der eigenen Seele erzeugt höchste Spannung. Ungeübt im Reich der Sinne, wirken Versuche, sich einander zu nähern, oft hilflos. Unbeholfen nähert sich die Hand dem Partner, die Augen gleiten irritiert zur Seite, der Atem wird flach. Zögern zwischen Rückzug und Vorwärtsgehen. Scham über die eigene Unfähigkeit, Scham vor dem Partner, Scham vor sich selbst.

Oft sind es Tränen, die dem Partner über die Wange rinnen, während der Andere ihm hilflos und starr gegenübersitzt, sich nicht zu rühren weiß, daher unberührt wirkt. Stattdessen mit diesen Tränen in Berührung zu kommen, sie in das eigene Herz hineinzulassen, sie gar anzufassen, auch zwischen den Fingerspitzen zu verreiben, schließlich sogar auf der eigenen Zunge zu kosten, dies schafft lebendige Dichte, die ersehnte Nähe und damit Möglichkeiten zum Austausch.

Wichtig für den Fluss der Gefühle ist, die *Dreiheit von innerem Impuls, Sprache und Geste* in einen lebendigen Zusammenhang zu bringen, so dass Kopf und Herz sich verbinden, die Einheit aus Körper, Geist und Seele möglich wird und sich tiefgreifendes Erleben im Organismus neu bahnen kann. Auf diese Weise kann neue Intensität in der Intimität gefunden und erlebt werden. Sprechen, berühren, begreifen, fühlen und verstehen – alles strömt gleichzeitig zwischen den Partnern und vereint sie zu einem Universum.

Dreiheit von …

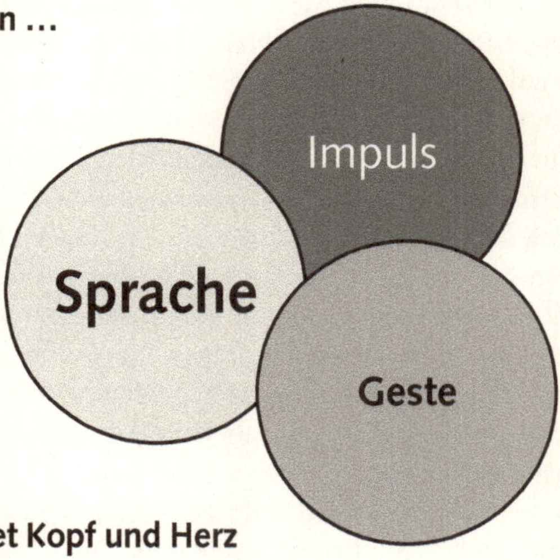

… verbindet Kopf und Herz

Für den harmonischen Dreiklang von Körper, Geist und Seele im Austausch mit dem Partner ist es von ausschlaggebender Bedeutung, dass die Ausdrucksmittel dafür, nämlich Geste, Sprache und Impuls, für den Dialog des Paares in harmonischer Ausgewogenheit zur Verfügung stehen. Die Impulse, die sich in der Seele regen, bedürfen der körperlichen Geste und der geistvollen sowie der herzlichen Sprache, um in der empfindsamen Resonanz mit dem Partner zum Gleichklang zu finden. Geste, Sprache und Impuls sind unsere Ausdruckskanäle, die weder verstopft noch überfrachtet sein dürfen, da durch sie der Strom unserer Liebesenergie fließt. Insbesondere das Verzeihen, Versöhnen und Wiedergutmachen bedürfen dieser ganzen Energie.

Damit ist für das Paar das wichtigste Ziel benannt: das Erlernen von umfassender Intimität. Sie erst ermöglicht Liebe auf Dauer. *Liebe und Verzeihen, beide gewinnen ihre Kraft und ihre menschliche Kostbarkeit aus der Intimität.* Sie schafft die Tiefe, die wir brauchen, um die Erstarrung im Alltag und eskalierende Konflikte erfolgreich zu überwinden. Wo aber kann man in unserer Gesellschaft Intimität sonst noch lernen, außer in der Paartherapie? Welche Schulen und welche Lehrer gibt es dafür?

Leider ist es so: Intimität kann zumindest in unserem Kulturraum nur durch Ausprobieren, durch *Versuch und Irrtum* erlernt werden. Immer abhängig davon, auf wen die Partnerwahl gerade fällt, werden die Kompetenzen des Liebens im Zusammenspiel mit dem Partner erworben. Keiner lehrt die Jungen die so wichtige Intimität. Wer zeigt uns das seelische Erschauern, dass Sich-ineinander-Versenken? Wer lehrt uns den Austausch von Körper, Geist und Seele? Die Liebe und ihre Lebenswelten sind aber zu kostbar, als dass wir sie dem Zufall überlassen könnten. Liebe hat eine hohe kulturelle und politische Bedeutung, denn das Wohlergehen der Völker hängt davon ab. Unsere kapitalistische Gesellschaft bedarf dringend der Liebe als Gegengewicht, damit sie nicht gänzlich unmenschlich wird. So wird Paartherapie neben der Familie mehr und mehr zum zentralen Ort des Lernens von Liebe und Intimität. Eheberatung und Paartherapie werden zur wirklichen Kulturarbeit.

Das Paar auf dem Weg zum Verzeihen ist durch die Arbeit der *Dialogvertiefung* jetzt dicht an seine Intimität herangekommen. Körper, Geist und Seele der Liebe Suchenden werden dadurch neu verbunden. Ohne diese Verbindung ist kein Heilen möglich, aber auch kein Verzeihen.

Allerdings: Ohne Körperdialog ist diese übergreifende Dialogvertiefung auch nicht vorstellbar. Der sinnliche Körperdialog der Paare gewinnt natürlich besondere Bedeutung, denn hier wirken Intimität, Scham und Kränkung besonders zusammen. Paararbeit heißt dementsprechend immer auch Körperarbeit, denn die Dialogsäule des Körpers unterscheidet das Paar von jeder anderen menschlichen Beziehung. Gleichzeitig passieren hier die tiefsten Verletzungen. Doch der Körperdialog der Paare umfasst weit mehr als die bloße Sexualität. Gerade damit lustvolle Sexualität auf Dauer gelingt, sind das sinnliche Berühren und das Verschmelzen der Seelen und Gedanken gleichermaßen wichtig. Der Energiestrom zwischen den Körpern von Frau und Mann fließt in unser ganzes Menschsein. Der sexuelle Dialog ist dann nur eine Form besonderer Begegnung, die aufbaut auf zweckfreier Berührung. Das Spiel unserer Hände, das Reiben unserer Körper, das Schmeicheln sanfter Haut, der Austausch unserer Körperwärme – all das soll auch im Alltag zu genießen sein, ganz bewusst und ohne weitere sexuelle Aktionen.

Die Partner lernen daher, bei ihren Aussprachen einander zu berühren: Mit unendlich feinen Berührungen, leicht, manchmal im Millimeterabstand, manchmal auch mit großer Kraft, manchmal fest und mit beiden Händen, manchmal nur mit einem Finger ein Härchen auf der Haut, manchmal eine Sekunde und oft auch Minuten. Wenn Tränen fließen, zum Trost, wenn Wut aufsteigt, zur Verstärkung der Kraft, wenn Angst auftaucht, zum Schutz der Seele. In der intimen Aussprache der betroffenen Partner werden Blicke, Atem, Hände, Worte, Töne und Gesten zu Brücken, über Abgründe hinweg, bilden Wegweiser zu langersehnten Horizonten. Der Leib der Hungernden wird erfasst, kann Resonanz aufnehmen, kann testen, prüfen, spüren, fühlen, ahnen und erkennen, dass es wahrhaftige Berührungen sind, dass die Berührungen direkt in das eigene Innere führen und dort das ängstliche, misstrauische Ich besänftigen, um endlich dem Selbst die entbehrte Nahrung zuzuführen. Viele in unserem Kulturkreis fassen einander im Gespräch zu wenig an, berühren einander zu wenig, im doppelten Sinn.

Nach der strikten Abstinenz der klassischen Psychotherapie haben viele Therapieformen den Körper als therapeutischen Weg wiederentdeckt. Aber Ziel ist hier nicht die reine Körpertherapie, sondern die *sinnliche und spirituelle Leibidentität* (Röcker 2002). So hat schon Nietzsche in Abkehr von der reinen Aufklärung den *Leib als Mittel zur Erkenntnis* bezeichnet. Und Sloterdijk (1998) spricht vom *leiblichen Denken*. Dort wird die tiefste Wahrheit über das eigene Selbst erfasst.

Damit sich diese so wichtigen intimen Erfahrungen neu, heilsam und lustvoll im Organismus der Liebenden verankern können, arbeiten wir in der Paarsynthese mit Übungen, Ritualen und Anleitungen. Sie verdichten die emotionalen Eindrücke und schaffen basales Lernen für das Versöhnen in der Liebe.

Begleiten wir wieder Nina und Egon bei ihrer weiteren Paarabeit zum vertieften Dialog mit Hilfe einer solchen Übung:

Übung ›Verletzte Kinder‹

Nina und Egon haben sich gegenseitig die Verletzungen und Wunden aus ihrer Kindheitsgeschichte anvertraut und den gemeinsamen Substanzkonflikt von tiefem Misstrauen gegenüber liebevoller Hingabe erkannt. Einerseits sind sie seit ihren Kindheitstagen ganz bedürftig danach, andererseits fürchten sie nichts mehr als solches Ausgeliefertsein. Diese verletzten Anteile in ihnen, *die verletzten Kinder*, sollen jetzt Ausdruck, Sprache und Gesten bekommen.

> Sie stellen oder setzen sich voreinander, im Abstand von etwa 2 m, und strecken wie zwei Kinder die flehenden Hände dem Partner entgegen. Sie können dabei einander rufen, bitten und fordern: »Gib mir doch … komm doch … hilf mir – oder Ähnliches, ohne sich aber wirklich ein-

ander zu nähern oder gar einander zu berühren. Erst wenn die Kindernot in den Stimmen durchdringt, vielleicht sogar Tränen ausbrechen, dürfen sie langsam aufeinander zugehen und sich halten, sich trösten. Wie Hänsel und Gretel nehmen sie sich dann bei der Hand und suchen gemeinsam den Weg aus dem finsteren Wald. Fast eine Viertelstunde lang haben die beiden so miteinander gelitten, gearbeitet und einander schließlich tröstend umarmt. Ganz beseelt sind sie nach Hause gegangen. Sie haben miteinander gefunden, was sie schon immer gesucht hatten: innere, seelische Nähe und die dazu stimmige körperliche Nähe.

Verzeihen und Versöhnen: Sinn finden auf dem Weg der Reifung

Wohin soll uns dieser Lernprozess des Verzeihens führen?
Welchen Sinn macht es, dich um Verzeihung zu bitten, dir Verzeihung zu gewähren?
In was für einer Welt wollen wir leben?

Verzeihen ist mehr als nur eine noble menschliche Geste oder ein moralisches Gebot. Das Verzeihen trägt, ähnlich wie die Liebe, das Potenzial und die Kraft in sich, diese Welt menschlicher, friedvoller und heimatlicher zu gestalten. Jedes einzelne Verzeihen trägt auf seine Weise dazu bei. Dabei ist es unerheblich, ob es sich um kleine und geringfügige Anlässe oder um große Streitereien handelt, sei es im Straßenverkehr, beim Anrempeln in der Fußgängerzone, beim Krach mit den Kindern oder mit dem Partner, aber natürlich auch bei den großen Streitigkeiten um Würde und Selbstwert, um leidvolle Kränkung und verzweiflungsvolle Enttäuschung. Verzeihen in der Liebe bewahrt uns letztendlich vor dem menschlichen Untergang.

Doch kann diese Einsicht allein, dass Verzeihen sinnvoll sei, dem jeweils im Konflikt gefangenen Paar oft nur wenig helfen, das Verzeihen in die Tat umzusetzen. Den jeweils in sich stimmigen Sinn des Verzeihens zu suchen wird für beide Partner zu einer sehr persönlichen Aufgabe.

Überhaupt ist die Frage nach dem Sinn, selbst wenn sie gar nicht bewusst gestellt wird, allgegenwärtig. Sie bewegt uns Menschen von Anbeginn. Wir sind sogar *zum Sinn verurteilt*, wie der französische Philosoph Merleau-Ponty (1976) meinte, denn ohne Sinn in unserem Leben finden wir nicht unsere Bestimmung und auch nicht unser Glück. Gerade das Schicksal der Paare und ihrer Liebe entscheidet sich letztlich an dieser Frage nach dem Sinn.

Nach dem Anhören, Begreifen und Würdigen der gegenseitigen Verletzungen, nach dem Bearbeiten der Altlasten und Kränkungsmuster, nach dem Verständigen über die gemeinsame »Verknotung« in gegenseitiger Kränkung folgte die verdichtete Zuwendung der Partner durch Dialogvertiefung. Und trotzdem ist das Ziel der Versöhnung auch jetzt für viele Paare noch nicht erreicht. Zwar haben sie sich oft weitgehend ausgesöhnt, können aber nicht das hingebungsvolle Vertrauen aus der Zeit vor der Kränkung aufbringen. Manche fragen sich auch, ob sich der Aufwand und die Mühen für so viel Paararbeit überhaupt lohnen. Macht es überhaupt Sinn, sich so mit allen Kräften auf den Partner zu konzentrieren, wenn doch die Sicherheit für eine völlige Wiedergutmachung nicht gewährleistet ist? Dieses *Projekt Liebe und Verzeihen* muss doch Sinn machen. Warum, wozu, wofür, für wen will ich das alles auf mich nehmen? Alle Mühen in der Paararbeit lohnen sich doch nur, wenn sie einen Sinn haben.

So begeben wir uns auf die Sinnsuche. Sie ist das größte Abenteuer dieser Welt. Die drei wesentlichen philosophischen Grundfragen: *Woher kommen wir, wer sind wir, wohin gehen wir?*, haben für jedes Paar Bedeutung. Sie zu beantworten sichert die Zukunftsfähigkeit und die innere Reifung des Paares.

Wir haben anhand der vielen Fragestellungen zum Verzeihen gesehen, dass es keine eindeutige Antwort darauf gibt, ob Verzeihen an sich immer gut sei. Es kann auch Unverzeihliches geben, denn schließlich sind wir Menschen und nicht Gott. Auch wenn es stimmt, dass das Verzeihen die bessere Variante gegenüber dem Nichtverzeihen ist, gibt es Grenzen. Der einzige gültige Wegweiser, der bleibt, ist die Frage nach dem Sinn. Verzeihen muss Sinn machen.

Das ist der Triumph der Jungverliebten: Sie spüren den Sinn ihrer Liebe in jeder Zelle ihres Körpers, in jeder Pore ihrer Haut. Und das hilft uns weiter: Sinn ist nicht nur ein philosophisches und damit abstraktes Problem. Sinn ist vielmehr spürbar und fühlbar, präsent in unserem Körper. Wenn wir etwas Sinnvolles tun, fühlen wir uns wohl, sogar dann, wenn es harte Arbeit bedeutet. Liebende Partner erfahren Sinn in der Lust ihrer Hingabe. Sinn und Lust fallen hier endlich zusammen.

Allerdings: Die Lust auf Sinn ist für viele nicht so bewegend wie die Lust auf Sex. Aber auch Sex muss Sinn machen, damit er auf Dauer lustvoll bleibt. Das Suchen nach Sinn und das Suchen nach Lust müssen sich nicht ausschließen, im Gegenteil: *In der tiefsten Liebe finden sich Lust und Sinn zusammen*. Lust bedeutet Sinn in sich. Den Sinn in seinem Leben zu finden bereitet wiederum Lust. Viele mögen die Sinnfrage verdrängen und an der Oberfläche bleiben. Andere erschöpfen sich so sehr durch Arbeit, Konsum, Alkohol oder Events, dass sie gar nicht zum Nachdenken darüber kommen – und dabei ausbrennen. Das *Burn-out-Syndrom* ist dementsprechend heute stark verbreitet. Nicht nur Individuen sind davon betroffen, sondern auch Paare leiden am *Burn-out*. Ihre Liebe erschöpft sich sowohl im fortwährenden Streit der verletzten Herzen als auch im Stress des harten Zeit-Taktes der Arbeitswelt. Der Burn-out von Paaren ist genauso behandlungsbedürftig wie der von stressgeplagten Managern. Doch gibt es inzwischen immer mehr Paare, die sich auf die Suche machen. Und das ist der Kreuzungspunkt auf dem Weg aller Paare: Beide Partner stellen und beantworten ganz persönlich die Frage nach dem Sinn ihres Paarseins, nach dem Sinn ihrer Liebe, über Sex, Hausbau und Kinderaufziehen hinaus.

Die Suche nach dem Sinn ist daher weit mehr als nur Philosophie: Sinn zu finden bedeutet, gestärkt zu sein. Nietzsche fasste es in die Worte: »Wer ein WARUM zum Leben hat, erträgt fast jedes WIE.« Sinn gibt uns Kraft, Mut und Ausdauer. Liebende nehmen dann viele Mühen auf sich, um einander nahe sein zu können. Und genau diese Sinnfindung hilft jetzt dem Paar und den Therapeuten, neue Motivation zu finden für den durchaus mühevollen Weg des Verzeihens. Aber es ist dann nicht nur Mühe, sondern auch Neugier, Entdeckerfreude und Abenteuer, was die Liebenden neu beflügelt. Der Aufbruch zur Sinnsuche stellt gegenüber dem jungen Verliebtsein die beglückende Gewissheit dar, im Zentrum des Lebens anzukommen. Es reicht also nicht, diese Entdeckungsreise den Philosophen zu überlassen.

Hier erfahre ich selbst immer wieder das Faszinierende und Beglückende an der Paartherapie: In den Herzen der Liebenden und Streitenden toben, brodeln und überstürzen sich, jedenfalls auf dem Höhepunkt der Krise, genau diese zentralen Fragen des gesamten menschlichen Lebens. Kaum ein Paar wird verschont davon. Was uns Menschen je bewegt an Sinnsuche und Existenzfragen, all das verdichtet sich im Paar zu einer praktizierten Lebensweisheit, sofern der Prozess des Verzeihens gelingt. Das Leiden an der Liebe, ihr Kummer und Schmerz, ihre Verletzungen, sie zwingen uns, diese Fragen zu beantworten und uns der Herausforderung der Sinnsuche zu stellen. Und ich bin froh und dankbar, als Therapeut solche Paare auf diesem ihrem Weg begleiten zu dürfen, denn sie fordern auch mich heraus, dieselben Fragen immer wieder für mein eigenes Leben und meine Liebe mit zu beantworten. Während ich mit den Streitenden arbeite, muss ich selbst beantworten, ob ich ein Verzeihender bin, ob ich den ersten Schritt zur Versöhnung tue, ob ich Abbitte leiste.

Es ist mein Anliegen, die Verbindung zwischen Theorie und Praxis der Liebe, zwischen Anspruch und Wirklichkeit des Verzeihens herzustellen. Hier klafft noch eine große Lücke. Die akademische Wissenschaft hat umfangreiche Details der körperlichen und seelischen Liebe erforscht und analysiert, bis in die winzigsten Erregungsbahnen hinein. Zehntausend Fachbücher und Ratgeber haben alle Beziehungsfragen zwischen Frau und Mann schon beantwortet. Jede Frauenzeitschrift bringt dieses Wissen um die Liebe bis in das kleinste Dorf. Schon vor 4000 Jahren gab es im alten China ideale Aufklärungsbücher, wie sie in unserer aufgeklärten westlichen Liebeskultur nicht wesentlich anders ausfallen. Die Pubertierenden sind in der Schule und durch Jugendzeitschriften längst aufgeklärt, und die sexuelle Revolution hat stattgefunden. Die Gleichberechtigung im Geschlechtsleben ist der Gleichberechtigung im Berufs- und Wirtschaftsleben weit voraus. Und doch trennen sich heute hetero- und homosexuelle Paare immer schneller und immer öfter.

Das ist auch das Problem der heillos zerstrittenen Paare, die den Weg zum Verzeihen suchen. Das nötige Wissen, was zu tun gut wäre, haben wir inzwischen alle, aber wir vermögen es nicht anzuwenden, also in die tägliche Praxis umzusetzen.

Hilfreich für diese schwierige und gleichzeitig faszinierende Aufgabe ist es, den Horizont für die *Sinnsuche* zu öffnen. Das ist möglich, indem sinnliches Erfahren und Erleben durch unsere fünf Sinne zur Suche nach dem Sinn eingesetzt wird. Das Ringen um Verzeihen ist dann keine geistige Trockenübung, sondern lebendiges Eintauchen in die Seelentiefe jedes Einzelnen. Dort auf dem Grund finden wir den Sinn für unser Miteinander. *Durch Sinnlichkeit zum Sinn* heißt daher die Arbeitsweise der Paarsynthese. Sinnerfassung vollzieht sich im Dialog unserer Augen, in der Berührung deiner Hände, im Fühlen deiner Haut, im Hören deiner Worte, im Schmecken deiner Liebe. Durch derartiges Steigern der inneren Achtsamkeit und der Achtsamkeit füreinander erweitert sich die *›Sinnerfassungskapazität‹* (Petzold 1993). Wir öffnen damit erneut die durch die Verletzung geschlossenen inneren Grenzen und erfahren neue Intimität im Austausch. Berührung macht Sinn, denn die Haut wird zum Empfänger der Seele und jede zarte Geste geht von der Oberfläche der Haut bis in die Tiefe der Seele.

Derartige Selbsterfahrung, also erfahrungsorientiertes, erlebnisintensives und erlebnisaktivierendes Arbeiten mit Hilfe von Übungen und Ritualen, ist dazu hilfreich, denn wir Menschen sind weitgehend erfahrungsorientierte Wesen (Röser 2008). Dieser Weg wird heute auch von anderen Verfahren wie der systemischen Therapie und ihren Autoren verstärkt beschritten (Hartmann-Kottek 2008; Weber 2006).

Beide Begriffe – *Sinn* und *Seele* – verwirren etliche der Ratsuchenden, lassen sie zögern oder gar in den Widerstand gehen. Selbst bei den aufgesuchten Psychotherapeuten = Seelenbehandlern wird kaum direkt und praktisch mit »Seele« gearbeitet. Viele Ratsuchende und selbst Fachkollegen finden es befremdlich, mit der Seele wirklich umzugehen. Andere wiederum greifen das Thema begierig auf. Zunächst muss also im Gespräch zwischen den Partnern ein gewisses Einverständnis hergestellt werden, was mit *Seele* gemeint sein könnte. Leicht kommt es hier zu Missverständnissen, dass nämlich »Seele« doch immer nur auf religiösem Hintergrund zu verstehen sei.

Die Seele gehört aber nach Auffassung der Paarsynthese

unmittelbar und unerlässlich in die Arbeit mit dem Sinn, mit der Liebe überhaupt hinein. Wir leiten daher die ratsuchenden Liebenden in der Praxis an, gemeinsam den Dialog der Seelen zu erlernen. Wir verstehen Liebe als den Austausch von Körper, Geist und Seele zwischen Frau und Mann. In der liebenden Vereinigung in die geliebte Frau einzudringen heißt auch, ihre Seele zu berühren und in ihr Heiligtum einzutreten. Das Öffnen ihrer Schenkel bedeutet auch das Öffnen ihrer Seele. Ihre Lust an der männlichen Erektion erschauert vor dem Wunder, seine Seele in ihre Weiblichkeit aufzunehmen. Solch seelisches »Erleben hat die Eigenart, nur von anderem seelischen Erleben erfasst werden zu können. Es ist immer Erleben aus erster Hand«, schreibt der Schweizer Psychiater Daniel Hell (2003) in seinem Buch *Seelenhunger*.

Das Bild vom *vergessenen Garten* als Symbol der Seele mag jetzt die innere Suche der Partner nach Berührung ihrer beider Seelen erleichtern. Es macht neugierig und achtsam. Wie verwildert mag dieser vergessene Garten sein? Welche Blumen blühen darin? Welche Wege führen hindurch? Liegt dieser vergessene Garten mehr im Schatten als die Gärten von Körper und Geist? Wer pflegt und gießt diesen Garten? Wie pflege ich deine Seele? Und wie meine eigene?

In dieser Verbindung von Sinn und Seelenberührung beginnt der Garten der Liebenden zu blühen. Und Verzeihen macht Sinn, wenn die Seelen sich dabei berühren. Die folgenden Übungen führen mitten in diesen Garten hinein. Marsilio Ficino, Philosoph der Florentiner Renaissance und Mitglied der Platonischen Akademie, hat 1456 einen unglaublich faszinierenden Aufsatz über den Austausch der Seelen zwischen den Liebenden geschrieben. Er beschreibt diesen Vorgang als das wechselseitige *Sich-Wiederfinden* durch das *Sich-Verlieren* im Anderen, das schließlich zum doppelten *Sich-Zurückgewinnen* wird (vgl. Cöllen 1997). Eine Ahnung davon liegt in den folgenden Übungen. Als

Erste sei die Übung genannt, die die ganze Arbeit der Paarsynthese sehr typisch durch das Aufzeigen der Wechselwirkung zwischen Ich und Du charakterisiert.

Übung ›Seelendialog‹

Die Partner bekommen im ersten Schritt den Auftrag, in der Sitzung damit zu beginnen, einen Brief an ihre eigene Seele zu schreiben, mit Anrede und Unterschrift. Sie sollen dafür die folgende Frage beantworten: Wie habe ich als Dein Besitzer, als Dein Träger die Verantwortung für Dich, meine Seele, in den letzten Monaten und Jahren wahrgenommen? Wie habe ich Dich behandelt? Wie habe ich für Dich gesorgt?

Wenn den Partnern diese Aufgabe fremd, schwer oder abwegig vorkommt, sollen sie genau damit ihren Brief beginnen. Natürlich kann auch Betroffenheit auftauchen, regelmäßig für den Körper Hygiene und für den Geist Fortbildung betrieben zu haben, nichts aber für die Seele getan zu haben – außer Baumelnlassen. Vor dem Losschreiben sollen beide Partner erst einige Minuten schweigen und nach innen hören. Sie sollen nur etwa fünf Minuten schreiben, nur wenige Sätze. Danach lesen beide diese einander vor und benennen ihre Gefühle dazu. Sich hier auszutauschen ist wichtige Dialogvertiefung. Die Partner berichten sich gegenseitig von ihrer Seele – wann tun sie das sonst?

Im zweiten Schritt kommt der weitere Sinn dieser Übung zum Tragen. Es gibt eine überraschende Übereinstimmung: So, wie die eigene Seele behandelt wird, so wird auch der Partner behandelt. Der Umgang mit der eigenen Seele ist nahezu unverändert übertragbar auf den Umgang mit dem Partner. Deshalb lesen sich die Partner ihre Seelenbriefe noch einmal vor, diesmal aber verwenden sie als Anrede den Vornamen des Partners. In der Regel zeigt sich bei Beiden tiefe Betroffenheit, denn jetzt offenbart sich das wirkliche Ausmaß an Vernachlässigung und Fehlbehandlung. Die Defizite im Umgang mit der eigenen Seele, die hier deutlich werden, kränken den Partner jeweils im doppelten Sinn: Die Vernachlässigung der eigenen Seele und die Vernachlässigung der Partnerseele – beides tut jeweils dem Partner weh und erzeugt emotionalen Hunger. Beide bitten einander dafür um Verzeihung. Zu Hause soll der Brief regelmäßig fortgesetzt werden.

Übung ›Vergessener Garten‹

Ziel ist es, die Ehrfurcht vor dem Anderen, die durch Alltag und Streit verlorenging, wiederzufinden. Die Partner sitzen einander gegenüber, etwa 10 Minuten lang. Erst halten sie die Augen geschlossen und lassen Bilder in sich aufsteigen, als ob sie in der Seele des Partners wie in einem vergessenen Garten umhergingen. Die Wirkung der Bilder auf das eigene Empfinden ist wahrzunehmen. Dabei ergreifen sie die Hände des Anderen. Dann beginnt der Erste zu berichten, welche Eindrücke und Empfindungen er im Innern der Partnerseele hat und wie es ist, diesen inneren Raum zu betreten. Dann kommt der noch schwierigere Teil: Der Partner soll außerdem berichten, welche Spuren er in diesem Seelenraum des Anderen hinterlassen, wie er den Garten gepflegt und welche Blumen er angepflanzt hat. Nach 10 Minuten wird getauscht.

Übung ›Öffnen meines Herzens‹

Dies ist eine sehr einfache Übung völlig ohne Worte, und gerade deshalb ist sie so wirksam. Das Ziel ist vielschichtig: nach einer Kränkung, nach der Bitte um Verzeihung durch den Verursacher, nach einer Versöhnung, möglicherweise aber auch im Alltag der verlorenen Liebe sich mit neuer Intensität dem Geliebten zuzuwenden – und sich ganz und gar für ihn zu öffnen. Vielschichtig ist die Übung deshalb, weil hier einmal der freie Wille angesprochen ist, sich bewusst zu überwinden und diese Geste auch auszuführen. Gleichzeitig bedeutet es, eine gewisse Scham zu überwinden, wenn man sich in dieser Intimität ausliefert. Und drittens geht es darum, tiefe Urängste zu überwinden, sich vor dem Partner so wehrlos zu zeigen, weil auch die unbewussten Ängste vor Hingabe und einem Missbrauch der Gefühle wachgerufen werden.

Die Durchführung dauert etwa 20 Minuten: Die Partner stellen sich voreinander auf. Besonders intensiv ist die Wirkung, wenn beide sich entkleiden und bewusst nackt zeigen. Beide legen ihre Hände gekreuzt vor die Brust. Dann beginnt der Erste, sehr, sehr langsam seine Hände nach vorne zu öffnen, Millimeter für Millimeter. Dann schließlich werden auch die Arme dem Partner entgegengestreckt und gleichzeitig immer mehr zu beiden Seiten hin geöffnet. Die Augen bleiben in den ersten Minuten geschlossen, werden dann ebenfalls geöffnet. Nach etwa 10 Minuten, wenn die Hände und Arme bis in die Fingerspitzen ganz seitlich geöffnet und gestreckt sind, werden sie langsam zum Boden hin abgesenkt. Jetzt beginnt der Partner mit der gleichen Geste. Am Ende verneigen sich beide langsam voreinander und schließen sich in die Arme.

Diese Übungen zeigen, dass wir den Sinn unserer Liebe, die wir als Liebende nach einem Streit neu suchen, nicht allein durch bewusste Entscheidung im Kopf finden, sondern auch ganz tief über das Fühlen. Es ist ein besonderes Fühlen, das tiefer geht – bis auf den Grund der Seele. Einander mit der Seele zu fühlen weckt neues Vertrauen für das liebende Ineinander. Das körperliche Fühlen ist darin eingeschlossen und schafft beseeltes Erleben. Körper, Geist und Seele schwingen dann in gemeinsamer Resonanz mit dem Partner. Das bedeutet tiefste und höchste Intimität gleichzeitig.

Es geht damit um die Einbindung des *feinstofflichen Erlebens* in den intimen Dialog. Oder besser: Ein befriedigender Dialog entsteht, wenn auch das feinstoffliche Fühlen zum materiellen Fühlen des Körpers und zum gedanklichen Erfassen des Geistes hinzukommt.

Damit haben die Partner auf der vierten Stufe die *spirituelle Dimension der Paararbeit* auf dem Weg des Verzeihens erreicht. Heute wird zwar oft von *Spiritualität* gesprochen, diese wird leider aber meist mit *Esoterik* gleichgesetzt. Insgesamt gibt es in unserer westlichen Fortschrittskultur wenig Akzeptanz für Spiritualität. Sie wird in die Bereiche von Religion, Sekten und Psychoszene verdrängt. Natürlich vertreten wir hier nicht irgendwelche magischen Interventionen, sondern suchen Wege, das seelische Erleben viel tiefer in den Alltag des Paares einzubinden. Das erweist sich als sehr notwendig, und viele Paare hungern danach, aber in der Realität der Zweisamkeit wird es wenig praktiziert. Das gilt, wie schon angedeutet, nicht nur für die Paare, sondern für unsere ganze postmoderne Welt. So schreibt der Schweizer Psychiater Daniel Hell (2003) in seinem erwähnten Buch mit dem bezeichnenden Titel *Seelenhunger*: »Kein Mensch möchte von sich sagen, er sei seelenlos. Aber sich als beseelt zu bezeichnen fällt vielen Menschen dennoch schwer... Es braucht außergewöhnliche Anlässe, damit der moderne Mensch von seiner Seele spricht.« Körper, Geist und Seele zu einem ganzheitlichen Erleben zu fügen wird demnach für die Liebenden immer schwieriger. Und ihre gegenseitigen Verletzungen nehmen dadurch zu, weil sie eben die Seele des Anderen allmählich aus den Augen, aus dem Sinn verlieren. Daniel Hell wendet sich dagegen und folgert: »Je mehr sich eine wissenschaftliche Auffassung vom seelischen Erleben entfernt, desto mehr ist … ein eigentlicher Hunger nach Seelischem zu finden.« Wie die sexuelle Befriedigung, so gehören auch die seelische Befriedigung und die geistige zur Erfüllung der Liebe. Und jeder Mangel bedeutet hier eine Verletzung der Liebe. Seelische Befriedigung allerdings gestaltet sich ungleich schwieriger als sexuelle Befriedigung, vielleicht weil darüber viel weniger geredet, geschrieben, geforscht und gelehrt wird.

In der Paarsynthese verstehen wir *Spiritualität* als Suche nach dem gemeinsamen Seelenerleben, das uns als Paar Sinn in dieser Welt gibt – und damit einen Platz, ein Zuhause auf dieser Welt. »Das Bemühen um *spirituelle Tiefung* schließlich geht von der Annahme aus, dass erst die Einbettung des eigenen Ich in ein Wir und damit auch in den ganzen Kosmos Sinnerfüllung möglich macht – und damit glückhaftes Empfinden. Dazu bedarf es der verantwortlichen Einbindung in die Regelkreisläufe der Natur, der Erde und des Kosmos. Wir alle sind gehalten, unseren Platz darin auszufüllen, mit zu tragen und die Stabilität der Energiekreisläufe mit zu erhalten« (Cöllen 2005). Das Paar mit seiner Potenz, neues Leben zu zeugen und kreative Lebensräume zu schaffen, nimmt in diesen Kreisläufen einen ganz besonderen Platz ein. Das Paar hat damit wesentlichen Anteil am Wunder der Schöpfung.

Wieder gilt es, über die Worte hinaus den Weg in die Praxis des Paares zu finden. Wie kann man Spiritualität im Dialog der Partner so etablieren, dass das gegenseitige Verzeihen zum sinnerfüllenden Baustein ihrer reifenden Liebe wird?

Oft ringe ich hier um Worte – als Autor, als Therapeut, auch als Partner, um diese Fragen über Sinn, Seele und Spiritualität selbst glaubhaft vermitteln und leben zu können. Es darf nicht moralisierend, nicht religiös und streng, nicht sentimental, nicht abgehoben von der Wirklichkeit der oft tief verstörten und unendlich gekränkten Partner sein. Wer in die Paartherapie kommt, will keinen Priester, auch keinen Lehrer, keinen Besserwisser, sondern eben einen Therapeuten. Die Partner haben im Krieg gegeneinander ihr ureigenes Wunder zerstört. Nun bluten ihre Seelen und sie suchen Heilung.

Heilung liegt im Verzeihen. Aber Verzeihen wiederum ist nur wirksam, wenn die Partner, sowohl Verursacher als auch Leidtragende der Verletzungen, eine Möglichkeit finden, im geliebten und doch kritisierten Partner dieses Wunder neu zu entdecken. In der Paarsynthese gehen wir aber davon aus, dass gerade diese Verletzungen, der Krieg gegeneinander, nur möglich geworden sind, weil sie eben im Anderen nicht mehr das Wunderbare, sondern nur noch das Erschreckende sehen konnten. Den Partner mit neuen Augen zu sehen, statt sich einen neuen Partner zu suchen, macht Sinn.

In Anlehnung an fernöstliche Lehren arbeiten wir deshalb mit dem sogenannten *Dritten Auge*. Wir finden es zwischen den Augenbrauen, direkt über dem Nasenbein. Es wirkt wie ein weiteres, bisher nicht genanntes Sinnesorgan. Dieses Auge kann etwas sehen, wahrnehmen, erkennen und verstehen, das sich nur im Menschen und dort nur in seinem Innersten abspielt. Mit dem *Dritten Auge* ist es uns möglich, unter die Oberfläche und hinter die Fassade zu sehen, in die Tiefe des Inneren zu blicken, die Not hinter dem Panzer des Anderen im Streit zu erkennen. Die Not des Partners zu sehen und nicht seine Fehler befähigt uns, ihnen einen Sinn zu geben, Erkenntnisse über den Partner, über uns selbst und die Beziehung zu gewinnen, die Verzeihen und Versöhnen ermöglichen. Das *Dritte Auge* gestattet uns auf diese Weise, ethisches Handeln im Austausch mit dem Partner zu üben, nämlich das Gute im Partner zu sehen und zu verzeihen, statt Rache zu üben. »Ich sehe das Gute in dir«, heißt ein Lied der irischen Sängerin Karen Matheson. Genau das ist es, was so vielen Streitenden und Nichtverzeihenden nottut:

wieder das Gute im Anderen zu sehen statt überwiegend seine Fehler.

Aber wir können mit den *Dritten Auge* auch in uns selbst hineinschauen. Das dritte Auge verleiht uns im wahrsten Sinn des Wortes *Einsicht*: Einsicht in die eigene Fehlerhaftigkeit stärkt den Mut zum Verzeihen der Fehler des Anderen. Dann wird Verzeihen zur doppelten Heilung: für den Anderen und mich.

Übung ›Drittes Auge‹

Diese Übung ist einfach: Die Partner setzen sich voreinander, nehmen eine meditative Haltung ein und schauen sich kurz in die Augen, bevor sie diese schließen. Dann legen sie den Mittelfinger der linken Hand, die zum Herzen führt, auf diese Stelle zwischen den Augenbrauen. So verharren sie fünf Minuten im Bemühen und Ringen damit, die Not des Partners zu sehen und nicht immer die eigene in den Vordergrund zu stellen. Mit dem Dritten Auge übe ich, das Gute in dir zu sehen, das Wunder in dir wiederzuentdecken. Denn wir wissen, dass wir Menschen aus dem Wunder der Schöpfung geboren sind. Und wir wissen, dass jede Frau und jeder Mann Teil dieses Wunders ist. Jetzt beginne ich, bewusst in dir dieses Wunder zu sehen. Du bist ein Wunder und trägst einen göttlichen Kern in dir. Ich verneige mich davor und würdige dich dafür. Unter diesem Blickwinkel betrachtet, gehören deine Fehler zu dir als Ganzes. Ich habe aus ihnen zu lernen. Ich sehe das Gute in dir – und verneige mich.

Anschließend schreiben beide Partner füreinander auf, was sie Gutes am Anderen sehen können. Sie lesen sich das gegenseitig vor und gehen dann wieder schweigend, jeder für sich, in den Tag zurück, oder in die Nacht, schlafen getrennt, um den Prozess der Innenschau nicht zu unterbrechen.

Die abschließende Frage: In was für einer Welt wollen wir als Paar leben?, führt uns auf unserer Suche nach dem Sinn des Verzeihens in eine über das Paar hinausgehende Betrachtung. Alle Paare brauchen für ein gesundes Liebesleben eine gut funktionierende Streitkultur. Und diese Streitkultur kann nur funktionieren, wenn sie über eine Kultur des Versöhnens und Verzeihens verfügt. Am Ende eines Streits soll Versöhnung gefeiert werden.

Verwirrend und trotzdem logisch ist dabei, dass in einem Partnerstreit bei aufmerksamem Zuhören meist beide Recht haben. Wie aber ist es möglich, gleichzeitig beiden gerecht zu werden? Diese Grundfrage hat überall Gültigkeit: sowohl im kleinsten sozialen Subsystem des Paares als auch in der großen Politik. Diese Dynamik des Paares kann man auf alle menschlichen Beziehungen übertragen, sei es auf dem Schulhof, am Arbeitsplatz, zwischen politischen Parteien und auch zwischen Völkern. Sowohl im Makrokosmos des Globus als auch im Mikrokosmos menschlicher Beziehungen brauchen wir Gerechtigkeit, Verzeihung und Versöhnung. Jeder mit Gewalt errungene Sieg bedeutet dagegen auch eine Niederlage der Menschlichkeit. Die Entwicklung einer Kultur des Verzeihens ist folgerichtig wesentlicher Teil einer erfüllten Liebeskultur, die uns Menschen ethisch handeln lässt.

Dieser Ansatz, vom Paar aus auf größere Sozialgemeinschaften zu schließen, erlaubt noch weitere wichtige Erkenntnisse. Wenn wir einem streitenden Paar weiterhin aufmerksam zuhören, erkennen wir: Hinter den vielen Gründen für Streit und Krieg steht hauptsächlich ein Motiv: Angst vor Fremdbestimmung, Entwertung und Demütigung, vor Bloßstellung und Ablehnung, Angst vor Verlust und Isolation.

Übermächtig scheinen diese Ängste in uns Menschen zu stecken. Und je weiter entwickelt und zivilisierter eine Gesellschaft ist, desto mehr wandeln die Ängste sich von der existenziellen in seelische Bedrohungsangst. Wir fürchten zumindest in der westlichen Gesellschaft zwar nicht mehr um unser Leben, aber wir befürchten, nicht genug zu bekommen, nicht richtig zu sein, nicht befriedigt zu werden, nicht gemeint zu sein, nicht gesehen zu werden, nicht gewürdigt, nicht geachtet zu werden. War es früher der Kampf um das nackte Überleben, ist es heute der Streit um die seelische Intaktheit, der uns häufig in Streit und Kränkung verwickelt. Die Motive für Streit und Verletzung haben sich verschoben, das Ausmaß an Angst ist dasselbe geblieben.

Aber Angst blockiert jedes sinnvolle Miteinander, erschwert die Verständigung und behindert uns, das Gute im Anderen zu sehen. Starke Ängste reduzieren uns auf die Reflexe zur Lebenserhaltung und lassen keinen Raum für tiefere Sinnfragen. Diese Ängste einander anzuvertrauen statt das Visier herunterzulassen und die Rüstung anzulegen, dies hilft uns dabei, den Weg des Dialogs und des Verzeihens zu finden.

Die Psychologie des Verzeihens ist jetzt im Zentrum angekommen, doch der innere Weg dahin ist noch nicht ganz zu Ende gegangen. Der Streit ist abgeebbt, der Höhepunkt der Krise überwunden. Viele sehen den Sinn des Verzeihens für sich ein. Aber die Wunden schmerzen noch, die Seele bleibt gekränkt. Wer wagt nun den ersten Schritt zur Versöhnung? Wie kann ich mich überwinden und um Verzeihung bitten? Wie schaffe ich es, dem Anderen Verzeihung zu gewähren, wenn er mich doch so tief verletzt hat?

Diesen Fragen ist das ganze Buch gewidmet, denn sie entscheiden über das weitere Leben, über die Qualität menschlichen Seins. Nach Auffassung der Paarsynthese genügt es nicht, Stunden oder Tage nach einer Kränkung stillschweigend in den Alltag der Beziehung zurückzukehren. Es ist ja Schaden angerichtet worden. Er kann nicht mit einer Geldzahlung wiedergutgemacht werden (Jellouschek 2005). Der Schaden darf auch nicht im Nachhinein verharmlost oder weggeredet werden, einfach »Schwamm drüber«. Bestimmte Floskeln sind sicher auch nicht ausreichend, wie einfach ein »… tschuldigung« zu murmeln oder ein »Tut mir leid«, obwohl manche Frau auch schon darüber froh wäre. Wie die Wunde nach der Operation beim Arzt einer Nachbehandlung bedarf, so bedarf auch die verwundete Seele der nachträglichen Behandlung durch den Partner. Wird die Verletzung schweigend übergangen, kommt dies einer Verdrängung gleich. Dann taucht an anderer Stelle und zu anderer Zeit die Kränkung erneut auf und potenziert sich mit neuen und anderen verschleppten Demütigungen.

Der Prozess des wirklichen Verzeihens muss noch differenzierter gesehen werden. Allein die Formel: »Ich bitte dich um Verzeihung für die Kränkung, die ich dir zugefügt habe«, reicht nicht wirklich aus. Sie ist erst der Anfang. Einmal muss der um Verzeihung gebetene Partner Zeit und Gelegenheit finden, in sich zu gehen und zu überlegen, ob er meint, tatsächlich verzeihen zu können und zu wollen. Das soll er dann offiziell aussprechen oder andernfalls mitteilen, dass er noch eine gewisse Zeit dazu braucht, um innerlich wirklich wieder zu verzeihen und auf den Partner erneut zugehen zu können.

Eine weitere wichtige Ergänzung zum Schritt des Verzeihens steht noch aus: als *Opfer* gegenüber dem *Täter* die Motive für das Verzeihung-Gewähren zu benennen. Meist kommt die vereinfachende Formel: »Weil ich dich eben liebe«. Auch das reicht nicht. Das Ziel ist, das Motiv für das Verzeihen noch differenzierter zu benennen, damit es tiefer ins Bewusstsein dringt und aus dem Prozess wirklich hilfreiche Konsequenzen gezogen werden können. Die Frage nach dem Warum des Verzeihens schließt auch das Wozu ein: *Warum und wozu will ich dir verzeihen?* Erst jetzt wird deutlich, dass auch im Gewähren der Verzeihung eine Aufgabe für das *Opfer* liegt und sich nicht allein der *Täter* neu besinnen muss. Das macht schließlich doppelten Sinn: Beide denken über die Beziehung nach.

So schreibt Hannah:

Warum habe ich Dir verziehen/warum will ich Dir verzeihen? Lieber Wolf, in den letzten Jahren habe ich Dich richtig gut kennengelernt. Ich kann Deine Verhaltensmuster häufig sehr gut nachvollziehen. Ich versuche häufig, mich in Deine Lage hineinzuversetzen, und verstehe Deine Reaktionen besser. Du hast mich um Verzeihung gebeten. Bisher hatte ich mir keine Gedanken darüber gemacht, ob ich Dir auch verzeihe oder verzeihen will. Erst in den letzten Wochen/Monaten spüre ich, dass ich Dir verzeihen will und auch verziehen habe. Du hast so viel für mich getan.

Ich verzeihe Dir, weil Du mit mir die Paarseminare immer weiter mitgemacht hast, obwohl sie nur mir am Herzen lagen. Ich verzeihe Dir, weil Du Dir so viel Mühe gibst, nicht in deine alten Muster hineinzufallen und weil Du versuchst, großzügig zu sein, wenn ich zurückfalle. Ich verzeihe Dir, weil Du für mich da bist und ich mit meinen Sorgen immer zu Dir kommen kann. Ich verzeihe Dir, weil ich mit Dir jetzt ein glückliches Leben führe und rundherum zufrieden bin. Ich verzeihe Dir, weil Du Dich für mich so sehr geöffnet hast und ich mich bei Dir öffnen kann. Ich verzeihe Dir, weil ich Dich liebe. Hannah

Und ihr Partner Wolf schreibt:

Liebe Hannah, viel wichtiger ist aber mein Gefühl. Alle Ratio nützte nicht viel, wenn ich Dich nicht liebte. Nur weil ich Liebe für Dich empfinde, kann ich Dir verzeihen. Ich verzeihe Dir, weil ich weiß, dass Du dich nicht völlig neu erfinden kannst, aber immer wieder versuchst, an Dir zu arbeiten. Ich verzeihe Dir, weil ich fühle, wie sehr Du um mich kämpfst. Nach vielen Jahren erkenne ich Dich besser und bin verständnisvoller als zu Anfang. Meine Gefühle für Dich sind in letzter Zeit wieder stabiler geworden und lösen manchmal sogar ein Gefühl von neuer Verliebtheit aus, eine gute

Grundlage, mit Deinen Fehlern nachsichtiger als früher umzugehen und Dir von Herzen zu verzeihen. Dein Wolf

Und Bea schreibt:

»Drei wesentliche Aspekte, die ich beim Nachdenken herausgefunden habe, sind:

- *Ich kann Ulf verzeihen, weil ich mir meiner eigenen Fehlerhaftigkeit mehr bewusst bin. Das lässt mich versöhnlicher sein.*
- *Ich kann Ulf verzeihen, weil ich ihn in seinem innersten Kern erfasst habe. Wenn er mir weh tut und mich anschließend um Verzeihung bittet, kann ich das viel besser annehmen als früher, weil ich weiß und zunehmend erkenne, aus welcher eigenen inneren Not seine Verletzungen mir gegenüber stammen.*
- *Ich kann Ulf verzeihen, weil es mich tief berührt, wenn er erkennt, dass und wodurch er mich verletzt hat.«*

Am Ende dieser Stufe begleiten wir wieder Nina und Egon:

Sie haben jeder für sich durch die standhafte Auseinandersetzung mit dem Partner gelernt, ihr ureigenes Misstrauen zu überwinden, berührende Nähe herzustellen und sich im Austausch von Körper, Geist und Seele einander anzuvertrauen. Sie verzehren sich nun nicht mehr in gegenseitigem Kräfteverschleiß durch Dauerstreit und Trennungsdrohungen. Im Bewusstsein dieser neuen Freiheit beschließen sie, jetzt ihre Energien mehr darauf zu richten, nicht nur als Paar, sondern auch in ihrer Umgebung für mehr Frieden einzutreten. Das betrifft natürlich in erster Linie ihren sechsjährigen Sohn, aber auch den Umgang mit den Brüdern von Egon und mit ihrer Mutter. Es ist erstaunlich: Die beiden beginnen, einen ganz anderen Platz in dieser Welt einzunehmen. Sie wirken heilsam, Einer für den Anderen, aber auch für die Mitwelt.

Wiedergutmachen: Kreativer Aufbruch der Beziehung in neue Nähe

Was wollen und können wir beide miteinander einüben? Was davon können wir in die Welt tragen?

Das Paar ist auf seinem Weg zum Verzeihen auf der fünften, der obersten Stufe angekommen. Jetzt setzen sich die Partner neue Ziele. Die alten und ausgetretenen Wege werden verlassen, um einem neuen Horizont zuzustreben. Verzeihen, Versöhnen und Wiedergutmachen werden nun zu einem Ganzen.

Wiedergutmachung im Sinn aktiver Vorbeugung vermeidet Rückfälle und damit die Notwendigkeit wiederholter Verzeihung. Wiedergutmachen und Vorbeugen haben in der Praxis inhaltliche Übereinstimmung und ähnliche Zielsetzung. Beim Wiedergutmachen geht es nicht um Schadensabgleichung, wie es in der Politik üblich sein mag, sondern um einsichtsvolles Handeln, um dem Partner künftig mit verstärkter und einfühlender Zuwendung zu begegnen. Und das muss nicht in Sack und Asche geschehen, nicht eine Last und Bürde darstellen, im Gegenteil, es geht um fantasievolles und lustvolles Neugestalteten. Aus seinen Fehlern zu lernen kann dann auch Glück in der Liebe bedeuten.

Zum Wiedergutmachen gehört allerdings auch der durchaus schwierige Begriff der *Reue*. Schwierig deshalb, weil er religiös besetzt ist und ein Gefühl von Demut einschließt. Demut in der Bitte um Verzeihung: Das bedeutet auch, dem Anderen seine Würde wieder zurückzugeben – die Demütigung, die ich ihm zugefügt habe, nehme ich nun auf mich. Und damit eng verknüpft ist dann auch die gedankliche Verbindung zur tätigen Reue, zum *Bußetun*. Solche Haltungen widersprechen dem heutigen Zeitgeist. Der erlaubt kaum eine Kultur des Verzeihens, weil Begriffe wie Demut und Reue, auch die Nähe zu einem religiösen Hintergrund, eher verpönt sind. Wie seltsam: Menschliche Grundwerte unterliegen dem Zeitgeist. Aber ist es nicht auch denkbar, bei diesem Schritt auf dem Weg des Verzeihens weniger die religiöse als vielmehr die psychologische Bedeutung in den Vordergrund zu stellen?

Wiedergutmachen bedeutet dann nämlich, den Worten auch Taten folgen zu lassen. Um Verzeihung bitten heißt dann, nicht nur den guten Vorsatz zu äußern, dass man den Partner nicht mehr kränken will, sondern daraus eine neue, eine liebevollere Wirklichkeit zu gestalten. Wiedergutmachen bedeutet dann weiterhin, dem Anderen nicht nur seine Dankbarkeit für das Gewähren der Verzeihung zu zeigen, sondern diese auch unter Beweis zu stellen. Wiedergutmachen bedeutet dann eben gerade nicht mehr nur Demut, sondern auch Stolz, für seine Handlungsweise die Verantwortung zu tragen – stolz sein zu dürfen, weil man sich seine Fehler eingestanden hat, und sich seiner Verantwortung zu stellen.

Viele Autoren sind sich darin einig, dass Verzeihen und Versöhnen zwei verschiedene Prozesse sind. Im englischen Sprachraum wird stattdessen von *forgiveness*, von *Vergebung*, gesprochen. Daneben tritt die Wiedergutmachung als ein eigener dritter Prozess. In der Politik lassen sich diese Begriffe leichter differenzieren: Deutschland und Frankreich waren beispielsweise jahrhundertelang verfeindet. Ohne sich gegenseitig je offiziell verziehen zu haben, kam dann doch 1963 die Aussöhnung zwischen den beiden Völkern mit dem deutsch-französischen Freundschaftsvertrag zustande. Ob der seelische Schaden, den die beiden Völker durch die großen Kriege untereinander angerichtet haben, je wiedergutgemacht werden kann, bleibt offen. Nach dem Zweiten Weltkrieg haben längst nicht alle damals gegnerischen Nationen den Deutschen verziehen, aber die meisten haben sich mit Deutschland ausgesöhnt. Als Wiedergutmachung wurden in der Regel hohe Zahlungen, sogenannte Reparationen, an die

Opfer geleistet. Fast mit allen hat eine Aussöhnung stattgefunden. Die einstigen Kriegsgegner verkehren friedlich miteinander.

Wie aber verhält sich in der Praxis diese Dreiheit von Verzeihen, Versöhnen und Wiedergutmachen bei zerstrittenen Paaren? Verzeihen wird oft mit Vergeben gleichgesetzt (Jellouschek 2005), manchmal sogar mit Vergessen. Gerade aber das Vergessen des Geschehenen ist nicht gemeint. Vergessen täuscht vor, dass etwas nicht stattgefunden hat. Dann wäre alles Verzeihen sinnlos, weil es doch zu keiner Veränderung des kränkenden Verhaltens führen würde. Vergessen würde implizieren, dass die Kränkung eigentlich gar nicht geschehen ist, dass sie auch nicht geschadet und keinen Schmerz verursacht hat. Alles wäre wie vorher. In Wirklichkeit hinterlassen alle Gesten des Partners Spuren in unserem Körper, Geist und Seele umfassenden Organismus. Mögen wir noch so vieles vergessen, auch erlittenes Unrecht, so wird es doch in den neuronalen Vernetzungen unseres Gehirns als Erfahrung geschaltet, im Zellgedächtnis des Körpers verankert. Am Beispiel des sexuellen Missbrauchs wird es immer wieder besonders deutlich: Obwohl die Opfer manchmal tatsächlich jede Erinnerung an die Tat verloren haben, beherrscht das erlittene Trauma ihr ganzes Leben. So schreibt die Schweizer Psychologin Maria Teschner (2004): »Gerade bei sexuellen Missbrauchsgeschehnissen ist das Thema Vergebung immer wieder eine sehr große Herausforderung. Ich habe vielfach die Erfahrung gemacht, dass es den Betroffenen nicht möglich ist, Wut, Ärger oder sogar Hass zu spüren resp. dass sie sagen können ›An mir ist ein Unrecht geschehen‹. Solange aber diese dazugehörigen Gefühle nicht ins Bewusstsein dringen und entsprechend benannt werden können, können sie auch nicht aufgearbeitet werden.«

Vergessen bedeutet demnach kein wirkliches Verzeihen, weil es eine herbeigewünschte Wirklichkeit vorgaukelt, der

Missbrauch möge gar nicht wirklich passiert sein. Die Realität, weil seelisch unerträglich, wird verdrängt. Dann aber topt oder triggert irgendeine aktuelle Kränkung durch den Partner oft übermäßig stark die alte Kränkung durch den Missbrauch. Selbst vorsichtige intime Berührungen vom Partner können dann unvermutet die reflexartige Erinnerung an eine verletzende Grenzüberschreitung wachrufen und zu ungewollten Blockierungen des Lustempfindens der liebenden Frau führen, selbst wenn Letzteres von ihr gewünscht und herbeigesehnt ist. Der sexuelle Missbrauch als Traumatisierung weiblicher Identität mag ein Verzeihen nur schwer zulassen, wohl aber ein Versöhnen mit der Erfahrung einer verwundeten Frau, die im Wissen um die alte Verwundung den Weg sucht, sich trotzdem ganz hinzugeben.

Aber das bewusste Aufarbeiten schmerzt. Deshalb möchten wir manchmal lieber vergessen als verzeihen. Statt Auseinandersetzung und klärendem Streit flüchten sich viele in das beziehungslose Nebeneinanderherleben. Verzeihen heißt aber auch, trotz des schmerzlichen Übergriffs die inneren Grenzen für den Partner wieder neu zu öffnen. Dem Partner erneut den Körper, die Seele und den wachen Geist anzuvertrauen, wieder an ihn zu glauben und in ihm das Gute, das Wunderbare der Schöpfung neu zu sehen, ihn jetzt zu würdigen, gerade auch mit seinen Fehlern – das heißt Verzeihen. Das bedeutet nichts anderes, als den Zauber der Liebe wieder neu zu erwecken, trotz der verlorenen Unschuld.

Und jetzt erst, gegen Ende des langen inneren Ringens, wird Verzeihen zum bewussten Schritt, zum Akt des Willens. Darin liegt die psychische Höchstleistung: Den Zauber wieder zu erwecken geschieht jetzt durch absichtsvolles Handeln. Der Zauber kommt nicht mehr über uns wie in der Zeit der jungen Liebe, wir erwecken ihn bewusst und willentlich auf neue Weise. Trotz der Kränkung durch ein Trauma, trotz tiefer seelischer Verletzung, aber auch trotz des unverzeihlichen Alltags, in dem der Zauber der Liebe verlorengegangen ist, führen wir erneut das Erschauern in der Liebe herbei. Das gilt in besonderer Weise auch und vor allem für die sinnliche und erotische Öffnung, für gegenseitige Stimulierung und leidenschaftliche Hingabe. Diese Bereicherung und Erfüllung unserer männlichen und weiblichen Identität, diese Selbsterfahrung und dieses Selbstbewusstsein als Frau und Mann, dieses Erschauern einander zurückzuschenken heißt im Grunde, dreifach zu verzeihen: mit dem Körper, mit dem Geist und in der Seele.

Die Schweizer Paartherapeutin Doris Hodel Portmann (2008) schreibt mir dazu: »In den letzten Jahren habe ich sehr viel über Verzeihen und den notwendigen Prozess nachgedacht. Einige Gedanken dazu: Der Prozess des Verzeihens verläuft meiner Ansicht nach spiralförmig. Er beginnt im Kopf, bis er schlussendlich im Herz und in der Seele stattfinden kann. Früh in der Therapie fordere ich Paare deshalb auf, sich gegenseitig um Verzeihung zu bitten. Dies geschieht in der Weise, dass sie sich gegenüberstellen, um so ein Gefühl für die eigene Würde, aber auch für die Würde des Partners/der Partnerin zu bekommen.

Die ersten Schritte sind meistens noch ganz im Kopf und können im Herzen und in der Seele noch nicht stattfinden. Erst bei stetigem Wiederholen der Verzeihensgedanken entsteht Tiefe. Das setzt voraus, dass Menschen in der Aufarbeitung ihrer eigenen Geschichte und der Paardynamik immer mehr verstehen. Erst daraus wird es möglich, dass Partner, die sich anfänglich für unschuldig hielten, Einsicht in ihre eigenen Fehler, ihr eigenes Dazutun bekommen. Nach oft monatelangem Arbeiten geschieht dann ein Verzeihen, das sowohl aus dem Herzen kommt, mit der Seele verbunden ist und auch aus dem intellektuellen Verstehen heraus geschieht. Je tiefer Menschen dabei mit ihrer eigenen Scham in Kontakt kommen, desto tiefer ist es schlussendlich möglich, um Verzeihung zu bitten und auch verzeihen zu können.«

Verzeihen bedeutet nicht Vergessen, aber sehr wohl Vergeben. Vergeben nämlich wird die Schuld, die der Andere durch sein kränkendes Verhalten auf sich geladen hat. So relativ, so fraglich diese sogenannte Schuld auch sein mag, so sehr unter Umständen der Erduldende selbst daran beteiligt ist, das Aufheben dieser Schuld ist ein notwendiger Teil des Verzeihens. Verzeihen ohne Schuldenerlass ist kein Verzeihen. Das bedeutet, dass es nichts mehr nachzutragen gibt, dass die Schuld abgetragen ist. Ein solches Vergeben von Schuld bedeutet allerdings nicht, dass damit auch der Schmerz des *Opfers* überwunden sei. Deshalb warten manche mit dem Verzeihen und Vergeben, bis die Zeit alle Wunden *von alleine* heilt. Das aber bringt eher eine Wundverschleppung und keine wirkliche Heilung des Schmerzes mit sich, der dann doch irgendwann wieder auftaucht.

Wie solche unbearbeiteten und letztendlich nicht verziehenen Kränkungen nachwirken können, erlebten Sigrid und Jürgen, seit 20 Jahren verheiratet und mit zwei fast erwachsenen Söhnen: Sie hatte kurz vor der Hochzeit eher zufällig ihren Jugendfreund wieder getroffen und mit diesem eine letzte, aber heftige Nacht verbracht. Sie gestand es Jürgen freiwillig, schämte sich unendlich dafür, bat ihn hundertfach um Verzeihung. Nur mit Mühe ließ Jürgen sich überzeugen, die Hochzeit nicht abzusagen. Wohl mehr aus Rache knutschte er später zu fortgeschrittener Stunde der Hochzeitsfeier, nach entsprechendem Alkoholgenuss, heftig mit Sigrids Schwester. Am nächsten Tag noch gab es Tränen deswegen, heftige Wortgefechte und schließlich großes Verzeihen.

Aber 20 Jahre später genügt ein kleiner Anlass – dass nämlich Jürgen mit dieser Schwester zum Tennisspielen gehen wollte, statt die kranke Sigrid zu pflegen –, um eine große Krise bis hin zu Trennungsdrohungen auszulösen. Jeder warf dem Anderen mit großer Heftigkeit die Untreue von damals vor, und beide fühlten sich plötzlich wieder zutiefst hintergangen und bloßgestellt. Schließlich kamen sie deshalb zur Therapie. Es dauerte Wochen und Monate, bis beide begriffen, dass sie tatsächlich immer noch Opfer ihrer Kränkungen von damals waren, die jetzt »explodierten«. Zu den alten waren neue Kränkungen hinzugekommen, bis schließlich ein Funke genügte, alles zu sprengen. Es dauerte noch einmal Monate, bis beide einander wirklich verzeihen konnten. Als äußeres Zeichen ihrer wirklichen

Versöhnung und echter Wiedergutmachung ließen sie sich schließlich kirchlich trauen.

Verzeihen bedeutet, zusammenfassend, gerade im Wissen um den Schmerz und mitten in seinem Erleiden dem Anderen trotzdem seine Schuld zu vergeben. Der Schmerz wird dabei nicht verdrängt. Im Wissen um den Verlust von Unschuld, im Wissen um die Trauer, die mit der Kränkung Einzug gehalten hat, und im Wissen um die Verzweiflung über diesen Verrat an der Liebe dem Geliebten die Tat nachzusehen, das bedeutet Verzeihen. Zu weinen, möglichst miteinander, über das verlorene Paradies der innigsten Zweisamkeit und sich trotzdem wieder zu schenken und dieses Geschenk voller Staunen entgegenzunehmen, das ist das Verzeihen in der Liebe.

Versöhnen ist im Grunde der Zwischenschritt auf dem Weg zum Verzeihen. Versöhnen heißt, mit dem Verursacher, mit dem Täter wieder in eine friedliche und gegenseitig gewinnbringende Beziehung einzutreten. Beide wissen um die Verletzung; die Kränkung ist nicht vergessen, ein Verzeihen konnte noch nicht vollzogen werden. Dennoch kehrt der Alltag zwischen den Partnern wieder ein. Das Leben muss weitergehen. Zum Versöhnen gehören daher immer beide. Verzeihen kann ich im Stillen, für mich allein, ohne dass der Verursacher darum weiß (Kast 2005).

Entscheidendes Merkmal im Unterschied zum Verzeihen ist, dass der Schmerz über die Kränkung in den Hintergrund tritt, vielleicht auch absichtlich übergangen, überspielt und verdrängt wird. Der Schmerz ist auch jetzt noch da, wie beim Verzeihen, aber er wird bewusst zur Seite gestellt, damit das Leben wieder zu seinem Recht kommt. Die Schatten der Kränkung treiben zwar wie dunkle Wolken am Himmel, aber ganz hinten, am Horizont. Sie verhindern nicht den Sonnenschein. Die Schmerzen über die Kränkung loszulassen ermöglicht, das Leben mit dem Partner wieder genießen zu können. Die Gemeinsamkeiten stehen im Vordergrund, das Trennende wird ausgeblendet.

Diese Aussöhnung bietet die Chance, die der Volksmund meint, wenn er davon spricht, dass die Zeit alle Wunden heilt. Der Pragmatismus siegt. Versöhnung bedeutet ein »Plädoyer für die emotionale Vernunft« (Meier-Seethaler 1997). Im Unterschied zum Verzeihen wird dabei wenig Vergangenheitsbewältigung geleistet. Ob aus den Fehlern gelernt wird, ob die Partner sich weiter mit den Kränkungen auseinandersetzen und daraus lernen wollen, gar ihr Verhalten ändern, bleibt unklar, es ist aber zu hoffen.

Manche Paare leben dann ganz friedlich miteinander, können zusammen Urlaub machen, mit den Kindern toben und fröhlich sein. Manche schlafen auch miteinander, ohne einander wirklich verziehen zu haben. Andere schlafen jahrelang nicht zusammen, der Stachel der Verletzung schmerzt weiter, und trotzdem führen sie ein erträgliches und gutes Leben miteinander. Manchmal gleicht es dann allerdings mehr einer Wohngemeinschaft denn einer Lebens- und Liebesgemeinschaft. Viele Paare versöhnen sich im Alter, können sogar über die alten Kränkungen und Wunden von damals lächeln, sind froh, beieinander geblieben zu sein. Aus der Rückblende von vierzig gemeinsamen Lebensjahren zeigt sich, wie richtig es war, wegen dieser Kränkungen damals nicht auseinandergegangen zu sein. Heute berühren sie sich lächelnd mit den Augen, freuen sich über ihre Enkel und pflegen sich gegenseitig bei beginnenden Gebrechlichkeiten.

Dies ist aber eine Art von Aussöhnung, die im Lauf der Jahre auch ein Verzeihen mit sich bringt. Das Verzeihen wird auf diese Weise durch die Realität der Versöhnung praktisch nachgeholt. Versöhnen wird hier zum praktizierten Verzeihen. Dies ist eine seelische Entwicklung, die sich auch ohne therapeutische Hilfe vollziehen kann. Wir sprechen dann von menschlicher Reifung, von der Weisheit des Alters, von menschlicher Größe. Beide haben dann aus der gemeinsam durchlebten Krise etwas gelernt. Die Krise hat als solche therapeutisch gewirkt. Sie war für beide Anstoß, das eigene Verhalten zu überprüfen und zu verändern.

Sich zu versöhnen mag auch bedeuten, einander die Würde zurückzugeben. Im Umgang miteinander sich wieder gegenseitig Respekt zu bezeugen, sich untereinander würdevoll zu begegnen mag auch schon möglich sein, bevor das innere Verzeihen sich tatsächlich vollzogen hat. Gleichzeitig ist es der vorbereitende Schritt in Richtung Wiedergutmachung. Deshalb sei hier eine besonders intensive Übung der Paarsynthese vorgestellt, die wir ganz besonders in der Seminararbeit mit Paaren praktizieren:

Übung ›Würdigung‹

Vor allem im Dauerstreit nehmen wir uns gegenseitig die Würde. Oft ist es nicht die beleidigende Tat, die wir nicht verzeihen, sondern die erlittene Entwürdigung scheint unverzeihlich. Respekt und Achtung gehen damit verloren. So haben wir zwar oft viele Rituale, uns zu entwürdigen, aber keines, uns gegenseitig zu würdigen. Diese Übung versucht, davon etwas zurückzuholen.

> Zur Durchführung stellen Sie sich in den folgenden 20 Minuten aufrecht voreinander hin oder knien gar. Sie beginnen dann, sich abwechselnd voreinander langsam, ganz langsam, Millimeter für Millimeter, zu verneigen. Falten Sie dazu Ihre Hände oder kreuzen Sie diese vor der Brust. Senken Sie dabei langsam die Augen, den Kopf und beugen Sie den Rücken, so tief Sie können. Wenn Sie knien, beugen Sie Ihren Kopf bis zum Boden. Ruhen Sie dort ein wenig aus, ohne sich gleich wieder aufzurichten. Der Andere, der diese Würdigung empfängt, bleibt aufrecht und nimmt diese Würdigung für sich entgegen. Dann richtet sich der Erste ebenso langsam wieder auf.

Kniet oder steht er schließlich gerade, beginnt der Andere, sich zu verneigen, so tief wie möglich, um sich dann ebenso langsam wieder aufzurichten.

Solche Gesten, eine solche Kultur der Versöhnung gibt uns Menschen die Würde wieder zurück. Solche Gesten mögen für viele von Ihnen sehr befremdlich sein, aber es geht darum, Ihr Herz auch für solch neue Wege der Liebe zu öffnen. Eine solche Aussöhnung bedeutet nicht blindes und unterwürfiges Verneigen, sondern wir beziehen das Wissen um die Fehler des Anderen mit ein. Erst unsere Fehler und Schwächen machen uns menschlich würdig.

Wiedergutmachen bedeutet im Unterschied zu Verzeihen und Versöhnen, noch einen Schritt weiter zu gehen. In der Sprache der kleinen Kinder bedeutet Verzeihen, dass danach wieder alles gut ist. In Wirklichkeit beginnt jetzt der kreative Teil des Verzeihens: die Wiederaufbauarbeit oder, besser noch, der Aufbruch in eine neue Dimension der Beziehung. Die Erwartung, dass nach dem Verzeihen alles gut sei, ist tatsächlich naiv. Der Sinn des Verzeihens liegt gerade darin, dass jetzt nicht einfach alles in Ordnung ist, sondern dass sich etwas ändert, dass neue Wege gebahnt werden. Ist es die menschlich-ethische Aufgabe des Leidtragenden, Verzeihung zu üben und damit dem Verursacher eine Chance für einen Neustart zu gewähren, so ist es die Aufgabe des Verursachers, nach der ihm gewährten Verzeihung mit der Wiedergutmachung zu beginnen.

Wiedergutmachen bedeutet nicht, auf immer in der Schuld des Anderen zu stehen und fortan Sklavenarbeit für ihn zu leisten. Wird die Schuld nämlich derart hoch angesetzt, dass sie lebenslang auf dem Täter lastet, provoziert sie in kürzester Zeit Rückfälle. Dann zerbricht das Paar in der Folge nicht an der einmal begangenen Untat, sondern an der Unmöglichkeit, Schuld abzutragen, einen Fehler wiedergutzumachen. Im Wiedergutmachen liegt die für beide wichtige Chance, neu anzufangen. Das scheint auch für den Umgang mit *Schuld und Sühne* (Dostojewski 1821–1881) im menschlichen Leben generell der bessere Weg zu sein. Unser Rechtssystem beruht zu sehr auf dem Bestrafen von Vergehen und nicht auf der Wiedergutmachung. Eine Strafe abzusitzen bedeutet keine Wiedergutmachung, schon gar nicht Weiterentwicklung. Niemandem nutzt die Strafe, weder dem leidtragenden Bürger noch dem Gesetzesbrecher. Und Strafen schrecken nur sehr begrenzt ab. Im Wiedergutmachen dagegen liegt der Keim für verändertes Begreifen und sinnvolleres Gestalten, da der *Täter* eine Aufgabe mit Perspektive hat. Positives Verhalten wird aufgebaut, parallel zum Abbau von negativem Verhalten. Jeder Süchtige wird rückfällig, wenn er lediglich das Suchtverhalten stoppt, aber keine anderen konstruktiven Muster aufbaut.

Zurück zum Paar: Nach einem Treuebruch hat weder der Betrogene noch der Betrüger einen Gewinn davon, zukünftig nur noch zerknirscht in Sack und Asche zu gehen. Schuldfähigkeit ist wichtig für die Gestaltung unserer menschlichen Beziehungen, aber das Schuldempfinden darf nicht missbraucht werden. Weder darf sich das *Opfer* zum moralischen Sieger erklären noch der *Täter* zum moralischen Versager. Beide haben in der Wiedergutmachung die Aufgabe, gemeinsam die Schuldproblematik zu überwinden und gemeinsam den Weg der Wiedergutmachung zu finden. Und deutlicher noch: Wiedergutmachung ist nicht das Werk des einzelnen Partners, des *Täters* allein. Wiedergutmachung ist ein Gemeinschaftsprojekt, das immer wieder im Dialog neu bedacht und neu abgestimmt werden muss, um die weitere intensive Entfaltung der Liebe voranzutragen.

Solche Gedanken in Taten umzusetzen, das ist auch und gerade jetzt mit Hilfe von besonderen Übungen zu unterstützen:

Übung ›Abbitte leisten‹

Ziel ist es, über das bewusste Verzeihung-Erbitten hinaus kränkende Gedanken, Mechanismen und inneren Unfrieden aufzuspüren und abzubauen. Der Weg dahin: Wir gewöhnen uns systematisch an, den Anderen auch schon für kränkende Gedanken, heimliche Impulse und verborgene Kritik um Entschuldigung zu bitten. Selbst wenn dieser gar nichts vom kritischen Verhalten bemerkt oder gar keine Beschwerde geäußert hat, selbst wenn er von diesen inneren Kritiken gar nichts weiß, gerade dann leistet der eine Abbitte beim anderen, indem er diesem seine misslichen inneren Vorgänge offenbart und Reue bekundet. Es erfordert Selbstüberwindung, sich so zu offenbaren, beugt aber vielen Streitigkeiten vor.

Übung ›Versöhnen und Verzeihen‹

Ziel ist es, Versöhnen und Verzeihen als lebendigen Bestandteil des alltäglichen Verhaltens in Körper, Geist und Seele zu festigen. Sie sollen in den Zellen des Organismus verankert werden, damit Rückfälle überflüssig werden. Um das zu realisieren, braucht es Sprache, Gestik und Erfahrung gleichzeitig. In Ritualen und Übungen, die nicht floskelhaft durchgeführt werden dürfen, wird das möglich. Das Aufschreiben und symbolische Verbrennen und Versenken von beschriebenen Zetteln oder schweren Steinen ist vielleicht magisch, aber selten effektiv. Als wirkungsvoller erscheint die wiederholte Handlung:

Beide Partner einigen sich nach einer Krise, oder im zeitlichen Abstand von einem halben Jahr oder einem ganzen Jahr, eine Bilanz dessen niederzuschreiben, was der eine dem anderen in der Zwischenzeit angetan hat. Achtung: Nicht, was der Partner mir angetan hat, sondern was ich dem Partner in dieser Zwischenzeit angetan habe. Nach dem Vorlesen, das mit gegenseitigem Berühren und Festhalten verbunden ist, übergibt jeder dem Anderen seine Bitte um Verzeihung. Beide legen diese Briefe in eine dafür geeignete Schachtel und bewahren sie an einem festen *Beziehungsplatz* der Wohnung auf. Diese Briefe werden dann nach einer Woche noch mal wechselseitig vorgelesen und nachbesprochen und erneut aufbewahrt. Nach jeder neuen Krise oder nach einem Jahr werden sie wieder vorgelesen. Die Wiederholung ist heilsam. »Erst wenn du einen Fehler zum zweiten Mal machst, wird es wirklich ein Fehler«, sagt ein Sprichwort aus dem *Shaolin*, einer buddhistischen Kampfkunst.

Übung ›Reue und Wiedergutmachen‹

Aus Liebe Verantwortung für seine Taten zu übernehmen, aus Liebe einen Fehler, eine Tat wiedergutzumachen bedeutet, aus Liebe ethisch zu handeln. Gelingt das, leistet jede Reifung dieser Art Friedensarbeit. Reue zu empfinden und dem Anderen gegenüber auszudrücken heißt auch, sich in seiner Scham über die Tat bloßzustellen. Unsere narzisstische Gesellschaft erträgt das aber kaum noch, weil sie ganz einseitig darauf aufbaut, das Image zu pflegen. Wie soll da der Einzelne sich entblößen, wenn Konzerne und Politik, die Mächtigen unserer Gesellschaft, ihre Macht derart missbrauchen, sich aber ein gutes Image verschaffen? So sind Verzeihen, Versöhnen und Wiedergutmachen auch vom Zeitgeist abhängig.

In der Zweierbeziehung wird allerdings, soll eine sinnvolle Liebe wiedergefunden werden, die Stimmigkeit der Gefühle zum entscheidenden Kriterium: Nicht auf den Schein kommt es an, sondern auf die innerseelische Wirklichkeit. Und die lässt sich vom *Opfer*, das um großherzige Verzeihung ringt, nur erspüren, wenn der *Täter* diesen Schritt der bekennenden und tätigen Reue wagt.

Die Therapeuten versuchen in der Sitzung, für diesen Schritt Worte vorzugeben, wenn sie nicht von allein kommen. Das Vorgeben von Worten und Sätzen ist in diesem Fall kein therapeutischer Übergriff, sondern eine Art Alter Ego, weil viele ebendiese Sprache nicht (mehr) zur Verfügung haben, vielleicht auch nie gelernt haben.

Der Klient könnte in etwa mit diesen Worten angeleitet werden, die er zu seinem Partner sagt: »In dieser Unterredung bitte ich dich um Verzeihung. Ich habe lange gebraucht und viel Hilfe benötigt, um selbst zu verstehen, wie schwer ich dich gekränkt habe. Ich bereue es, dass ich so unbeherrscht war, alles nur mit meinem Maßstab gemessen und mich nicht in dich eingefühlt habe. Es fällt mir durchaus schwer, das einzugestehen, und ich schäme mich richtiggehend für mein Tun. Ja, ich bereue es sogar in meinem Herzen… Und ich will dich obendrein darum bitten, mir dabei zu helfen, es wiedergutzumachen. Ich will mit dir gemeinsam darüber nachdenken. Sicher werden wir dafür einige Zeit brauchen, aber ich will immer wieder das Gespräch darüber beginnen.«

Je nach Schwere der Kränkung ist das Wiedergutmachen natürlich nicht mit einem Satz, mit einer Geste oder nach einem Tag erledigt. Allerdings darf es auch nicht dazu führen, dass das *Opfer* jetzt den Spieß umdreht und den bekennenden *Sünder* wochenlang quält.

Wiedergutmachen kann beispielsweise in einer aktiven Geste bestehen, darin, dem Anderen in besonderer Weise Aufmerksamkeit zukommen zu lassen, Dialogabende einzurichten, mit Freunden darüber zu sprechen oder ein Wiedergutmachungs-Wochenende zur Verfügung zu stellen. Es reicht nicht, zur Wiedergutmachung zum Essen oder ins Kino einzuladen oder Blumen mitzubringen. Das sind zu eingeschliffene Gesten, die nicht den Alltag durchbrechen.

So gilt es zum Beispiel, im Umgang mit den Fehlern des Partners neue Wege zu gehen. Dazu eine eigene Übung:

Übung ›Umgang mit deinen Fehlern‹

Hier geht es um die Erkenntnis, dass es mehr schadet als nützt, den Partner für seine Fehler abzukanzeln. Aus der Pädagogik und der Verhaltenstherapie wissen wir, dass es bei gleichem Energieaufwand erfolgreicher ist, positives Verhalten zu loben und zu verstärken als negatives Verhalten zu bestrafen. Es ist besonders wichtig, sich bewusst zu werden, wie konstruktiv oder destruktiv der eigene Umgang mit den Fehlern des Partners ist.

Das ist eine Aufgabe der Selbstbesinnung. Nehmen Sie sich eine Stunde Zeit und denken Sie darüber nach, schreiben Sie Folgendes auf und lesen Sie es einander vor:

1. Wie sinnvoll oder sinnlos gehe ich mit deinen Fehlern um?
2. Wie gebrauche oder missbrauche ich deine Fehler? Lenke ich damit eventuell von meinen eigenen ab?
3. Helfe ich dir aufrichtig bei deinen Fehlern? Trage ich Sorge, dass du dich sinnvoll damit auseinandersetzen kannst? Helfe ich dir wirklich, sie zu überwinden, statt dich zu kritisieren?

Fragen Sie Ihren Partner: »Helfe ich dir wirklich, deine Fehler zu überwinden, statt dich zu kritisieren?« Wenn dem so ist: Der Partner wird Ihnen dankbar sein – und sich selbst um eine Verbesserung seiner Umgangsweise mit Ihnen bemühen. Das Ganze wirkt wie ein Spiegel, den ich mir selbst vorhalte. Was für ein Bild gebe ich ab, wenn ich abwertend und aggressiv mit dir und deinen Fehlern umgehe? Was würde ich empfinden, wenn du so unfreundlich mit meinen Fehlern umgingst?

Kreativer Aufbruch der Beziehung ist das eigentliche Ziel der Wiedergutmachung. Obwohl viele Paare und Partner dazu nach der Versöhnung hoch motiviert sind, können sie sich oft nicht viel darunter vorstellen. *Aufbruch* hat hier mehrfache Bedeutung: Zunächst meint der Begriff den Aufbruch der altgewohnten (Konflikt-) Mechanismen und alltäglicher Routine, die letztlich zur Verletzung der Liebe geführt haben. *Aufbruch* meint weiterhin das immer wieder neue Suchen nach lebendiger und kreativer Gestaltung der Liebesbeziehung. *Aufbruch* meint aber auch, nach neuen und sinnvollen Zielen für die Partnerschaft zu suchen. Natürlich sind beide Partner für einen solchen Aufbruch gefordert. Das erklärt noch einmal, warum Wiedergutmachung nicht nur Aufgabe des *Täters* ist, sondern nur in Teamwork gelingen kann. »Ist man einem anderen gegenüber schuldig geworden, ist Reue die Voraussetzung der Wiedergutmachung und einer Versöhnung, zu der der andere beiträgt«, schreibt Hirsch (2007) und macht damit deutlich, wie die Partner in diesem Prozess ineinandergreifen.

Um Kreativität und Einfallsreichtum für die Liebe zu ermöglichen, braucht es Zeit. Zeit für den Partner bereitzustellen ist eine wesentliche Form der Wiedergutmachung. *Zeit schenken heißt Liebe schenken.* Zeit ist die Voraussetzung zur Entfaltung von kreativen Ideen und zum Ausloten der Gefühlstiefen, zum Erspüren gegenseitiger und gemeinsamer Horizonte. Das erfordert allerdings die innere Konzentration auf den Partner, voll wacher Aufmerksamkeit und innerer Achtsamkeit für ihn. Seelische und geistige Präsenz richten sich dabei auf den Austausch miteinander, selbst wenn der Andere gar nicht anwesend ist.

Es klingt leider oft zu banal, das Umsetzen von der Theorie zur Praxis der Wiedergutmachung, des Verzeihens und der Liebe praktisch zu beschreiben. Dennoch erscheint es mir als unerlässlich, weil viele Paare genau daran scheitern. Es ist nicht böser Wille, sondern ein kulturelles Defizit, das

Männer und Frauen oft zu Behinderten der Liebe macht: Niemand lehrt sie das tiefe Durchleben der Gefühle und die kreative Vielfalt der Liebe. Manche langweilen sich miteinander, andere schweigen sich an, etliche streiten sich dann und einige flüchten woandershin. Fantasie und Energie reichen oft nicht aus, um die gegenseitigen Sehnsüchte zu erkunden. Es geht also nicht darum, einfach nur zu Hause zu sein. Wiedergutmachen kann dann bedeuten, das ständige Fernsehen ganz oder wenigstens teilweise zu streichen, auch nicht hinter dem Computer oder der Zeitung zu verschwinden. Stattdessen mag es gut sein, einen gemeinsamen Besuch bei den Schwiegereltern abzustatten, einen Spaziergang oder einen Wochenend-Trip zu unternehmen mit Gesprächen über die eigene Beziehung oder regelmäßig Gäste und Freunde einzuladen. Statt passiv miteinander Zeit zu verbringen, bedeutet es Nahrung für die Liebe, miteinander Sport zu treiben, einander Briefe zu schreiben, sich gegenseitig vorzulesen, sinnliche Abende und erotische Begegnungen zu gestalten. Das darf wiederum nicht in Zwang zur Sexualität ausarten. Deshalb ist es gut, Zeiten für reine Zärtlichkeit zu vereinbaren, eventuell sogar ein ganzes Liebes-Wochenende – ohne Sexualität.

Eine ganz andere Art der Wiedergutmachung soll hier noch angeführt werden. Vorausgegangen ist dem schon eine ganz andere Situation, um Verzeihung zu bitten. Nach einer strittigen Trennung oder einer schwierigen Scheidung ist es von hoher menschlicher Bedeutung, nach »Wundenlecken« und seelischer Distanzierung den ehemaligen Partner um Verzeihung zu bitten, sich mit ihm auszusöhnen und eine stimmige Form des Wiedergutmachens zu finden. Und wieder geht es hier nicht um moralisches, sondern um psychologisch sinnvolles Handeln. Der Mensch, mit dem man jahrelang zusammengelebt hat, ist Teil der eigenen Identität geworden, selbst wenn das Zusammenleben zermürbend war. Sich mit ihm wieder auszusöhnen, sei es auch viele

Jahre später, bedeutet Frieden stiften und Heilung auch für das eigene Selbst.

So hat Marc fünf Jahre nach der Scheidung begonnen, seiner geschiedenen Frau Heidi Briefe mit der Bitte um Verzeihung für seinen Anteil am Ehedebakel zu schreiben. Es dauerte noch einmal Jahre, bis sie darauf eingehen konnte. Die inzwischen erwachsenen Kinder danken es den beiden. Als Symbol und Zeichen für seinen Versuch der Wiedergutmachung leistet Marc heute noch einen Beitrag zum Unterhalt von Heidi, obwohl dazu schon lange keine Notwendigkeit mehr besteht. Und Heidi steht Marc bei, wenn er bei Überlastung im Büro Hilfe braucht. Heidi und Marc haben zwar beide wieder einen Partner, doch tragen sie auch in angemessener und begrenzter Weise wieder Sorge für den Ex-Partner.

Natürlich gibt es viele Formen, um Verzeihung zu bitten, Versöhnung zu gewinnen und Wiedergutmachung zu leisten. Dennoch tun sich viele sehr schwer mit der praktischen Durchführung, da ihre Fantasie blockiert ist, den richtigen Weg und die richtigen Mittel für das Wiedergutmachen zu finden. Hilfreiche Bücher mit Ritualen, Übungen und Anleitungen zum »Lieben, Streiten und Versöhnen« (Cöllen 2003) sind durchaus vorhanden, werden aber im Alltag oft mit einer Art innerer Widerstand zur Seite gelegt und viel zu wenig genutzt. Zu viele Ablenkungen, zu viel Stress, zu viel Druck, zu viel Konsum stehen im Vordergrund und behindern die innere Sammlung, die die Prozesse der Liebe zu ihrer Entfaltung so notwendig brauchen. Es zeigt sich immer wieder, dass auch die Liebe und die Partner feste Termine und Verabredungen brauchen, um tatsächlich nicht nur das Verzeihen, sondern die Liebe selbst lebendig, sinnerfüllend und lustvoll leben zu können. Termine für die Liebe sind so notwendig wie Konferenzen und Sitzungen für Politiker, Manager und Lehrer.

In der Sprache der Männer: Der hier nahegelegte Vergleich zwischen Geschäftswelt und Liebeswelt ist keineswegs abwegig; jede Firma und jedes Unternehmen braucht für seine inneren Prozesse Zeit und Raum zur Durchführung, zur Überprüfung und zur Erneuerung. Will das Unternehmen wachsen und gedeihen, muss es Rückschläge und Einbrüche überstehen, Marktstrategien entwickeln und Innovationen durchführen. Vergleichbares gilt für die Liebe: Verzeihen, Versöhnen und Wiedergutmachen sind solche inneren Prozesse eines gemeinsamen Unternehmens zwischen den Liebenden. Wiedergutmachung ist dann gleichzusetzen mit Innovation: Reorganisation, Neuorganisation und kreative Vielfalt sind für den Erfolg in der Liebe genauso wichtig wie für den Erfolg der Firma.

Die Arbeitswelt und die Welt der Liebe stehen sich oft feindlich gegenüber. Der Überdruck aus der Arbeitswelt greift über auf die Liebeswelt und wird Anlass für zahllose Kränkungen, Verletzungen und Verwundungen der Liebe. Diese wiedergutzumachen bedeutet besonders für die Männer, aber zusehends auch für die Frauen und Mütter zahllose und tiefe Zerreißproben. Hier Wege zu finden heißt immer auch, das Zeit-Budget für Arbeit und für Liebe gegeneinander abzuwägen und in ein stimmiges Gleichgewicht zu bringen.

Markus hatte jahrelang seiner Karriere zuliebe seine Frau Saskia und die Kinder aus seinem Zeitbudget völlig gestrichen. Er selbst hatte aber gar kein Gefühl dafür, dass er sie geradezu übergangen hatte, im Gegenteil, er sprach von tiefer Liebe zu ihr und den Kindern und davon, dass er doch alles für sie geben würde. Zuletzt war er allein von Hannover nach Berlin gezogen, weil er den möglichen Karrieresprung nicht auslassen wollte. Von dem dadurch mehr verdienten Geld kaufte er für Frau und Kinder ein Haus auf dem Land. Nach drei Jahren wurde Saskia immer kränker, litt zunehmend an Migräne und wurde schließlich so schwer depressiv, dass sie in eine Klinik eingeliefert werden musste. Zuvor hatte er noch auf Drängen von ihr in eine gemeinsame Paartherapie danach eingewilligt, obwohl er sie einfach für die Kranke hielt. Er kam dann aber während der Zeit ihres Klinikaufenthaltes allein zur Paartherapie, was ich ihm hoch anrechnete. Tatsächlich hat er verstanden, wie sehr er an dieser Depression seinen Anteil hatte. Schon während ihres Klinikaufenthaltes hat er sie um Verzeihung gebeten. Und seine Wiedergutmachung bestand darin, dass er eine Familienkonferenz und einen Familientag einrichtete, obendrein einen Dialogabend mit ihr allein, und für die Einhaltung der Termine sorgte er auch immer selbst.

Natürlich werden solche einzelnen Beispiele nicht ausreichen, um das übergreifende Problem der Unversöhnlichkeit zwischen Arbeit und Liebe letztlich zu lösen. Dass diese beiden Welten Arbeit und Liebe sich so unversöhnlich gegenüberstehen, ist im Grunde unverzeihlich. Dadurch wird auf Dauer mehr seelischer und auch finanzieller Schaden angerichtet, als sich durch noch so viel Arbeitsleistung wiedergutmachen lässt.

Dieses Problem besteht wahrscheinlich schon, seit es Menschen gibt. Deshalb können wir hier weniger von einer Rückkehr der Liebe als von ihrer möglichen Einkehr sprechen. Auch hier können Männer und Frauen Teamwork leisten, statt im Krieg der Geschlechter unterzugehen. Die Aussöhnung der Geschlechter ist unser Ziel. Wiedergutmachung bedeutet dann, einen Solidarpakt zwischen den Partnern zu schließen. Frauen und Männer müssen sich zusammenschließen und gemeinsam nach einer Versöhnung mit der Arbeitswelt suchen. Dies kann geschehen, indem jedes Paar für sich versucht, die Kluft zwischen Arbeit und Liebe zu verkleinern. Mehr Erfolg allerdings ist nur dann vorstellbar, wenn betroffene Paare sich in Gruppen zusammenschließen, wie es die Paarsynthese in ihren Peergroups praktiziert. Ausgangsgedanke dabei ist, dass Arbeit und Liebe einander nicht gegenseitig ausschließen müssen, sondern zwei Säulen menschlicher Identität bilden, die zusammen mit den Säulen von Körper, sozialem Netzwerk und Wertvorstellungen menschliche Ganzheit ausmachen.

Am Ende dieses Weges sehen wir noch einmal auf Nina und Egon:

Nach vielen Gedanken, Gesprächen und Überlegungen haben die beiden sich entschlossen, als Wiedergutmachung ihre schon zuvor gefasste Idee, Frieden in ihre Umwelt zu tragen, weiterzuverfolgen. Tatsächlich: Was können sie Besseres und Sinnvolleres tun, als den zwischen ihnen neu geschaffenen Frieden an andere weiterzugeben? Diese Absicht des Paares wirkt auch auf sie beide zurück: Indem sie sich bewusst für andere Menschen liebevoll engagieren, üben sie auch miteinander den liebevollen Umgang. Der Weg des Verzeihens hat sich für sie gelohnt. Sie fühlen sich heute glücklich miteinander.

Schlussbemerkung

Das *Wiedergutmachen* richtet sein Bemühen auf die Zukunft der Liebe und ihre lebendige Neugestaltung. Das *Versöhnen* dagegen ermöglicht das verträgliche und friedvolle Miteinander in der Gegenwart, trotz unabgeschlossener und unbewältigter Vergangenheit. Das *Verzeihen* endlich schließt das unerträgliche Vergangene ab und befreit von seelischen Altlasten.

Die Paarsynthese versteht sich deshalb auch als Arbeit mit der verzeihenden Liebe zwischen den Partnern. Erst das bewusste Annehmen und Umgehen mit den Fehlern des Partners – und in der Umkehrung: mit den eigenen – setzt die nötigen Potenziale frei, die wir Menschen für die Entfaltung der Liebe brauchen. Und nicht nur für die Liebe, sondern überhaupt für unsere Menschwerdung. Indem wir Fehler begehen, uns auch irren und verirren dürfen, werden wir frei, diese zu überwinden und unsere Liebe kreativ zu gestalten. Und wieder sprechen wir hier von der *felix culpa* (Augustinus), *von der glücklichen Schuld,* die Anstoß gibt, über uns selbst hinauszuwachsen. Entscheidend dabei ist, mit der Hilfe des Partners rechnen zu dürfen, um eigene Fehler einzugestehen, sie einander zu verzeihen und sie wiedergutmachen zu können.

Verzeihen, Versöhnen und Wiedergutmachen bedeuten für jedes Paar sehr viel mehr, als nur den gerechten Ausgleich der Interessen wiederherzustellen. Vielmehr gleicht dieser Prozess dem Weg durch einen dunklen Geburtskanal, an dessen Ende wir neue Kräfte zur Verfügung haben für die Weiterentfaltung der Liebe zwischen zwei Menschen. Verzeihen, Versöhnen und Wiedergutmachen werden dann für *Opfer* und *Täter* zum Neubeginn. Sie haben sich gegenseitig geprüft, wechselseitig ihre Fehler eingestanden und gemeinsam dafür Verantwortung übernommen. Hier liegt die große Chance im *Projekt Liebe und Verzeihung* der Paarsynthese: Es wird nicht nach dem Schuld-und-Sühne-Prinzip gearbeitet. Vielmehr werden die Partner füreinander Entwicklungshelfer in der gemeinsamen Aufbauarbeit einer Kultur der verzeihenden Liebe. Damit das gelingt und nicht durch falsches Strafen ständig Rückfälle provoziert werden, geht die Paarsynthese den Weg des Verzeihens. Fünf Stufen führen über das *Anhören, Bearbeiten, Verständigen, Verzeihen/Versöhnen und Wiedergutmachen* am Ende zu einer kreativen Neugestaltung gemeinsamer Sinnlichkeit und Lust. Diese Lust und die Neugier darauf, Körper, Geist und Seele des Partners wiederzufinden, ist zugleich Motor und Sinn des Verzeihens.

Aufruf

Es ist mir ein persönliches Anliegen, am Ende dieses Buches Sie als Leser direkt anzusprechen und Sie für diese Kultur des Verzeihens aktiv zu gewinnen. Oben wurde die Frage gestellt, in was für einer Welt wir leben wollen. Jeder von uns hat die Chance, aber auch die Aufgabe, das Glück des Partners und damit sein eigenes Glück und die gemeinsame Liebe durch den Weg des Verzeihens zu vertiefen. Damit bereichern Sie nicht nur Ihr eigenes Leben, sondern Sie tragen zu mehr Frieden in dieser Welt bei. Allerdings, und das ist die Botschaft dieses Buches und meine Bitte gleichzeitig, sollten Sie nicht beim Verzeihen stehen bleiben. Denn Verzeihen bedeutet nicht nur das Ende einer bösen Geschichte, sondern die dazugehörige Wiedergutmachung ermöglicht vor allem den Anfang eines vertieften und sinnerfüllten Dialoges zwischen den Liebenden. Verwenden Sie die Kraft und das Glück, das ganze Potenzial, das durch Verzeihen, Versöhnen und Wiedergutmachen frei wird, um die

Beziehungskultur mit der Partnerin lebendig, kreativ und sinnlich lustvoll zu gestalten. Damit verhindern Sie nicht nur Rückfälle, sondern erweitern den Horizont Ihrer Liebe auf den Partner und auf die Welt.

Sie wirken dadurch unmittelbar an der Rückkehr der Liebe mit. Ihr Verzeihen hilft, den Verlust von Seele zu stoppen. Das ist Friedensarbeit. Die Früchte dieser Arbeit werden nicht Sie allein mit Ihrem Partner ernten, sondern auch die Umwelt und die Gesellschaft, bis hin zu den Kindern. Sie arbeiten mit an einer Kultur der Liebe, die wir alle nicht nur persönlich und privat brauchen, sondern die auch von öffentlicher und politischer Bedeutung ist. Auch in der Beziehung der Völker miteinander brauchen wir Verzeihen, Versöhnen und Wiedergutmachen, damit die Liebe zurückkehren kann.

Der oben beschriebene Weg zum Verzeihen, Versöhnen und Wiedergutmachen von Beziehungskrisen als Basis für eine Kultur des Verzeihens kann nicht wirklich erschöpfend dargestellt werden, denn dafür ist das Thema zu groß. In Wirklichkeit bedarf es immer neuer kreativer Ansätze, Auseinandersetzungen und vieler gemeinsamer Sitzungen von Paaren und vielen anderen sozialen Gruppen, Korrekturen und Überprüfungen zwischen den Partnern, mit Freunden und Paten, mit den Kindern und eventuell auch mit Therapeuten.

Eine Kultur des Verzeihens im Alltag der Paare zu etablieren und sie zum festen Bestandteil ihres Liebeslebens zu machen braucht immer wieder Unterstützung. Dabei sollten die Kinder auf jeden Fall integriert werden, denn sie sind Teil des Systems. Immer noch hängen Paare der veralteten Vorstellung an, dass die Kinder möglichst vom Streit der Eltern nichts erfahren sollten. In Wirklichkeit aber bekommen die Kinder rein atmosphärisch jeden Streit mit. Kommt es gar zur Krise, spüren sie die Gefahr einer drohenden Trennung lange im Vorhinein. Deshalb ist es richtig – jetzt allerdings unter Anleitung eines Therapeuten –, die Kinder in die

Gespräche um die Krise, aber auch um Verzeihen, Versöhnen und Wiedergutmachen mit einzubeziehen. Nur so können sie von den Eltern eine Kultur des Verzeihens erlernen.

Um einen solchen Transfer von der Theorie des Verzeihens in die Praxis einigermaßen abzusichern, müssen die Paare immer wieder motiviert werden, aber auch geeignetes Werkzeug wie das *Experiment für Friedfertigkeit* (Cöllen 2002) an die Hand bekommen. Wichtigster Bestandteil darin sind Regeln für eine Streitkultur, deren Einhaltung vom Paar und mit der gesamten Familie überprüft werden. Verzeihen wird auf diese Weise zum Brückenbau – zwischen den Partnern, für die Familie, für die Mitwelt.

Paarsynthese

In was für einer Welt wollen wir leben? Diese Frage stellt sich immer wieder neu, für das Paar im Mikrokosmos ebenso wie im Makrokosmos der Gesellschaft und der Völker im Umgang miteinander. Jedes Paar, das auf dem Weg des Verzeihens voranschreitet, trägt auf diese Weise nicht nur für sich selbst, sondern auch für seine Kinder und darüber hinaus bei zu einer menschlichen und liebevollen Gestaltung dieser Welt. Und es ist nicht nur der bittere Ernst und die moralische Pflicht, die uns diesen Weg weisen, sondern mehr noch »die Lust am Lernen und Gestalten« zum Finden neuer Wege gerade auch in Beziehungen, die schon als Kind in uns angelegt ist. Verzeihen öffnet Räume zur kreativen Beziehungsgestaltung, zur Umgestaltung und zur Neugestaltung (vgl. von Seggern et al. 2008). Verzeihen führt heraus aus der Enge und Tristesse seelischer Abgründe, erweitert stattdessen den Horizont hin zu neuen Ansichten und Sichtweisen im Zusammenleben mit dem Partner.

Die »Deutsche Gesellschaft für integrative Paartherapie und Paarsynthese« (GIPP e.V.) begleitet solche Paare in ihren Krisen auf dem Weg der Neugestaltung durch eine eigens entwickelte Therapieform, die Verzeihen, Versöhnen und Wiedergutmachen der Streitenden neben die Vertiefung des *intimen Dialoges* und des sinnerfüllten Austauschs der Liebenden stellt.

Zur Arbeitsweise der *Paarsynthese* gehört es, Heilung an Körper, Geist und Seele zwischen den Partnern durch verzeihende Liebe wieder und wieder möglich zu machen. In diesem Prozess zwischen Frau und Mann, zwischen den Liebenden werden dazu die tiefenpsychologische, die dialogische und die spirituelle Dimension menschlichen Seins angegangen. Gerade für die Problemlösungen von Paarkrisen und noch mehr für die Frage des Verzeihens sind die menschlichen Motive und der tiefere Sinn hinter den gegenseitigen Verletzungen zu suchen. »Macht das noch Sinn, dass wir zusammenbleiben?«, und vor allem: »Welchen Sinn hat es, dass ich dir verzeihe?«, sind die brennenden Fragen, die es zu beantworten gilt.

Über den einzelnen Paarkonflikt hinaus bedeutet *Paarsynthese* die Auseinandersetzung mit einem Menschenbild, das auf Liebe als bedeutende Gestaltungskraft menschlichen Lebens und menschlicher Gemeinschaft aufbaut. Gemeinschaftsbildung kommt ohne Liebe und Verzeihen, ohne verzeihende Liebe nicht aus. Die existenzielle, emotionale und spirituelle Bedeutung von Liebe muss ihren Platz in einer postmodernen Welt mit Sinnentleerung, Gewinnmaximierung und kapitalistischer Ausbeutung menschlicher Energien neu definieren und mit modernen Mitteln gestalten.

Dazu baut die Paarsynthese auf ein methoden- und schulenübergreifendes psychologisches Verfahren zur Konfliktbewältigung, Liebesanreicherung und Dialogvertiefung der Paare. Durch das konzeptionelle Zusammenwirken von Psychotherapie, Pädagogik und Erwachsenenbildung wird ein ganzheitliches Arbeiten an Blockierungen, Defiziten und Versäumnissen der Liebe möglich. Diese Erkenntnisse, Regeln und Prinzipien der Paarsynthese lassen sich von der kleinsten sozialen Einheit des Paares auf größere soziale Beziehungen wie Familie, Schule, Arbeitsplatz, öffentliche Gruppen bis in die Politik übertragen. Die Paarsynthese als Verfahren versucht mit diesem vielfachen Ansatz sowohl den innerseelischen, den zwischenmenschlichen als auch den gesellschaftlichen Bedingungen der Liebe und ihren Verletzungen gerecht zu werden – das heißt: Verzeihen, Versöhnen und Wiedergutmachen im menschlichen Miteinander zu etablieren: für die Rückkehr der Liebe.

Anhang

Übungsverzeichnis

Literatur

Adorno, Theodor W.: Studien zum autoritären Charakter. Frankfurt/M.: Suhrkamp 2000

Allemand, Mathias: Vergebungsorientierte Psychotherapie. Forschungsarbeit, Universität Zürich 2002

Altmeyer, Martin: Narzissmus und Objekt. Göttingen: Vandenhoeck & Ruprecht 2000

Asper, Kathrin: Verlassenheit und Selbstentfremdung. Olten: Walter 1990

Bach, George R.: Streiten verbindet. Düsseldorf: Diederichs 1975

Bass, Ellen & Davis, Laura: Trotz allem. Wege zur Selbstheilung für sexuell missbrauchte Frauen. Berlin: Orlanda Frauenverlag 2000

Bauer, Joachim: Das Gedächtnis des Körpers. Wie Beziehungen und Lebensstile unsere Gene steuern. München: Piper 2007

Blanck, Rubin & Gertrude: Ehe und seelische Entwicklung. Stuttgart: Klett-Cotta 1978

Blankertz, Stefan: Die Therapie der Gesellschaft. Wuppertal: Peter Hammer 1998

Chu, Victor: Von der schwierigen Kunst, treu zu sein. Warum wir betrügen, was wir lieben. München: Kösel 2008

Cöllen, Michael: Laß uns für die Liebe kämpfen. Gestalttherapie für Paare. München: Kösel 1984

Cöllen, Michael: Paartherapie und Paarsynthese – Lernmodell Liebe. Wien: Springer 1997

Cöllen, Michael & Jung, Mathias: Liebe in Zeiten der Unverbindlichkeit – Eros und Ethos. Stuttgart: Kreuz 2002

Cöllen, Michael: Lieben, Streiten und Versöhnen – Rituale für Paare. Stuttgart: Kreuz 2003

Cöllen, Michael: Liebe deinen Partner wie dich selbst – Wege für Paare aus narzisstischen Krisen. Gütersloh: gtvh 2005

Enright, Robert D.: Vergebung als Chance. Neuen Mut fürs Leben finden. Bern: Huber 2006

Enright, R. & Fitzgibbons, R.: Helping Clients Forgive: Washington, D.C.: American Psychological Association Books 2000

Ficino, Marsilio: Über die Liebe. Hamburg: Felix Meiner 1994

Fliegel, Steffen & Kämmerer, Annette: Psychotherapeutische Schätze. Tübingen: dgvt-Verlag 2006

Freud, Anna: Das Ich und die Abwehrmechanismen. Frankfurt/M.: Fischer 2006

Friesen, Astrid v.: Schuld sind immer die anderen! Hamburg: Ellert & Richter 2006

Goleman, Daniel: Dialog mit dem Dalai Lama. Wie wir destruktive Emotionen überwinden können. Wien: Hanser 2003

Grawe, K., Donati, R. & Bernauer, F.: Psychotherapie im Wandel – Von der Konfession zur Profession. Göttingen: Hogrefe 1994

Hanh, Thich Nhat: Versöhnung beginnt im Herzen. Einander zuhören – Feindschaft überwinden. Freiburg im Breisgau: Herder 2005
Harris, Christine, R.: Die Ursachen der Eifersucht. In: Spektrum der Wissenschaft, Juni 2004, S. 52–58
Hartmann-Kottek, Lotte: Gestalttherapie. Berlin/Heidelberg: Springer 2. Aufl. 2008
Hell, Daniel: Seelenhunger – Der fühlende Mensch und die Wissenschaft vom Leben. Bern: Huber 2003
Hirsch, Mathias: Schuld und Schuldgefühl. Zur Psychoanalyse von Trauma und Introjekt. Göttingen: Vandenhoeck & Ruprecht 2007
Hodel Portmann, Doris: Persönliche Korrespondenz 2008
Hubbertz, Karl-Peter: Schuld und Verantwortung, Münster: Literaturverlag 1992
Hüther, Gerald: Die Macht der inneren Bilder. Göttingen: Vandenhoeck & Ruprecht 2006
Hüther, Gerald: Die Evolution der Liebe. Göttingen: Vandenhoeck & Ruprecht 2007
Jellouschek, Hans: Vortrag. Hör-CD Auditorium 2005
Jürgens, Hans: Partnerwahl und Ehe. Theorie und Praxis. Hamburg: Altmann 1973
Kämmerer, A. & Kapp, F.: Emotionale Stiefkinder therapeutischen Handelns: Zum Beispiel Vergebung. In: Psychotherapie im Dialog. Stuttgart: Thieme, Heft 2 – 2002
Kast, Verena: Wenn wir uns versöhnen. Stuttgart: Kreuz 2005
Klein, Melanie: Das Seelenleben des Kleinkindes und andere Beiträge zur Psychoanalyse. Hrsg. v. H. Thorner. Stuttgart: Klett-Cotta 2006
Kreissmann, J. & Straus,H.: Ich hasse dich, verlass mich nicht. München: Kösel 1992
Kundera, Milan: Die unerträgliche Leichtigkeit des Seins. München: Carl Hanser 1984
Lautenschläger, Katharina: Romantische Eifersucht: Geschlechtsunterschiede und deren Ursachen. Seminararbeit, Universität Heidelberg 2005
Lemaire, Ton: Zärtlichkeit. Düsseldorf: Patmos1975
Mason, Paul T. & Kreger, Randi: Schluss mit dem Eiertanz. Für Angehörige von Menschen mit Borderline. Bonn: Psychiatrie-Verlag 2003
Matussek, Matthias : Die vaterlose Gesellschaft. Reinbek: Rowohlt 1998
Meier-Seethaler, Carola: Gefühl und Urteilskraft – Ein Plädoyer für die emotionale Vernunft. München: Beck 1997
Moeller, Michael Lukas: Die Wahrheit beginnt zu zweit. Das Paar im Gespräch. Reinbek: Rowohlt 1992
Naouri, Aldo: Wenn der Partner fremdgeht. Die Ursachen der Treulosigkeit in der Partnerschaft. Stuttgart: Kreuz 2007
Ornish, Dean: Heilen mit Liebe – Krankheiten ohne Medikamente überwinden. München: Mosaik 1999
Petzold, Hilarion: Integrative Therapie. Band 2: Klinische Theorie. Paderborn: Junfermann 1993

Polster, M. & Polster, E.: Das Herz der Gestalttherapie: Beiträge aus vier Jahrzehnten. Wuppertal: Peter Hammer Verlag 2002
Reddemann, Luise: Imagination als heilsame Kraft, Stuttgart: Klett-Cotta 2001
Ricard, Matthieu: Glück. München: Nymphenburger 2007
Röcker, Anna: Die Spiritualität des Körpers. München: Econ/Ullstein 2002
Röhr, Heinz-Peter: Weg aus dem Chaos. Zürich: Walter 1997
Röser, Udo: Freiheit in der Psychotherapie. Norderstedt: Books on Demand 2008
Roth, Gerhard: Persönlichkeit, Entscheidung und Verhalten. Stuttgart: Klett-Cotta 2007
Schnabl, Siegfried: Intimes Verhalten, Sexualstörungen, Persönlichkeit. Berlin: VEB Deutscher Verlag der Wissenschaften 1973
Schneider, Christa: Von der inneren Heilkraft des Vergebens. Interlaken: Ansata 1996
Schnepper, Markus: Robert K. Mertons Theorie der self-fulfilling prophecy. Frankfurt/M: Lang 2004
Seggern, H. von/Werner, J. & Grosse-Bächle, L. (Hrsg): Innovationsstrategien im Entwerfen urbaner Landschaften. Berlin: Jovis 2008
Simonton, O. Carl: Auf dem Wege der Besserung – Schritte zur körperlichen und spirituellen Heilung. Reinbek: Rowohlt 1993
Sloterdijk, Peter: Sphären 1. Frankfurt/M.: Suhrkamp 1998
Stern, Daniel: Die Lebenserfahrung des Säuglings Stuttgart: Klett-Cotta 2007
Tausch, Reinhard: Verzeihen: Die doppelte Wohltat. In: Psychologie Heute, April 1993, S. 20–26
Teschner, Maria: Ist die in der Klinik SGM Langenthal angebotene Gruppenintervention zum Thema der Vergebung wirksam? Diplomarbeit. Hochschule Magdeburg-Stendal 2004
Wardetzki, Bärbel: Ohrfeige für die Seele – Wie wir mit Kränkung und Zurückweisung besser umgehen können. München: Kösel 2000
Wheeler, G. & Backman, St.: Gestalttherapie mit Paaren. Wuppertal: Peter Hammer 1999
Weingardt, Beate M.: Das verzeih ich dir (nie)! Kränkungen überwinden. Beziehungen erneuern. Wuppertal: R. Brockhaus 6. Aufl. 2007
Wirtz, Ursula: Seelenmord. Inzest und Therapie. Zürich: Kreuz 1989
Wurmser, Léon: Die Maske der Scham. Die Psychoanalyse von Schamaffekten und Schamkonflikten. Berlin: Springer 1990